Kohlhammer

Die Herausgebenden

Prof. Dr. Nina Bremm hat den Lehrstuhl für Schulpädagogik mit dem Schwerpunkt Educational Governance und Educational Change an der Friedrich-Alexander-Universität Erlangen-Nürnberg inne. In ihrer Forschung und Lehre beschäftigt sie sich mit der (Re-)Produktion sozialer Ungleichheit im Bildungssystem, kontextsensibler Schulentwicklungsforschung und Schulsystemforschung.
Kontakt: nina.bremm@fau.de

Prof. Dr. Kathrin Racherbäumer ist Professorin für Erziehungswissenschaft an der Universität Siegen. Ihre Forschungsschwerpunkte richten sich auf Fragen der Schul- und Unterrichtsentwicklung im Kontext aktueller gesellschaftlicher Entwicklungen, die sie im Rahmen längsschnittlich angelegter Projekte mit rekonstruktiven Verfahren verfolgt.
Kontakt: kathrin.racherbaeumer@uni-siegen.de

Dr. Isabel Dean vertritt derzeit an der PH Freiburg die Professur für Sozialpädagogik. Ihre Forschungsschwerpunkte liegen im Bereich der diskriminierungskritischen und differenzsensiblen pädagogischen Professionalisierung und Schul- und Organisationsentwicklung, des Umgangs mit Mehrsprachigkeit im Kontext von Schule, der Rassismus- und Linguizismuskritik sowie der rekonstruktiven Sozialforschung und ethnografischen Forschungszugängen.
Kontakt: isabel.dean@ph-freiburg.de

Dr. Thorsten Merl vertritt derzeit an der RWTH Aachen University die Professur für Erziehungswissenschaft mit dem Schwerpunkt Heterogenität. Seine Forschungsschwerpunkte sind Inklusion, Differenz und Ungleichheit im Kontext von Schule und zivilgesellschaftlichem Engagement, eine praxistheoretisch-poststrukturalistische Unterrichtsforschung sowie die Autorität und Autorisierung des Unterrichts.
Kontakt: thorsten.merl@rwth-aachen.de

Nina Bremm, Kathrin Racherbäumer,
Isabel Dean, Thorsten Merl (Hrsg.)

Bildungsgerechtigkeit, Inklusion und Sozialraum

Verlag W. Kohlhammer

Die Erstellung der Druckvorstufe und des E-Books wurde vom institutionellen Open-Access-Fonds (iOAF) der PH Zürich unterstützt.

Das Werk ist lizensiert unter der Lizenz CC BY-NC-ND 4.0,
https://creativecommons.org/licences/by-nc-nd/4.0/

Dieses Werk einschließlich aller seiner Teile ist urheberrechtlich geschützt. Jede Verwendung außerhalb der engen Grenzen des Urheberrechts ist ohne Zustimmung des Verlags unzulässig und strafbar. Das gilt insbesondere für Vervielfältigungen, Übersetzungen, Mikroverfilmungen und für die Einspeicherung und Verarbeitung in elektronischen Systemen.

Die Wiedergabe von Warenbezeichnungen, Handelsnamen und sonstigen Kennzeichen in diesem Buch berechtigt nicht zu der Annahme, dass diese von jedermann frei benutzt werden dürfen. Vielmehr kann es sich auch dann um eingetragene Warenzeichen oder sonstige geschützte Kennzeichen handeln, wenn sie nicht eigens als solche gekennzeichnet sind.

Es konnten nicht alle Rechtsinhaber von Abbildungen ermittelt werden. Sollte dem Verlag gegenüber der Nachweis der Rechtsinhaberschaft geführt werden, wird das branchenübliche Honorar nachträglich gezahlt.

Dieses Werk enthält Hinweise/Links zu externen Websites Dritter, auf deren Inhalt der Verlag keinen Einfluss hat und die der Haftung der jeweiligen Seitenanbieter oder -betreiber unterliegen. Zum Zeitpunkt der Verlinkung wurden die externen Websites auf mögliche Rechtsverstöße überprüft und dabei keine Rechtsverletzung festgestellt. Ohne konkrete Hinweise auf eine solche Rechtsverletzung ist eine permanente inhaltliche Kontrolle der verlinkten Seiten nicht zumutbar. Sollten jedoch Rechtsverletzungen bekannt werden, werden die betroffenen externen Links soweit möglich unverzüglich entfernt.

1. Auflage 2023

Alle Rechte vorbehalten
© bei den Herausgebenden und Beitragenden, Produktion: W. Kohlhammer GmbH, Stuttgart
Gesamtherstellung: W. Kohlhammer GmbH, Stuttgart

Print:
ISBN 978-3-17-034278-1

E-Book-Formate:
pdf: ISBN 978-3-17-034279-8; DOI: https://doi.org/10.17433/978-3-17-034279-8

Inhalt

1 Einleitung 7
  Nina Bremm, Kathrin Racherbäumer, Isabel Dean & Thorsten Merl

2 Soziale Schließungen im Bildungswesen. Macht- und
  Rechtfertigungskonstellationen am Beispiel des Konflikts
  um Bekenntnisschulen in Nordrhein-Westfalen 11
  Björn Hermstein & Nils Berkemeyer

3 Sozialräumliche Segregation und die Marginalisierung von
  Kindern und Jugendlichen als Herausforderungen für
  inklusive Bildung 30
  Markus Ottersbach

4 Sozialräumliche Kontexte beruflicher Bildungswege 52
  Alexandra Wicht, Katarina Weßling & Hubert Ertl

5 Segregierte Quartiere als Bildungsräume? Zur Prekarität von
  Anerkennung in marginalisierten Sozialräumen 77
  Thorsten Hertel, Nicolle Pfaff, Daniel Ganzert & Stefanie Wittich

6 Räume elterlichen Handelns. *Displaying good motherhood* im
  Kontext von schulischer Inklusion, Ableismus und
  intersektionalen Machtverhältnissen 100
  Lalitha Chamakalayil, Isabel Dean & Oxana Ivanova-Chessex

7 Der abweichende Sozialraum als Kategorie der
  Schulforschung 118
  Thorsten Merl & Kathrin Racherbäumer

Autor*innen 139

1 Einleitung

Nina Bremm, Kathrin Racherbäumer, Isabel Dean & Thorsten Merl

Neben dem komplexen und verwobenen Verhältnis von individuellen und institutionellen Einflussgrößen auf Fragen der Bildungsgerechtigkeit in Schulen wird seit geraumer Zeit auch aus einer (erziehungs-)wissenschaftlichen Perspektive die Bedeutung des Sozialraums für Bildungsprozesse diskutiert. So geraten komplexe Dynamiken in den Blick, die vielfältige theoretische und empirische Anknüpfungspunkte bieten. Bislang liegt der Fokus der empirischen Bildungsforschung zu sogenannten »Schulen in herausfordernden Lagen« hauptsächlich auf der Identifikation von Schul- und Unterrichtsqualitätsmerkmalen, die sich für Bildungsprozesse (hier oftmals verkürzt verstanden als fachliche Leistungsentwicklung) förderlich zeigen. So existieren inzwischen international und national vielfältige Listen, die »outputmaximierende« Qualitätsmerkmale von Schule und Unterricht in benachteiligten Sozialräumen systematisieren.

Weniger systematisch wurde bisher jedoch diskutiert, welche Verständnisse von Bildung und Gerechtigkeit solchen Arbeiten zugrunde liegen. Und dies, obwohl aufgrund der Zusammenhänge von sozioökonomischen Merkmalen des Sozialraums, Schulzugehörigkeit und herkunftsbedingten Leistungsdifferenzen die Frage der sozialräumlichen Lage einer Schule immer auch eine Frage von in Bildungsinstitutionen (re-)produzierter oder aber produktiv bearbeiteter Bildungsbenachteiligung ist – und somit zentrale Frage von Bildungsgerechtigkeit. So stellt sich die Frage, ob sich in benachteiligten Sozialräumen spezifische Praxen der Bearbeitung von Bildungsgerechtigkeit, gesellschaftlichen Normalitätserwartungen und Inklusion nachzeichnen lassen.

Jene systematischen Zusammenhänge von Herkunft und Schulzugehörigkeit werfen so Fragen der Inklusion respektive Exklusion auf. Denn eine dem Bildungssystem grundsätzlich zukommende Funktion – die der gesellschaftlichen Integration – wird aufgrund sozialräumlicher Segregation erschwert. Umgekehrt ist zu fragen, inwiefern bildungspolitische Maßnahmen der Bildungssystementwicklung unter dem Anspruch von Bildungsgerechtigkeit Zugang zu und Teilhabe an Bildung so prozessiert werden können, dass sozialräumlichen Segregationsprozessen entgegengewirkt wird. Betrachtet man Bestrebungen der Bildungssystementwicklung im Kontext von Bildungsungleichheit in Deutschland, so geraten pädagogische Maßnahmen auf der Ebene der Einzelschule über Strategien der Entwicklung lokaler Bildungslandschaften bis hin zu bundespolitischen Steuerungsversuchen in den Blick, die in einem komplexen Gefüge von individuellen, institutionellen und rechtlichen Entscheidungsprozessen stehen, die ihrerseits diskursiv präfiguriert erscheinen.

1 Einleitung

Forschungspraktisch gewendet geraten konkrete Fragen, wie z. B. die Lage einer Schule systematisch mit dem Inklusionsverständnis und der Inklusionspraxis von pädagogischen Professionellen zusammenhängt, in den Fokus; Befunde zu höheren Anteilen von diagnostiziertem Förderbedarf in sozialräumlich benachteiligten Schulen – gerade im sozial-emotionalen Bereich – oder auch zu Konstruktionen von »doppelter Halbsprachigkeit« bzw. der Abwertung von lebensweltlicher Mehrsprachigkeit in schulischen Kontexten können hier einen ersten Ansatzpunkt bieten.

Die Autor*innen dieses Sammelbands entwickeln anknüpfend an unterschiedliche Theorietraditionen und eigene Analysen Perspektiven auf das komplexe Zusammenspiel von schulischem Sozialraum und Bildungsprozessen. Dabei verfolgt dieser Band nicht das Ziel, handlungspraktische Implikationen zu entwickeln oder bildungspolitische Empfehlungen auszusprechen. Vielmehr geht es um eine kritisch-konstruktive Analyse des umrissenen komplexen Forschungsgegenstands, ausgehend von verschiedenen Theorietraditionen bzw. Forschungsprojekten.

Björn Hermstein und Nils Berkemeyer richten im ersten Beitrag den Blick auf gesellschaftliche Infrastrukturen, »die im Grundschulwesen zur institutionalisierten Erzeugung und Bestätigung sozialer Differenzen beitragen«. Der These folgend, dass soziale Infrastrukturen die Bedeutung ausgewählter sozialer Kategorien in den spezifischen gesellschaftlichen Teilkontexten stabilisieren und zudem festlegen, welche Güter und Berechtigungen an welche sozialen Eigenschaften gekoppelt werden, entfalten sie ebendiese am Beispiel des Grundschulwesens, hier konkret der Initiativen »Kurze Beine – kurze Wege« und der Umwandlung der »Bekenntnisgrundschule« in Gemeinschaftsschulen. Theoretisch stützen sie ihre Untersuchung hauptsächlich auf den selbst entwickelten analytischen Rahmen der kritischen Schulsystementwicklungsforschung (KSEF) und gerechtigkeitstheoretische Überlegungen der »Rechtfertigungsansprüche« nach Forst. Hermstein und Berkemeyer können zeigen, dass Bewegungen im Sinne sozialer Gerechtigkeit, institutionell regelhafte soziale Schließungsdynamiken und empirische Formen von (gerechtigkeitstheoretisch unzureichenden) Rechtfertigungen gegenüberstehen, die Machtstrukturen im Sinne von »Autoritätseffekten« der herrschenden »Reproduktionsklassen« stabilisieren. Solch eine Institutionalisierung im Sinne einer »normenkonservierenden Stützfunktion« kann dazu führen, dass die Wahrscheinlichkeit einer gemeinsamen Normakzeptanz steigt und die Empfindlichkeit gegenüber dem kritischen Hinterfragen in Rechtfertigungsdiskursen verringert wird. Der Theorie der Rechtfertigungsansprüche benachteiligter Klassen folgend, werden diese durch institutionelle Machtverhältnisse marginalisiert und Diskurse um Gerechtigkeit und soziale Benachteiligung beschnitten, abgekürzt oder gar unterdrückt.

Anknüpfend an intersektionale Perspektiven des Inklusionsdiskurses richtet *Markus Ottersbach* in seinem Beitrag den Blick auf Herausforderungen inklusiver Bildung in marginalisierten Sozialräumen. Hierzu zeichnet er die Verwobenheit von sozialer Ungleichheit, sozialräumlicher Segregation und der Marginalisierung dort lebender Kinder und Jugendlicher nach, die sich letztlich auch in niedrigeren Bildungschancen widerspiegeln. Dabei werden insbesondere die strukturellen bzw. die sozio-ökonomischen Bedingungen von Inklusion thematisiert, um über einen analytischen Zugang Perspektiven zum Abbau von Bildungsungleichheit zu erschließen. Hierzu werden historische und aktuelle Entwicklungen der sozialräumlichen Segregation über Stigmatisierung, etwa durch mediale Berichterstattung, bis hin zur Marginalisierung jener Quartiere in Deutschland anhand von Beispielen beschrieben. Der Autor resümiert kritisch, dass es in Deutschland nach wie vor unzureichend gelinge, das Menschenrecht auf Bildung für alle einzulösen, wenngleich in den letzten Jahren durchaus unterschiedliche Maßnahmen zur Verbesserung der Chancengleichheit eingesetzt wurden.

Die Autor*innen *Alexandra Wicht, Katharina Wessling und Hubert Ertle* nehmen im Rahmen ihres Beitrages zunächst eine Darstellung aktueller und relevanter soziologischer sowie (berufs-)psychologischer Theorien für den Themenfokus der beruflichen Bildung vor. Dabei folgen sie einem breiten Berufsbildungsverständnis, das nicht nur den Erwerb spezifischer beruflicher Kompetenzen umfasst, sondern ebenso im Vorfeld entwickelte berufliche Orientierungen oder berufsbezogene Entscheidungen. Der Beitrag stellt den aktuellen Forschungsstand zum Einfluss proximaler und distaler sozialräumlicher Kontexte dar, die für verschiedene Dimensionen des Berufsbildungsprozesses, einschließlich der Berufsorientierung und -wahl, von Bedeutung sind. Deutlich werden unterschiedliche Forschungslücken, die das komplexe, simultane Zusammenspiel von beruflichen Bildungsprozessen unter Berücksichtigung lokaler Angebotsstrukturen und angenommener Qualitätsmerkmale beleuchten.

Thorsten Hertel, Nicolle Pfaff, Daniel Ganzert und Stefanie Wittich fragen nach der Rolle sozialräumlicher Strukturen für Prozesse der sozialen und bildungsbezogenen In- und Exklusion. Konkret richten die Autor*innen den Blick auf Anerkennungsverhältnisse unter den Bedingungen urbaner Marginalisierung, indem sie auf empirische Daten dreier Forschungsprojekte zu jugendlichen Peergroups, der Schule sowie der stadtteilbezogenen politischen Arbeiten zurückgreifen und sie auf das Zusammenwirken unterschiedlicher sozialer und pädagogischer Handlungsarenen im Kontext von Segregation hin befragen. Hierzu verorten sie sich im erziehungswissenschaftlichen Diskurs um Anerkennung, den sie für das Feld der sozialräumlichen Segregation als grundsätzlich relevante Theoriefolie fundieren und mit Blick auf die beforschten Felder konkretisieren. Die empirischen Projekte selbst folgen dem Paradigma der Praxeologischen Wissenssoziologie und der Dokumentarischen Methode und rekonstruieren ambivalente Anerkennungsverhältnisse und »spannungsvolle Dynamiken im Zusammenspiel lokaler Bildungsinstitutionen in segregierten Quartieren«.

Lalitha Chamakalayil, Isabel Dean und Oxana Ivanova-Chessex richten den Blick auf elterliches Handeln im Kontext von Normalitätsanforderungen. Dabei sind elterliche Normen »bildungsverantwortlich« und mittelschichtsnah zu verorten, was dazu führt, dass einige Eltern diese Norm nicht erfüllen können, sich jedoch gleichwohl hierzu verhalten müssen. Daran anknüpfend nehmen die Autorinnen elterliches Handeln im Kontext schulischer Inklusion, Ableismus und intersektionaler Machtverhältnisse in den empirischen Blick, indem sie auf zwei interviewbasierte Studien zurückgreifen. Hier rekonstruieren sie das schulbezogene Handeln zweier (privilegierter) Mütter, die aus einer Normalität herausfallen und so gefordert sind, sich zu ableistischen Normen zu verhalten, als »displaying good motherhood«.

1 Einleitung

Der Beitrag von *Thorsten Merl und Kathrin Racherbäumer* betrachtet in reflexiver Perspektive die bisherige empirische Schulforschung, die sich dem normabweichenden Sozialraum widmet (gemeint sind damit jene Studien zu sozialräumlich deprivierter, benachteiligter, kritischer, schwieriger etc. Lage). Ziel ist es, die implizit bleibenden Annahmen, Fokussierungen und Wertungen dieser Forschung zu reflektieren. Dafür zeichnet der Beitrag zunächst die Entstehung der Forschungsperspektive auf den Zusammenhang von Bildung(-smisserfolg) und der sozialräumlichen Lage einer Schule nach. Darüber hinaus fasst der Beitrag den einschlägigen deutschen Forschungsstand zusammen. Zur Reflexion dieser Forschung bedienen sich Merl und Racherbäumer einer differenztheoretischen Perspektive. Diese erlaubt ihnen unter anderem zu beleuchten, dass und inwiefern sich die interessierende Forschungsperspektive vorrangig für abweichende Sozialräume interessiert, dabei aber die der Abweichung zugrundeliegende Norm und ebenso die dadurch sozialräumlich privilegierten Schulen kaum thematisiert. Die differenztheoretischen Reflexionen betrachten darüber hinaus die Anschlüsse/Abbrüche jener Forschung zu machttheoretischen Studien zu struktureller Benachteiligung und befragen das Verhältnis dieser Forschungsperspektive zu Akteuren der bildungspolitischen Steuerung. Die Autor*innen kommen auf dieser Basis zu einem skeptischen Fazit hinsichtlich des in den einschlägigen Projekten immer wieder legitimatorisch behaupteten Ertrags oder gar Versprechens, Bildungsungleichheit zu reduzieren bzw. Bildungsgerechtigkeit zu verbessern. Vielmehr habe man es den Autor*innen zufolge bei diesem Versprechen der Optimierung mit einem Optimismus zu tun, »der letztlich politische Legitimität und potenziell auch Stigmatisierungen« reproduziere.

2 Soziale Schließungen im Bildungswesen. Macht- und Rechtfertigungskonstellationen am Beispiel des Konflikts um Bekenntnisschulen in Nordrhein-Westfalen

Björn Hermstein & Nils Berkemeyer

Abstract

Mit dem Beitrag wird der Blick auf die Prozesse sozialer Schließungen im Bildungswesen gerichtet. Durch soziale Schließungen werden Ungleichheiten manifestiert. Dabei versuchen bestimmte soziale Gemeinschaften, ihre Vorteile zu maximieren, indem sie den Zugang zu Privilegien und Erfolgschancen auf einen begrenzten Kreis von Auserwählten einschränken, wobei potenziell jedes ein- bzw. ausschließende Gruppenmerkmal als Rechtfertigungsgrund für Zugangsmonopole herangezogen werden kann. Soziale Schließungen stehen im Zusammenhang mit Machtverteilungen und Rechtfertigungsordnungen und stehen bisweilen im Zentrum von Konflikten. Diese werden exemplarisch anhand des empirischen Beispiels der nordrhein-westfälischen Bekenntnisschulen sowie der dieser Institution kritisch gegenüberstehenden Initiative »Kurze Beine – kurze Wege« rekonstruiert.

2.1 Einleitung

Soziale Sachverhalte sind nachweisbar nicht naturgegeben oder biologisch zwingend, sondern auch das Produkt menschlicher Ideen und entsprechender sozialer Handlungen. An den Übergängen zwischen Bildungsstufen wirksame institutionelle Regelungen, die offenbar direkter als bisher angenommen Lernmotivation und Leistungsentwicklung beeinflussen (Esser & Seuring 2020), sind hier nur ein (aufmerksamkeitserregendes) Beispiel. Allein diese trivial anmutenden Grundannahmen provozieren ein Erstaunen über den (zumindest im deutschsprachigen Raum) vorherrschenden geringeren Kenntnisstand, der zu bildungsbezogenen Ungleichheitswirkungen gesellschaftlicher Infrastrukturen (der differenziellen Bewertung, der Kooperation und der Erzeugung und Verteilung knapper Güter, wie z. B. Motivation und Anerkennung; Esser 2000) vorliegt. Erst sie stabilisieren die Bedeutung ausgewählter sozialer Kategorien in den spezifischen gesellschaftlichen Teilkontexten und legen zudem fest, welche Güter und Berechtigungen an welche sozialen Eigenschaften, z. B. Leistungen, gekoppelt werden. Zu den genannten sozialen Infrastrukturen sind neben Organisationen und institutionellen Regelsystemen auch etablierte Kategorisierungs- und Bewertungskriterien zu zählen (Gomolla & Radtke 2009; Meier, Peetz & Waibel 2017).

2 Soziale Schließungen im Bildungswesen

Ohne die Forschungsstände und erhellenden Debatten um die Einflüsse individueller Merkmale und gesellschaftlicher Infrastrukturen für soziostrukturelle Differenzbildungen an dieser Stelle umfänglich aufbereiten zu können (siehe hierzu: Esser 2021), möchten wir den Fokus unserer nachfolgenden Ausführungen auf Beispiele solcher sozialen Infrastrukturen richten, die im Grundschulwesen zur institutionalisierten Erzeugung und Bestätigung sozialer Differenzen beitragen. Dabei ist die Frage nach den unmittelbar messbaren (z. B. kompetenzbezogenen) Ungleichheitswirkungen dieser Infrastrukturen von nachgeordneter Bedeutung. Vielmehr geht es darum zu zeigen, dass ihren Begründungen und Funktionen keineswegs der Status eines gegen jedwede Kritik immunisierten Dogmas einzuräumen ist. Vielmehr ist anzunehmen, dass sich durch konzentrierte Analyse und die deliberative Konfrontation von Argumenten bessere Erklärungen und zunächst aus dem Diskurs suspendierte Referenzen finden lassen, die zur systematischen Dekonstruktion von bis dato als hinreichend legitimierten Institutionen führen können. Unter angebbaren Umständen kann so die engagierte Suche nach besser zu rechtfertigenden Lösungen ausgelöst werden.

Die beiden exemplarisch heranzuziehenden selektiven Institutionen im Grundschulbereich sind die Formel »Kurze Beine – kurze Wege« sowie die »Bekenntnisgrundschule«. Den analytischen Rahmen bezeichnen wir als »Kritische Schulsystementwicklungsforschung« (kurz: KSEF) (Berkemeyer, Hermstein, Meißner & Semper 2019).[1] KSEF beruht nicht auf einem konsistenten Theorie- oder Analyseansatz, sondern kulminiert lediglich in dem Gedanken, dass in sozialen Zusammenhängen wie dem Schulwesen, auch aufgrund von rechtlichen wie professionellen Unbestimmtheitslücken, verschiedentliche normative und moralische Ansprüche zur Geltung gebracht werden können. Anschließend an ein Konzept sozialer Gerechtigkeit von Rainer Forst und auf Basis eines Fallbeispiels institutionalisierter sozialer Schließungen im Bildungswesen möchten wir für (normativ gesehen unvollkommene) empirische Formen von Rechtfertigungskonstellationen sensibilisieren. Dabei wird deutlich, dass die im Namen sozialer Gerechtigkeit ausgetragenen Konflikte im Bildungswesen mit institutionell bewehrten Machtstrukturen zu rechnen haben, die wir unter Bezugnahme auf Konzepte von Amartya Sen und Raymond Boudon als objektive Illusionen und Autoritätseffekte charakterisieren.

Die von uns als Kampf um die Delegitimierung etablierter Schließungsstrukturen gedeuteten Rechtfertigungskonstellationen können im Sinne der KSEF wissenschaftlich begleitet werden; zwar nicht im Wege externer Evaluation, sondern in postheroischer Art und Weise als kritisch-konstruktive Analyse der in den betreffenden Rechtfertigungskonstellationen vorzufindenden sozialen Grundstrukturen (z. B. Verteilung der Machtmittel, Belastbarkeit der Argumente, Struktur der Entscheidungsfindung).

---

1 KSEF versteht sich »als ein Programm zur Integration von empirischer Wirkungsforschung, Systemmonitoring und normativen Überlegungen zur Verfasstheit der Institution Schule. [...] Die Leistungen, die mit einem solchen Programm möglich werden können, sind insbesondere in der Rückgewinnung einer kritischen Gesellschaftstheorie für die Fragen der Schulentwicklung zu sehen« (Berkemeyer et al. 2019, S. 63).

2.2 Deutungskulturen und Legitimation von Selektivitäten im Bildungswesen

Spätestens seit Mitte des 19. Jahrhunderts ist das Bildungswesen allgemein und speziell das Schulwesen wiederkehrend unter Modernisierungsdruck geraten (Herrlitz, Hopf, Titze & Cloer 2005), besonders intensiv während der Jahre der Bildungsreform in den 1960er und 1970er Jahren (Hermstein 2019; Zymek 2019) und in der von empirischer Selbstvergewisserung im internationalen Vergleich geprägten Phase seit dem Jahr 2000 (Berkemeyer, Bos, Hermstein, Abendroth & Semper 2017; Ditton 2019). Die nie gänzlich abzuschließende Modernisierung ist nach Auffassung der sozialhistorischen Bildungsforschung vor allem ein kulturgeprägtes Phänomen (Drewek 2019), wie Herrlitz et al. am Beispiel der Geltung erlangenden Norm der Bildungsselektion verdeutlichen:

> »Vor dem Hintergrund der Jahrhunderte lässt sich das ›Neue‹ klarer erkennen, das seit der ›Kulturrevolution‹ der 1960er und 1970er Jahre unser Leben prägt: Es ist die moderne Deutungskultur, in der sich die Menschen vor allem an den eigenen Erfahrungen orientieren. Im ausgehenden 20. Jahrhundert ist das Deutungsmuster, das wir mit dem Siegeszug der Bildungsselektion seit der Aufklärung von Generation zu Generation tiefer verinnerlichten, gleichsam in den Grundschulen angekommen. Die Kinder lernen bereits in den ersten Klassen die grundlegende Lebensregel der Moderne, dass sie zwischen verschiedenen Möglichkeiten wählen können (z. B. beim Lernen nach dem Wochenplan) und ihren Lebenslauf selbständig gestalten und aufbauen müssen. […] Der ›gebildete‹ Lebensstil befördert das kooperative Handeln: Jeder deutet in der inneren Handlungsführung zwar für sich allein, aber auf der Handlungsebene wirken wir mit anderen zusammen. Wenn wir handeln, sind wir bei der äußeren Handlungsführung in Rollen integriert und tauschen Leistungen aus.« (Herrlitz et al. 2005, S. 264)

Die von Herrlitz et al. angeführte Unterscheidung zwischen innerer Handlungsführung, die auf Selektionen von Orientierungsrahmen abstellt, und der von institutionalisierten Restriktionen und Opportunitäten beeinflussten äußeren Handlungsführung, von der die realisierten Handlungsakte ausgehen, ist die grundlagentheoretische Entsprechung der Frage, wo eigentlich der soziale Produktionsort von Bildungsselektionen und Bildungsungleichheiten zu suchen ist. Im wissenschaftlichen Diskurs scheint die sogenannte Reproduktionsthese und die mit ihr assoziierte Forschungspraxis derzeit dominant zu sein: Merkmale der sozialen Herkunft (schicht- oder milieuspezifische Kapitalausstattung, Wohnort, Geschlecht, kulturelle Praktiken) erklären die Unterschiede im Kompetenzerwerb (primäre Herkunftseffekte) und zusätzlich auch der Bildungsbeteiligung, wobei die ungleichen Beteiligungen »selbstselektiv« hervorgebracht werden (sekundäre Herkunftseffekte). Weniger evident scheinen Ansätze, die Mechanismen der institutionellen Produktion von Bildungsselektion in Augenschein nehmen. Die bildungssoziologische Ungleichheitsforschung tut sich schwer damit, die Askriptionsfähigkeit der Schule als Institution in ihren Analyserahmen zu berücksichtigen. Ihre Untersuchung wäre wichtig, um zu verstehen, wie schulische und soziale Klassifikationsregister Selektionen institutionell rationalisieren und dadurch legitimieren (Emmerich & Hormel 2015).

Die von Gomolla und Radtke (2002) vorgelegte Untersuchung zu Prozessen institutioneller Diskriminierung stellt einen interessanten Versuch dar, ethnische Differenzierungen als Produkt pragmatischer Eigenrationalität schulsystemischer Ordnungsleistungen zu erklären. Von Seiten der Schulforschung wird diese Studie vor allem dafür kritisiert, dass sie aufgrund ihrer Datenbasis (amtliche Schulstatistik für eine Stadt) nicht in der Lage sei, zwischen meritokratisch legitimierbaren kompetenzbezogenen Selektionsvorgängen und leistungsfremden Zuordnungsprozessen zu unterscheiden. Diese Form der Kritik kommt zuweilen betont antinormativ daher, indem allein die empirische Spezifikation des Ursachenteils des Erklärungsansatzes beanstandet, die Möglichkeit des realen Vorkommens leistungsfremder Fehlallokationen aber nicht pauschal negiert wird. Allerdings wird mit dieser scheinbar rein analytischen Kritik einer meritokratischen Grundordnung des Schulsystems das Wort geredet (siehe auch: Hadjar 2008): Insofern (ethnische) Differenzierungen die Folge leistungsbezogener Selektionen sind, sei an ihnen nichts auszusetzen.

Aber nicht der spezifische normative Standpunkt an sich, sondern erst seine Invisibilisierung muss als problematisch gelten. Nun ist die wissenschaftliche Analyse selbstreferentiell genug, um versteckte Agenden und kulturell vorherrschende Legitimationssemantiken auf die sie fundierenden normativen Grundlagen hin zu untersuchen, insbesondere wenn es um die heiklen gerechtigkeitstheoretischen Begründungen von Bildungsungleichheiten geht (Berkemeyer 2020; Stojanov 2021). Solche Untersuchungen erhellen die Bedeutungsgehalte der im Ungleichheitsdiskurs verhandelten Kategorien, bleiben aber zumeist relativ abstrakt, sodass es für die Klärung der Legitimationsbedingungen von konkreten institutionalisierten Mechanismen der Bildungsselektion weitergehender Referenzen der Analyse und normativen Begründungen bedarf.

Die angeführten Zugangsweisen der Forschung zum Problem der Bildungsselektion eint die Schwierigkeit, analytisch klar zwischen sozial etablierten selektionswirksamen Normen und den aus mehr oder weniger rationalen Handlungswahlen von (individuellen und korporativen) Akteuren hervorgehenden Regelmäßigkeiten im Selektionsgeschehen zu unterscheiden. Normen definieren kollektiv verbindliche Aspekte des geltenden sozialen Sinns, sie enthalten Standards für normkonformes Handeln und erlauben darüber die Feststellung des (Nicht-)Erfüllens der Soll-Standards, wobei Abweichungen vom legitimen Standard sanktionierbar sind (Esser 2000). Soziale Regelmäßigkeiten hingegen können zwar normativ beeinflusst sein, ergeben sich darüber hinaus aber auch aus tradierten, emotionsgesteuerten und egoistischen Handlungsweisen und werden deshalb evident, weil sich die Handlungsweisen selbst oder die aus ihnen resultierenden Folgen repetitiv und kollektiv beobachten lassen. Sowohl die primären und sekundären Herkunftseffekte als auch die (tertiären) Askriptionstätigkeiten von Bildungsorganisationen gehören eher zu den Regelmäßigkeiten. Hier interessieren hingegen zuvorderst die sozialen Normen, über die kollektiv geltende Unterscheidungen offiziell eingeführt werden, die ihrerseits regelmäßig und verlässlich Teile des Selektionsgeschehens im Bildungswesen strukturieren und legitimieren.

2.3 Soziale Schließung, Macht und Interesse

Institutionalisierte Normen mit Selektionswirkung stellen günstige Gegenstände für kritische Überprüfungen in moralisch-ethischer Perspektive dar. Denn anders als im Fall der den sozialen Regelmäßigkeiten zuzuordnenden und gut erforschten sozialräumlichen und bildungsbezogenen Segregations- (Helbig & Jähnen 2018) sowie den bereits angesprochenen Herkunftseffekten (Boudon 1974) ist die selektive Wirksamkeit differenzieller Normen unbedingt mit der Zurechenbarkeit eines oder mehrerer Merkmale verknüpft. Es geht dann nicht mehr um die (probabilistischen) Beiträge zur Varianzaufklärung von Sets unabhängiger Variablen, sondern allein um die institutionelle Garantie, dass bei Anwendung der geltenden Standards eine wohldefinierte Kategorisierung von Personen stattfindet, die auf spezifischen Unterscheidungskriterien beruht.

Ungleichheitsanalytisch befinden wir uns dann im Bereich der Theorien sozialer Schließung, die im Wesentlichen an Max Webers Idee von offenen vs. geschlossenen sozialen Beziehungen anschließen und an der Schnittstelle von macht-, konflikt- und ungleichheitstheoretischen Ansätzen anzusiedeln sind (Mackert 2004). Bezugnehmend auf die Weberschen Vorarbeiten umreißt Frank Parkin, einer der wichtigsten Schließungstheoretiker, den Gegenstand wie folgt:

> »Unter sozialer Schließung versteht Weber (1985) den Prozess, durch den soziale Gemeinschaften Vorteile zu maximieren versuchen, indem sie den Zugang zu Privilegien und Erfolgschancen auf einen begrenzten Kreis von Auserwählten einschränken. Das führt dazu, dass bestimmte, äußerlich identifizierbare soziale und physische Merkmale als Rechtfertigungsgrund für den Ausschluss von Konkurrenten hervorgehoben werden. Weber nimmt an, dass praktisch jedes Gruppenmerkmal – Rasse, Sprache, soziale Herkunft, Abstammung– herausgegriffen werden kann, sofern es nur zum ›Monopolisieren bestimmter, in der Regel nach ökonomischer Chancen‹ (ebd., 202), benutzt werden kann. Die Monopolisierung richtet sich ›gegen andere Mitbewerber, welche durch ein gemeinsames positives oder negatives Merkmal gekennzeichnet sind, (...) und das Ziel ist: in irgend einem Umfang stets Schließung der betreffenden (sozialen und ökonomischen) Chancen gegen Außenstehende‹ (ebd.).« (Parkin 2004, S. 30, zuerst: 1983)

Dabei sind, so betont Parkin in seiner Diskussion sozialer Ausschließungsprozesse[2], auf Gruppenmerkmale abstellende Schließungspraktiken ein erfolgsversprechendes Instrument für die Aufrechterhaltung von Machtpositionen der sogenannten »Reproduktionsklassen«:

> »Denn die Betonung von Merkmalen der Gruppe, im Gegensatz zu individuellen Merkmalen, ist der effektivste Weg, Privilegien an die eigenen Leute weiterzugeben, seien diese nun durch Abstammung, Hautfarbe, Religion, Sprache oder sonstiges definiert.« (Parkin 2004, S. 33)

---

2 Eine andere Form sozialer Schließung ist laut Parkin der Solidarismus, der auf der Mobilisierung von ausgeschlossenen Assoziationen beruht und somit als anerkennungsgetriebene Gegenbewegung fungiert. Auch im Bildungswesen sind solche von Anerkennungsbedürfnissen getriebene solidarischen Schließungsformen zu finden, z. B. können Initiativen zum herkunftssprachlichen Unterricht hierzu gezählt werden.

Die Überlegungen zu sozialen Schließungsprozessen illustrieren besonders die Bedeutung von institutionellen Regeln sowie die mit ihnen markierten Macht- und Konfliktstrukturen. Reinhard Kreckel (2004) ist insofern in seiner kritischen Rezeption des Konzepts sozialer Schließung beizupflichten, als dass die strukturellen Bedingungen (z. B. institutionalisierte Normen) und manifesten Handlungsstrategien in ihren Wechselwirkungen zu untersuchen sind. Hierbei könnte man analytisch zwischen der (Kontrolle der) praktischen Anwendung der sozialen Normen und der bereits von Weber angeführten, von Machtverhältnissen strukturierten Rechtfertigung der Geltung eben dieser Normen unterscheiden.

Anzunehmen ist eine Ausweitung der Legitimationsbasis über die Fassade offizieller Schließungsgründe hinaus, insofern soziale Normen in verwaltungsmäßig kontrollierte Handlungsstrukturen eingebettet sind. Denn dann erwächst nicht nur seitens der eigentlichen Nutznießer*innen der Schließungsstrukturen ein Interesse an deren Aufrechterhaltung und zweckgemäßer Anwendung, sondern auch die für die konkrete Umsetzung und Einhaltung zuständigen Akteure aus Politik und Verwaltung erlangen zusätzlich zum inhaltlichen Sinn aus Gründen der Ordnungsstiftung sowie der Tradition ein Eigeninteresse an den sozialen Normen (Hermstein 2021a). Eine solche Verbreiterung der Legitimationsbasis erhöht potenziell die Anzahl von die Norm befürwortenden Personen, fördert die Wahrscheinlichkeit kollektiver Normakzeptanz und steigert damit die Unempfindlichkeit gegenüber kritischen Aufforderungen zur Rechtfertigung.

2.4 Aspekte sozialer Macht: Positionsbedingte Standortgebundenheit, objektive Illusion und Autoritätseffekte

Insbesondere die konservierenden Effekte sozialer Schließungsstrukturen sind im Zusammenhang mit Verteilungen sozialer Einwirkungschancen in der Machtdimension zu betrachten. Zwei Konzepte eröffnen interessante Perspektiven auf die Aufklärung dieser mit Machterhaltungsinteressen in Verbindung stehenden Prozessen: die vom Ökonomen und Sozialphilosophen Amartya Sen eingebrachte Idee der »positionsbedingten Standortgebundenheit« sowie die vom Soziologen Raymond Boudon beschriebenen »Situations- und Autoritätseffekte«. Mit ihnen lassen sich analytische Perspektiven für die empirische Untersuchung der normkonservierenden Stützfunktion von Aspekten der Macht im Speziellen und der sozialen Situiertheit in Allgemeinen gewinnen. Zudem lassen sich auch Hinweise für die praktische Gestaltung einer an Prinzipien sozialer Gerechtigkeit orientierten kritischen Bewertung von Schließungsnormen ableiten. Beide Konzepte schaffen Übergänge zur gleichsam epistemologischen wie machtbezogenen Frage, inwiefern tradierte und machtvoll abgesicherte Strukturen sozialer Schließung überhaupt ethisch-moralisch kritisiert und in Zweifel gezogen werden können.

2.4 Aspekte sozialer Macht: Positionsbedingte Standortgebundenheit ■ ■

Die Standortgebundenheit des Erkennens und Bewertens sozialer Phänomene ist für Sen Herausforderung wie Lösung der damit verbundenen Erkenntnisprobleme zugleich, denn:

> »Die eingeschränkte Perspektive ist ein Problem, da sie nur begrenzte Beobachtungen erlaubt und uns häufig hindert, zu sehen, was in der Welt vorgeht. Was wir sehen können, ist nicht unabhängig von unserem Standort relativ zu dem, was wir zu sehen versuchen. Und das wiederum kann unsere Überzeugungen, Auffassungen und Entscheidungen beeinflussen. Standortgebundene Beobachtungen, Meinungen und Wahlen können für die Suche nach Erkenntnis und auch für die praktische Vernunft wichtig sein.« (Sen 2010, S. 183)

Er argumentiert folglich für einen möglichst aufklärungsorientierten, sprich auf Transparenz und abwägender Konfrontation aufbauenden Prozess der kontrollierten Entzauberung von positionsbedingten Objektivitäten.

In methodischer Absicht empfiehlt Sen einen multiperspektivischen Blick auf die Welt, da nur die Berücksichtigung der kulturell normierten Standpunktabhängigkeit von Beobachtungen diejenigen Hürden und Widerstände erkennen lässt, die auf dem Weg zu den anzustrebenden ethisch-moralischen und politischen Einschätzungen auszuräumen sind. Positionsbedingte Bewertungen spezifischer sozialer Phänomene können lokal zwar empirisch zutreffen, die Schlussfolgerung aber, der fokussierte Zusammenhang sei natürlichen Ursprungs und ohne Einwirken der geltenden Normen und Werte zustande gekommen, ist lediglich das sozial konstruierte Produkt einer irreführenden objektiven Illusion.

So gesehen wertet Sen aufkeimende Unzufriedenheiten positiv, insofern sie aus einem Nachlassen von positionsbedingt eingeschränkten Wahrnehmungen und Überzeugungen bestimmter Gesellschaften oder (ohn-)mächtiger Bevölkerungsgruppen resultieren. Nach dieser Auffassung sind Konflikte keine abnormen sozialen Phänomene, sondern Triebfeder dafür, dass gewohnheitsmäßige oder durch Machtpositionen vermittelte Verhaltensmuster delegitimiert werden können, was dann zur Aufdeckung systematischer Benachteiligungen verhilft. Die kundige Überwindung von irreführenden und soziale Missverhältnisse kultivierenden Positionen ist für Sen ein Akt des Strebens nach Gerechtigkeit. Der öffentliche Vernunftgebrauch stellt hierzu die zentrale gesellschaftliche Ressource dar, da er das äußerst schwierige Unterfangen einer Entgrenzung eingelebten Wahrnehmungs-, Denk- und Urteilsvermögens vergleichsweise verlässlich fördert.

Ähnlich wie Amartya Sen aus ökonomisch-sozialphilosophischer Perspektive argumentiert Raymond Boudon in seiner soziologischen Untersuchung der sozialen Bedingungen der Entstehung, Verbreitung und Auflösung von Ideologien. Auch er möchte für eine realistische Einschätzung der Problematik sensibilisieren, nicht eindeutig zwischen rationalen und irrationalen Ideen und Deutungsweisen unterscheiden zu können. Nach einer von ihm eingeführten Systematik unterliegen Beobachtungsweisen sowie die Kommunikationen über eben diese Beobachtungen verschiedenen einschätzungsprägenden Effekten. Die beiden wichtigsten, die Positions- und Dispositionseffekte, vereint er in der Kategorie der Situationseffekte. Diese stehen im Zusammenhang mit gesellschaftlichen Positionen, über Sozialisationsprozesse angeeigneten Wissensbeständen und Wertegerüsten sowie auch mit der jeweiligen Komplexität des zu betrachtenden Gegenstandes.

Hinzu treten die epistemologischen Effekte, worunter Boudon die etablierten, häufig wissenschaftlich autorisierten Glaubenssysteme und Paradigmen der Beobachtung und Bewertung versteht, die zudem einem Wandel unterliegen (können). Diese stellen zumal im Fachdiskurs diejenigen Bezugsrahmen bereit, unter denen bestimmte Probleme beleuchtet werden (z. B. ökonomisch oder als Gerechtigkeitsfrage). Zuletzt unterscheidet Boudon noch die Effekte der zwischen Fachdiskurs und Öffentlichkeit stattfindenden Kommunikationen, wobei er Machtasymmetrien zwischen den (ideenproduzierenden) Akteuren der institutionalisierten Wissensgebiete und den (informationsempfangenden) Laien annimmt.

Die aus den skizzierten Effekten resultierenden Deutungskonstellationen implizieren Boudon zufolge faktische Autoritätseffekte, die er angesichts der mannigfaltigen Differenzierungen der Ideenwelt sowie der notorischen Knappheit an (zeitlichen, monetären, kognitiven etc.) Ressourcen als vollkommen rational erachtet.[3] In expliziter (realwissenschaftlicher) Abgrenzung vom Habermasschen Ideal eines herrschaftsfreien Diskurses betont Boudon,

> »dass Ideen normalerweise vom sozial Handelnden wie ›black boxes‹ behandelt werden. Aufgrund seiner sozialen Position und den damit verbundenen Dispositionen ist es oft vernünftig für ihn, nicht wissen zu wollen, was dahintersteckt. Im Gegenteil, oft wird ihm geraten, sich auf maßgebliche Argumente und Urteile zu verlassen.« (Boudon 1988, S. 114)

Zudem geht Boudon davon an, dass Annahmen, Ideen und Meinungen nicht ohne weiteres Bestand haben, sondern (Mode-)Zyklen unterworfen sind, also grundsätzlich von sozialen Infrastrukturen, die sie stützen oder anzweifeln, abhängig sind und gegen die herrschende Autorität zur Disposition gestellt werden können: »Es genügt dann, dass diese in Mode gekommene Idee kritisiert wird; die Kritik muss allerdings öffentlich sein, damit sie die Autorität der Idee untergraben kann. Auf diese Weise kann die Idee relativ schnell überholt sein.« (Boudon 1988, S. 117) Boudon entwirft mit diesen Überlegungen aus einer streng realistisch-soziologischen Position heraus konstruktive Perspektiven für die Lösung des Problems, unwahre Behauptungen und ethisch-moralischen Grundsätzen widersprechende Praktiken auch gegen autoritätsbewährte Widerstände zu kritisieren. So betrachtet bedarf ein Normwandel der fundierten Aufdeckung und Kritik der herrschenden Autoritätseffekte.

---

3 Hierzu Boudon wörtlich: »Immer dann, wenn eine einseitige Kommunikationsbeziehung zwischen einer Idee oder Theorie und einem Publikum vorliegt [...], wenn das Publikum also nicht über die zeitlichen Mittel und Kompetenzen verfügt, um die Theorie als ›white box‹ zu behandeln, entsteht ganz natürlich ein Autoritätseffekt.« (Boudon 1988, S. 116)

2.5 Die Perspektive sozialer Gerechtigkeit: Das Recht auf Rechtfertigung

Dort, wohin sich Boudon als methodologischer Individualist nur ungern vorwagt und wo bei Sen die politische Dimension sozialer Gerechtigkeit keine herausragende Bedeutung erfährt, füllen solche Theorien sozialer Gerechtigkeit die Lücken, die nach den realen Durchsetzungschancen von moralischen Ansprüchen im politischen Raum fragen. Einen interessanten, wenngleich im Schatten der gerechtigkeitstheoretischen Riesen wie Rawls, Habermas, Sen, Honneth oder Walzer bisher weniger beachteten Beitrag zur Debatte leistet Rainer Forst mit seiner Idee einer kontextbezogenen und kritischen Theorie der Gerechtigkeit (Forst 2007; 2015). Forst verortet seinen eigenen Ansatz, der sich am moralischen Prinzip des Rechts auf Rechtfertigung ausrichtet, zwischen den Theorieprojekten von John Rawls und Jürgen Habermas.

Forst nimmt zu beiden Referenzen eine kritisch-konstruktive Haltung ein. Wo er gegenüber Habermas eine überbordende Zentrierung um Rechtsgrundsätze der Gewährleistung politischer Selbstbestimmung und ein Desinteresse an substanziellen Moralitätsprinzipien moniert, kritisiert er am Zugang von Rawls die weitgehende Indifferenz gegenüber dem substanztheoretischen Charakter demokratisch-politischer Legitimation als Bedingung moralischer Grundrechte. Für Forst argumentiert Habermas allzu prozeduralistisch, während er Rawls seine Fokussierung auf gleiche Freiheiten und die Abstrahierung von realen Kontexten der politischen Aushandlung (man denke an die Konstruktion eines hypothetischen Urzustands) moralischer Prinzipien vorwirft.

Vor diesem Hintergrund lässt sich nach ihm »die konstruktive und kritische Aufgabe einer Theorie der Gerechtigkeit so verstehen, dass sie die normativen Bedingungen benennt, unter denen eine soziale Grundstruktur gerechtfertigt genannt werden kann.« (Forst 2007, S. 179) Dabei sei nicht auf externe ethische Vorstellungen des Guten oder anthropologische Basisannahmen über das Menschenwesen zurückzugreifen, sondern allein die in konkreten Kontexten der Rechtfertigung reziprok und allgemein begründeten und akzeptierten sozialen Grundsätze und Normen finden Eingang in die Geltung erlangende Gerechtigkeitskonzeption. Dabei konturiert Forst seinen Ansatz als methodischen Rahmen:

> »Der konstruktive Teil der Theorie liegt in dem Aufzeigen der Prämissen, Prinzipien und Verfahren des Projekts der Etablierung einer gerecht(er)en Gesellschaft, ihr kritischer Teil liegt in der Aufdeckung falscher und fehlender Begründungen für bestehende soziale Verhältnisse und der entsprechenden Rückverlagerung der Begründungsmacht an die Subjekte selbst. Dazu freilich bedarf es der Zusammenarbeit mit gesellschaftsanalytischen Wissenschaften im Zusammenspiel mit einer kritischen Öffentlichkeit.« (Forst 2007, S. 179–180)

Forst selbst sieht das Risiko abstrakt-realitätsferner Rechtfertigungsdiskurse oder gar autoritär geführter Normierungsprojekte. Dies ist auch der Grund, wieso er alle Verhandlungen über gerechte normative Ordnungen an das intersubjektiv zu gewährende Recht auf Verfahren reziproker und allgemeiner Rechtfertigung gebunden markiert. Erst wenn die institutionelle Möglichkeit der diskursiven (Einforderung von) Rechtfertigung reell besteht und hieraus allgemein, sprich für alle Kontextmitglieder, akzeptierbare Ergebnisse im Sinne einer gerechtfertigten Grundstruktur erwachsen, kann demnach von sozialer Gerechtigkeit ausgegangen werden. Die wissenschaftliche Analyse ist dabei nur ein unterstützender Baustein innerhalb der Rechtfertigungsordnungen: Sie kann einerseits zur Untersuchung von unvollkommenen Rechtfertigungsordnungen, etwa wenn Rechtfertigungsansprüche systematisch verweigert werden, eingesetzt werden (kritisches Potenzial), andererseits auch zur Beschaffung von Rechtfertigungsressourcen, z. B. zur empirischen Fundierung von als allgemein legitim erachteten normativen Grundsätzen (konstruktives Potenzial).

Damit ist implizit bereits die zentrale Funktion von Machtverhältnissen innerhalb von als Rechtfertigungsordnungen gedachten sozialen Gebilden angesprochen. Angesichts der politisch gerahmten Theorie verwundert die eindeutige Positionierung Forsts nicht:

> »Kämpfe um Macht drehen sich darum, sich und die eigene Gruppe in diesem Raum zu positionieren, und damit die Rechtfertigungsmöglichkeiten anderer entsprechend zu beeinflussen. [...] Wenn wir die Machtdynamiken innerhalb normativer Ordnungen verstehen wollen, müssen wir die Rechtfertigungsnarrative analysieren, die herrschende Gruppen nutzen und weben« (Forst 2021, S. 83).

Interessant sind in diesem Zuge die unübersehbaren Versuche Forsts, sozialphilosophische Perspektiven mit den realistischen Potenzialen der machtsensiblen Sozialwissenschaften zusammenzuführen. Dafür spricht auch seine Empfehlung, die motivationalen Grundlagen der involvierten Menschen mitsamt ihrer auf soziale Phänomene bezogenen Zustimmungen oder Ablehnungen sowie die faktischen Einwirkungschancen entlang ihrer sozialen Interessen und »starken Wertungen« (Taylor 1988) zu verstehen.[4]

So gesehen unternimmt Forst einen auch für die Bildungsforschung beachtenswerten Brückenschlag zwischen analytischen Überlegungen zur realwissenschaftlichen Untersuchung von mit Rechtfertigungsordnungen zusammenhängenden Strukturen (zuvorderst der Macht) und der Formulierung eines stark normativ ausgerichteten Programms sozialer Gerechtigkeit. Beide Zugänge sind für ihn zwei Seiten einer Medaille: Die eine klärt über die Welt realer und effektiver Rechtfertigungen auf, die andere entwirft daraufhin ein Bild besserer Rechtfertigungen, auf Basis derer die Akteure als »einander gleichgestellte Autoritäten« (Forst 2015, S. 87) in diskursiver Gleichheit ihre normativen Grundstrukturen begründet entwickeln können.

Forst lässt also trotz realwissenschaftlicher Annäherungen nicht von seinem Idealbild einer »demokratischen Sittlichkeit« ab:

> »Die Gesellschaftsmitglieder sehen sich als im Sinne der Gerechtigkeit mit- und füreinander verantwortlich an und ankernnennen die Förderung gerechter Strukturen als ein gemeinsames politisches (nicht ethisches) Gut. Ein solches Bewusstsein gemeinsamer Verantwor-

---

4 Hier werden deutliche sozialtheoretische Konvergenzen sichtbar zwischen Forsts sozialphilosophischem Programm der normativen Rechtfertigung und den soziologischen Konzepten, die den nutzengenerierenden Charakter von sozialen Kontexten, gedacht als institutionalisierte soziale Produktionsfunktionen, betonen (Esser 1999).

tung ist nicht das Resultat geteilter Auffassungen des guten Lebens, sondern in einer realistischen Betrachtung eher das Ergebnis von Konflikten und Lernprozessen, die deutlich gemacht haben, was man einander schuldet.« (Forst 2007, S. 185)

Welche Formen die Übernahme gesellschaftlicher Verantwortung für Institutionen des Bildungswesens virulent sind, inwiefern sie tatsächlich vollkommenen Rechtfertigungsordnungen im Sinne Forsts nahekommen und welche Potenziale der Kritik an den Institutionen und Praktiken weiterhin bestehen, wird im folgenden Unterkapitel exemplarisch in Augenschein genommen.

2.6 Illustration von Analyseansätzen in Bezug auf Rechtfertigungsordnungen Schulwesen

Ausgangspunkt der bisherigen Ausführungen war die Annahme, dass sich die empirische Bildungsforschung zwar leicht tut, sozial selektive Phänomene der Bildungsbeteiligungen und des -erfolgs auf die Varianzaufklärungsbeiträge individueller Merkmale hin zu untersuchen, es aber bisher nur unzureichend vermag, Formen und Folgen von institutionell vermittelten Strukturen sozialer Schließungen im Bildungswesen zu analysieren. Wir haben ebenso behauptet, dass es nicht nur die bisweilen exkludierenden Askriptionstätigkeiten von Bildungsorganisationen sind, die ausschließend wirken, sondern auch die institutionalisierten Normen auf ihre Schließungsfolgen hin zu untersuchen seien. Mit der innerhalb der Bildungsforschung eher unüblichen Akzentuierung auf soziale Schließungsprozesse wurde obendrein vorgeschlagen, ein besonderes Augenmerk auf Aspekte und Verteilungsstrukturen von Macht zu legen. Diese Gesichtspunkte vertiefend wurde anschließend an Überlegungen von Amartya Sen (Standortgebundenheit und objektive Illusion) und Raymond Boudon (Situations- und Autoritätseffekte) auf die Bedeutung sozialstruktureller Einbettungen von Beobachtungs- und Bewertungsvorgängen hingewiesen. Mit ihnen konnte die Relevanz von Dispositionen und sozialen Positionen hervorgerufenen Ungleichverteilungen von Beobachtungsoptionen sowie Funktionen von Autoritätsverhältnissen im Spiel der Ideenentwürfe und Beeinflussungen aufgezeigt werden.

Diese sozialwissenschaftlichen Einsichten in die realen Strukturen sozialer Machtverhältnisse erweisen sich also sowohl unmittelbar anschlussfähig an die machtsensiblen Theorien sozialer Schließung (Weber & Parkin) als auch an das sozialphilosophische Gerechtigkeitsverständnis von Forst. Diese kategorialen Verwandtschaften sollen nun für die exemplarische Analyse fruchtbar gemacht werden. Wie bereits erwähnt, unternehmen wir damit den Versuch, die Potenziale einer Kritischen Schulsystementwicklungsforschung (Berkemeyer et al. 2019) am empirischen Beispiel zu illustrieren. Im Lichte der herangezogenen Gerechtigkeitskonzeption stellt die institutionelle Analyse auf die kritische Beobachtung von Praktiken der Rechtfertigungen in Bezug auf im Bildungswesen institutionalisierte Normen ab, die soziale Schließungsprozesse bewirken, um hieran anschließend entlang der beobachtbaren Fälle konstruktive Vorschläge für eine Vervollkommnung der bereits stattfindenden kollektiven Verantwortungsübernahmen zu unterbreiten.

Die exemplarische Untersuchung gewinnt ihre analytischen Bausteine aus den vorangestellten Bezugsrahmen:

- Empirischer Gegenstand: soziale Praktiken der Rechtfertigung zu sozialen Schließungen im Bildungswesen
- Analytisches Gesellschaftsmodell: soziale Schließungen, Macht (z. B. Autoritätseffekte)
- Kritisch-konstruktives Gerechtigkeitskonzept: Recht auf Rechtfertigung

2.6.1 Empirischer Gegenstand: Institutionalisierte soziale Schließungen im Grundschulwesen

Konkret beziehen wir uns auf die Praktiken der nordrhein-westfälischen »Kurze Beine – kurze Wege«, die sich in doppelter Weise auf Institutionen sozialer Schließungen im Schulwesen beziehen.[5] Die Initiative hat sich im Jahr 2009 in der Stadt Bonn gebildet und zielt im Kern auf die Umwandlung aller Bekenntnisschulen in Gemeinschaftsschulen in NRW ab. Nach Angaben der Initiative gab es im Schuljahr 2020/21 insgesamt 2.786 Grundschulen in NRW, davon 2.723 in öffentlicher Trägerschaft. Von diesen war ca. ein Drittel Bekenntnisschulen (29 % römisch-katholisch, 3 % evangelisch; insgesamt 897 Grundschulen). Regional sind Bekenntnisschulen disparat verbreitet. Im Jahr 2013 gab es in 116 Gemeinden keine einzige Bekenntnisgrundschule, in 75 Kommunen war die einzig vorgehaltene Grundschule aber eine Bekenntnisschule. Die relativen Anteile katholischer und evangelischer Schüler*innen ist nach Angaben der Initiative aber stark abnehmend, die sogenannte Bekenntnishomogenität an den betreffenden Schulen dadurch immer weniger gegeben.

War das Konstrukt der Bekenntnisschule in der Nachkriegszeit auch in den Ländern Bayern, Baden-Württemberg und Rheinland-Pfalz verbreitet, ist es mittlerweile nur noch in Nordrhein-Westfalen schulgesetzlich legitimiert; in Niedersachsen finden sich noch vereinzelte Bekenntnisschulen. Bekenntnisschulen sind in öffentlicher Trägerschaft. Nach dem § 26 SchulG NRW gibt es im Bereich der Grundschulen die Schularten Gemeinschaftsschulen, Bekenntnisschulen und Weltanschauungsschulen. An Bekenntnisschulen werden die Schüler*innen des katholischen oder des evangelischen Glaubens oder einer anderen Religionsgemeinschaft laut Schulgesetz nach den Grundsätzen des betreffenden Bekenntnisses unterrichtet und erzogen. Hieraus folgt, dass die betreffenden Bekenntnisgrundschulen bei der Aufnahme Kinder mit anderen Bekenntnissen ablehnen können.

---

5 Die Initiative dokumentiert sehr ausführlich über eine Webseite: Schluss mit Bekenntnisgrundschulen in Nordrhein-Westfalen | Keine Trennung durch Religion an öffentlichen Schulen! (kurzebeinekurzewege.de) (Aufruf zuletzt: 01. 12. 2021)

2.6 Illustration von Analyseansätzen in Bezug auf Rechtfertigungsordnungen Schulwesen

Schüler*innen anderer Konfessionen können aufgenommen werden, verpflichten sich aber zumeist mit Schulaufnahme zu Teilnahme am jeweiligen konfessionellen Religionsunterricht. Zudem ist auch die Einstellungspraxis von Lehrer*innen auf das Bekenntnis hin abzustimmen, da an Bekenntnisschulen die Schulleitung sowie die Lehrkräfte dem betreffenden Bekenntnis angehören müssen (wobei Ausnahmeregelungen bestehen).

Schulgesetzlich geregelt sind auch die institutionellen Voraussetzungen der Bestimmung bzw. Umwandlung der Schulart (§ 27 SchulG NRW). Zwei wesentliche Bedingungen sind in Bezug auf eine Umwandlung zu beachten: Erstens müssen 10 % der Eltern der Schüler*innen der Schule eine Umwandlung der Schulart beim Schulträger beantragen, zweitens müssen sich dann in einem durchzuführenden Abstimmungsverfahren mehr als 50 % der Eltern für eine Umwandlung entscheiden.

Worin bestehen nun die hauptsächlichen Kritikpunkte der Initiative und welche Argumente werden ins Feld geführt? Die Initiative fordert konkret, dass:

- »das Aufnahmerecht von Kindern an der nächstgelegenen öffentlichen Grundschule unabhängig von ihrem Bekenntnis und von Glaube und Herkunft ihrer Eltern sein soll
- an allen öffentlichen Schulen die Qualifikation und nicht die Konfession Hauptkriterium bei der Besetzung von Lehrer/innenstellen und Leitungspositionen ist.
- Kinder an öffentlichen Schulen keinen Religionsunterricht in einem Bekenntnis besuchen müssen, dem sie nicht angehören.« (https://www.kurzebeinekurzewege.de/ueber-uns/; 01.12.2021)

Reformhistorisch spielt die Auflösung der Schuleinzugsbereiche in Nordrhein-Westfalen im Jahr 2008 eine Rolle. Berücksichtigten die Einzugsbereiche zuvor sowohl die Wohnortnähe sowie die konfessionelle Gebundenheit von Schulen als wichtige Parameter der Zuordnungen von Schüler*innen und Schulen, wurden infolge der durch die Stärkung des Elternwahlrechts geförderte marktvermittelte Ausgestaltung der Grundschulwahl neue Ungleichheiten deutlich. Schüler*innen wurde und wird bisweilen die Möglichkeit genommen, die wohnortnächste Grundschule zu besuchen, da sie aufgrund einer differierenden Konfession keinen Schulplatz an der jeweiligen Bekenntnisschule erhielten (z. B. bei Anmeldeüberhängen) oder die Erziehungsberechtigten nicht bereit waren, die Teilnahme am katholischen oder evangelischen Religionsunterricht zu befürworten.

2.6.2 Analytisches Gesellschaftsmodell: Soziale Schließungen und Macht

Prozesse dieser Art finden gehäuft im Landesgebiet statt und markieren entlang des Merkmals ihrer Religionszugehörigkeit soziale Differenzierungen zwischen Kindern, die ihnen beim Kita-Besuch (je nach Trägerschaft) oder im Rahmen ihres

Freizeitverhaltens nicht zugeschrieben werden. Kann man aber im konzeptionellen Sinne von sozialen Schließungen, hier innerhalb des öffentlichen und nicht zwischen privatem und öffentlichem Schulwesen, sprechen? Wir möchten behaupten, dass ein Großteil der oben angeführten Parkinschen Definition erfüllt ist. Es werden äußerliche Merkmale als Rechtfertigungsgrund für den Ausschluss von Konkurrent*innen (hier: um Schulplätze) genutzt. Eine (zumindest imaginierte) Monopolisierung bestimmter Chancen für Religionsangehörige ist gegeben, unabhängig vom faktischen Nutzen der Schließungen, also z. B. in Bezug auf die Schulqualität oder das Wohlbefinden der Kinder.

Gerade die Tatsache, dass die institutionellen Bedingungen zur Bestimmung der Schulart zuvorderst den Eltern der betreffenden Bekenntnisschule die Mittel zur Umwandlung zuweisen, ist ein deutlicher Hinweis auf ungleiche Machtverteilungen. Vom Schulgesetz legitimiert, erhält die soziale Gemeinschaft der Schulangehörigen die Möglichkeit, den »Zugang zu Privilegien und Erfolgschancen auf einen begrenzten Kreis von Auserwählten« (siehe Parkin) einzuschränken. Die zugewiesene Bestimmungsgewalt ist zweifellos ein starkes Machtmittel, gegen das selbst der für die äußeren Schulangelegenheiten zuständige Schulträger (Hermstein 2021b) nichts ausrichten kann, wenn nicht mindestens 10 % der Elternschaft ein Verfahren initiieren. Zugleich wurde ein zuvor potentes Machtmittel hinsichtlich des Zugangs zu Grundschulen, nämlich die räumliche Nähe von Wohn- und (präferiertem) Schulort, als bedroht wahrgenommen.

Ein weiteres Indiz für die Einordnung der Bekenntnisschulen als Mechanismen sozialer Schließungen ist bereits die wahrnehmbare Regung von Widerstand selbst. Die Initiative »Kurze Beine – kurze Wege« ist nur ein Beispiel von vielen (siehe die sicherlich nicht vollständige Berichterstattung: https://www.kurzebeinekurzewege.de/berichterstattung-bekenntnisgrundschulen/; 01.12.2021). Eine Gruppe von Personen erfährt Abweisung, die sie zuvor nicht erfahren hat, und fordert nun öffentlich und vehement die Auflösung der institutionell eingeführten Begrenzungen. Dabei wurde, so kann man es interpretieren, im Laufe der Zeit die Regelgeltung implizit anerkannt: Richteten sich die Proteste zunächst noch an die Akteure der regionalen Ebene, wurden sie sukzessive zur zentralen Autorität in Bildungsfragen hochskaliert, dem zuständigen Ministerium und dem entsprechenden Ausschuss auf Landesebene. An die regionalen Ebenen und die schließungserhaltenen Akteure (sprich: die Eltern der Schüler*innen der Bekenntnisschulen, die Kirchen, die Schulträger) wurde dann eher moralische Kritik herangetragen, der nun manifeste Konflikt um die institutionelle Definition wurde aber fortan auf Landesebene entfaltet.

2.7 Kritisch-konstruktives Gerechtigkeitskonzept: Recht auf Rechtfertigung

Zudem möchten wir das beobachtbare Prozessgeschehen als Ausdruck gesellschaftlicher Verantwortungsübernahme im Modus der Rechtfertigung deuten. Egal ob die Initiative unter dem Deckmantel »Kurze Beine – kurze Wege« noch weitere versteckte Ziele verfolgt (denkbar wäre z. B. eine Art wohnörtliches Creaming, was bei starker Segregation einem sozialen Creaming entspricht), wird das Prinzip der Beanspruchung des Rechts auf Rechtfertigung unübersehbar zur Geltung gebracht. Und mit Sen sowie Boudon könnte man hinsichtlich der Machtdimension präzisieren: Erkennbar werden Versuche, die Standortabhängigkeit etablierter Beobachtungen und Bewertungen (Sen) zum Konstrukt der Bekenntnisschulen einhergehenden Folgeerscheinen aufzulösen, was innerhalb der politischen Arena auf die Kritik an Autoritätseffekten (Boudon) hinausläuft, die zur machtvollen Stützung der Schließungsprozesse beitragen.

Die Formierung der Initiative selbst sowie die Intensität, mit der sie ihre normativen Ziele zu verfolgen sucht, erfordert neben der Mobilisierung zeitlicher Mittel auch die Akkumulation von Wissen und Argumenten sowie die Aneignung öffentlicher Diskursräume, in denen das Recht auf Rechtfertigung produktiv eingefordert werden kann. Die Initiative nutzt im Wesentlichen vier politisch-öffentliche Arenen:

- Die lokale Presse in Bonn und Umgebung (Bonner Generalanzeiger)
- Die kommunalen politischen Gremien (z. B. den Bonner Schulausschuss)
- Die selbstorganisierte Berichterstattung im Internet (www.kurzebeinekurzewege.de)
- Online-Petition mit anschließender Konfrontation der Landtagsfraktionen in NRW

Die Initiative beabsichtigt mit der teilweise direkten Ansprache politischer Akteure die Beeinflussung ihrer Rechtfertigungsmöglichkeiten. Für die intendierte Einwirkung auf die gängigen Rechtfertigungsnarrative nutzt die Initiative neben moralisch-normativen Argumenten auch statistisches Datenmaterial, das zur Untermauerung der Kritik an der Sonderbehandlung von Bekenntnisschulen bzw. der konfessionellen Schüler*innen herangezogen wird (z. B. relative Anteile von katholischen Schüler*innen an der Gesamtschülerschaft).

Ganz explizit versteht sie die Vorbringung ihres Anliegens als einen Akt für soziale Gerechtigkeit. So heißt es in dem Bürgerantrag an die Oberbürgermeisterin der Stadt Bonn:

»Dies [die Bevorzugung bei der Schulplatzvergabe; die Autoren] schafft Ungerechtigkeiten, die sicherlich so niemand wünschen kann oder hinsichtlich der Tragweite vorausgesehen hat. Das Zusammenleben im Wohnviertel bildet den Grundstein zum Zusammenleben in der Demokratie. Integration und gegenseitiges Verständnis beginnt in der Nachbarschaft! Konfessionszugehörigkeit darf kein Zugangsprivileg an staatlichen Bekenntnisschulen sein! Christliches wie humanistisches Miteinander schließt eine Zurückweisung der Nachbarschaftskinder aus!« (https://www.kurzebeinekurzewege.de/buergerantrag-in-bonn-schuele rinnen-unabhaengig-von-der-konfession-den-zugang-gewaehrleisten/; 01.12.2021).

In dieser Passage finden sich starke moralische Wertungen, die mit den Schließungseffekten der Bekenntnisschulen in Verbindung gebracht werden. Bezugnahmen auf Demokratie, Integration und ein humanistisches Miteinander bezeugen die enorme moralische Anspruchshaltung, die hier eingebracht wird. Dabei wird ein Schließungsargument gegen ein anderes ins Spiel gebracht: die Nachbarschaft und das nahräumliche Umfeld als schützenswerte soziale Güter rechtfertigen aus Sicht der Initiative sehr wohl eine (wohn- bzw. sozialräumliche) Schließung der Zugangsbedingungen zu Grundschulen, nicht aber die Konfessionszugehörigkeit als weiteres Zugangsprivileg.

Anschließend an die Überlegungen von Forst könnte nun in Verbindung mit dem Programm der KSEF gezeigt werden, wo falsche oder moralisch mehrdeutige Begründungen und Ansatzpunkte ins Feld geführt werden und inwiefern die sozialen Grundstrukturen, innerhalb derer die Aushandlungen um die Bekenntnisschule stattfinden, nicht oder nur bedingt denjenigen Bedingungen entsprechen, die dann gerechtfertigte Normen im Sinne des Gerechtigkeitsverständnisses hervorbringen. Das wäre der kritische Teil, der insbesondere auch kritischer wissenschaftlicher Reflexionen (z.B. über die empirische Haltbarkeit der Argumente) bedarf. Konstruktiv könnte auf die Optimierungsbedarfe der strukturellen Bedingungen sowie der Qualität des Diskurses hingearbeitet werden. So wird etwa die Formel »Kurze Beine – kurze Wege« von der Initiative uneingeschränkt positiv konnotiert, als kindgerechte Norm der Zuweisung von Schulplätzen nach dem geografischen Abstand zwischen Wohn- und Schulort. Wie die raumorientierte Schulforschung allerdings zeigt, können an sozialräumlichen Verteilungsstrukturen orientierte Regelmäßigkeiten der Bildungsbeteiligung zur Produktion von benachteiligenden Schließungs- und Exklusionsprozessen beitragen (Berkemeyer, Hermstein & Manitius 2016; van Ackeren, Bremm, Klein & Racherbäumer 2016). Hier könnte es Aufgabe einer wissenschaftlichen Begleitung sein, die Arenen der Rechtfertigung mit Forschungsbefunden zu informieren.

2.8 Schluss und Ausblick

Diese zugegebenermaßen noch recht unreife Analyse, die für eine umfassendere Perspektivierung der Konfliktlage in den diskursiven Arenen mindestens um die Rechtfertigungen der am Institutionenerhalt interessierten Akteure (ggf. Schulkonferenzen der Bekenntnisschulen, Kirchen, Schulträger) ergänzt werden müsste[6], bestärkt zumindest das grundsätzliche Potenzial des Gerechtigkeitskonzepts von

---

6 Z.B. können Protokolle aus den kommunalen Schulausschüssen für solche Analysen herangezogen werden (vgl. Hermstein 2021a).

Forst für die kritische Analyse von Kämpfen um Schließungsstrukturen im Bildungswesen. In deskriptiv-analytischer Hinsicht lassen sich damit Kämpfe um das Recht auf Rechtfertigung identifizieren. Dies wäre nicht nur für die Schulentwicklungsforschung (Berkemeyer & Hermstein 2018) bereits ein bereicherndes Unterfangen, welches auch Anschlüsse an die in der allgemeinen Erziehungswissenschaft geführten Diskussionen um Zugehörigkeiten (Rieger-Ladich, Casale & Thompson 2020) bieten könnte. Institutionen sozialer Schließungen erweisen sich als geeignete Gegenstände, um die Relevanz von Macht und Konfliktstrukturen für soziale Benachteiligungen aufzuzeigen. Die Untersuchung manifester Konfliktkonstellationen, wie sie die hier exemplarisch behandelte Initiative »Kurze Beine – kurze Wege« entfaltet hat, beinhaltet dann gleichsam die Analyse von Bedingungen der Übernahme gesellschaftlicher Verantwortung für die institutionelle Beschaffenheit ihrer Lebensumstände.

Vertiefende Untersuchungen sollten ein verstärktes Augenmerk auf die Rekonstruktion der gerechtigkeitstheoretischen Anbindung der in den Rechtfertigungskonstellationen vorgebrachten moralischen Begründungen und Argumente in den jeweiligen Sozialkontexten legen. Für die empirische Analyse wäre David Millers (2008) pluralistische Konzeption sozialer Gerechtigkeit ein geeigneter Referenzrahmen, um die praktisch eingebrachten moralischen Prinzipien (z. B. Bedarfs-, Verteilungs- und Leistungsgerechtigkeit) identifizieren und hinsichtlich ihrer diskursiven Wirkungen untersuchen zu können.

Literatur

Berkemeyer, Nils (2020): Über die Schwierigkeit, das Leistungsprinzip im Schulsystem gerechtigkeitstheoretisch zu begründen. In: Zeitschrift für Erziehungswissenschaft 23 (2), S. 427–437. DOI: 10.1007/s11618-020-00932-2.

Berkemeyer, Nils; Bos, Wilfried; Hermstein, Björn (Hrsg.) (2019): Schulreform. Zugänge, Gegenstände, Trends. Weinheim, Basel: Beltz (Pädagogik).

Berkemeyer, Nils; Bos, Wilfried; Hermstein, Björn; Abendroth, Sonja; Semper, Ina (2017): Chancenspiegel – eine Zwischenbilanz. Zur Chancengerechtigkeit und Leistungsfähigkeit der deutschen Schulsysteme seit 2002. Gütersloh: Bertelsmann Stiftung.

Berkemeyer, Nils; Hermstein, Björn (2018): Schulentwicklung(-sforschung) – Quo vadis? In: Kerstin Drossel & Birgit Eickelmann (Hrsg.): Does ›What works‹ work? Bildungspolitik, Bildungsadministration und Bildungsforschung im Dialog. 1. Auflage. Münster: Waxmann, S. 13–36.

Berkemeyer, Nils; Hermstein, Björn; Manitius, Veronika (2016): Auf dem Weg zu einer raumorientierten Schulsystemforschung. Was können raumsensible Sozialtheorien für empirische Analysen regionaler Bildungsdisparitäten leisten? In: Zeitschrift für Pädagogik 62 (1), S. 48–61.

Berkemeyer, Nils; Hermstein, Björn; Meißner, Sebastian; Semper, Ina (2019): Kritische Schulsystementwicklungsforschung: Ein normativ-analytischer Forschungsansatz der schulischen Ungleichheitsforschung. In: Journal für Bildungsforschung Online 11 (1), S. 47–73.

Boudon, Raymond (1974): Education, opportunity, and social inequality. Changing prospects in Western society. New York, NY: Wiley (Wiley series in urban research).

Boudon, Raymond (1988): Ideologie. Geschichte und Kritik eines Begriffs. Dt. Erstausgabe. Reinbek bei Hamburg: Rowohlt (Rowohlts Enzyklopädie, 469).

Ditton, Hartmut (2019): Schulreformen seit 1995: ein Überblick. In: Nils Berkemeyer, Wilfried Bos & Björn Hermstein (Hrsg.): Schulreform. Zugänge, Gegenstände, Trends. Weinheim, Basel: Beltz, S. 248–259.

Drewek, Peter (2019): Schulreform im Spiegel der Sozialgeschichte des Bildungssystems. In: Nils Berkemeyer, Wilfried Bos & Björn Hermstein (Hrsg.): Schulreform. Zugänge, Gegenstände, Trends. Weinheim, Basel: Beltz, S. 667–678.

Drossel, Kerstin; Eickelmann, Birgit (Hrsg.) (2018): Does ›What works‹ work? Bildungspolitik, Bildungsadministration und Bildungsforschung im Dialog. 1. Auflage. Münster: Waxmann.

Esser, Hartmut (2000): Soziologie. Spezielle Grundlagen, Band 5: Institutionen. Frankfurt/Main, New York: Campus.

Esser, Hartmut (1999): Soziologie. Spezielle Grundlagen, Band 1: Situationslogik und Handeln. Frankfurt/Main, New York: Campus.

Esser, Hartmut (2021): »Wie kaum in einem anderen Land …«? Die Differenzierung der Bildungswege und ihre Wirkung auf Bildungserfolg, -ungleichheit und -gerechtigkeit. Frankfurt/Main, New York: Campus.

Forst, Rainer (2007): Das Recht auf Rechtfertigung. Elemente einer konstruktivistischen Theorie der Gerechtigkeit. Original-Ausgabe, 1. Auflage. Frankfurt/Main: Suhrkamp (Suhrkamp-Taschenbuch Wissenschaft, 1762).

Forst, Rainer (2015): Normativität und Macht. Zur Analyse sozialer Rechtfertigungsordnungen. 1. Originalausgabe. Berlin: Suhrkamp.

Forst, Rainer (2021): Normativität und Wirklichkeit. Zu einer kritisch-realistischen Theorie der Politik. In: Rainer Forst & Klaus Günther (Hrsg.): Normative Ordnungen. Erste Auflage. Berlin: Suhrkamp (Suhrkamp-Taschenbuch Wissenschaft, 2342), S. 74–93.

Forst, Rainer; Günther, Klaus (Hrsg.) (2021): Normative Ordnungen. Erste Auflage. Berlin: Suhrkamp (Suhrkamp-Taschenbuch Wissenschaft, 2342).

Gomolla, Mechtild; Radtke, Frank-Olaf (2002): Institutionelle Diskriminierung. Die Herstellung ethnischer Differenz in der Schule. Opladen: Leske + Budrich.

Hadjar, Andreas (2008): Meritokratie als Legitimationsprinzip. Die Entwicklung der Akzeptanz sozialer Ungleichheit im Zuge der Bildungsexpansion. Wiesbaden: VS Verlag für Sozialwissenschaften.

Helbig, Marcel; Jähnen, Stefanie (2018): Wie brüchig ist die soziale Architektur unserer Städte? Trends und Analysen der Segregation in 74 deutschen Städten. WZB Discussion Paper, No. P 2018-001. Berlin: WZB.

Hermstein, Björn (2019): Bildungsplanung im Bereich des allgemeinbildenden Schulwesens: Schwerpunkt Schulentwicklungsplanung. In: Enzyklopädie Erziehungswissenschaft Online, S. 1–18.

Hermstein, Björn (2021a): Wer spielt warum mit? Schnittstellen in der Schulsystementwicklung und Prozesse ihrer Rationalisierung. In: Die Deutsche Schule 113 (1), S. 14–29.

Hermstein, Björn (2021b): Zur Unterstützung von Einzelschule und Schulentwicklung durch kommunale Schulträger. In: Tanja Webs & Veronika Manitius (Hrsg.): Unterstützungssysteme für Schulen. Konzepte, Befunde und Perspektiven. 1. Auflage. Bielefeld: wbv Media (Beiträge zur Schulentwicklung), S. 39–58.

Herrlitz, Hans-Georg; Hopf, Wulf; Titze, Hartmut; Cloer, Ernst (2005): Deutsche Schulgeschichte von 1800 bis zur Gegenwart. Eine Einführung. Unter Mitarbeit von Hans-Georg Herrlitz. 4., überarb. und aktualisierte Auflage. Weinheim, München: Juventa.

Kreckel, Reinhard (2004): Politische Soziologie der sozialen Ungleichheit. 3., überarb. und erw. Auflage Frankfurt/Main: Campus (Theorie und Gesellschaft, 25).

Mackert, Jürgen (Hrsg.) (2004): Die Theorie sozialer Schließung. Tradition, Analysen, Perspektiven. 1. Auflage Wiesbaden: VS, Verl. für Sozialwiss.

Miller, David (2008): Grundsätze sozialer Gerechtigkeit. Frankfurt/Main/New York: Campus.

Parkin, Frank (2004): Strategien sozialer Schließung und Klassenbildung. In: Jürgen Mackert (Hrsg.): Die Theorie sozialer Schließung. Tradition, Analysen, Perspektiven. 1. Auflage. Wiesbaden: VS Verlag, S. 27–43.

Rieger-Ladich, Markus; Casale, Rita; Thompson, Christiane (Hrsg.) (2020): Un-/Zugehörigkeit. Bildungsphilosophische Reflexionen und machttheoretische Studien. Weinheim: Beltz; Beltz Juventa.

Sen, Amartya (2010): Die Idee der Gerechtigkeit. München: Beck.

Stojanov, Krassimir (2021): Bildungsgerechtigkeit als gesellschaftskritische Kategorie. Zur jüngsten Kontroverse in der Erziehungswissenschaft über Leistung und Gerechtigkeit im Bildungswesen. In: Zeitschrift für Pädagogik 67 (5), S. 784–802.

Taylor, Charles (1988): Negative Freiheit? Zur Kritik des neuzeitlichen Individualismus. 1. Auflage. Frankfurt/Main: Suhrkamp.

van Ackeren, Isabell; Bremm, Nina; Klein, Esther Dominique; Racherbäumer, Kathrin (2016): Editorial zum Schwerpunktthema: Schulen in »schwieriger« Lage. In: Die Deutsche Schule 108 (4), S. 320–322.

Weber, Max (1985): Wirtschaft und Gesellschaft. Grundriß der verstehenden Soziologie. 5., rev. Auflage, Studienausgabe, 19.–23. Taus. Tübingen: Mohr.

Webs, Tanja; Manitius, Veronika (Hrsg.) (2021): Unterstützungssysteme für Schulen. Konzepte, Befunde und Perspektiven. 1. Auflage. Bielefeld: wbv Media.

Zymek, Bernd (2019): Prägende Schulreformen in den beiden deutschen Nachkriegsstaaten (1945–1995). In: Nils Berkemeyer, Wilfried Bos & Björn Hermstein (Hrsg.): Schulreform. Zugänge, Gegenstände, Trends. Weinheim, Basel: Beltz, S. 148–177.

3 Sozialräumliche Segregation und die Marginalisierung von Kindern und Jugendlichen als Herausforderungen für inklusive Bildung

Markus Ottersbach

Abstract

Die Engführung des Konzepts der Inklusion bzw. der inklusiven Bildung auf das Thema »Behinderung« verdeckt die Notwendigkeit, auch andere marginalisierte Gruppen in unserer Gesellschaft zu inkludieren. Stattdessen sollten im Kontext intersektionaler Perspektiven andere Differenzdimensionen wie Gender, Race, Heteronormativität, Alter etc., aber vor allem auch sozio-ökonomische Aspekte der Lebenslage der Menschen und somit die soziale Ungleichheit und ihre räumliche Verortung eine wichtige Rolle bei der Entwicklung von Konzepten der Inklusion einnehmen. Um die strukturellen bzw. die sozio-ökonomischen Bedingungen von inklusiver Bildung zu diskutieren, muss das Verhältnis von sozialräumlicher Segregation und der Marginalisierung von Kindern und Jugendlichen in bestimmten Sozialräumen analysiert werden. Im Anschluss an die Analyse der Entstehung und Entwicklung sozialräumlicher Segregation und der Verbindung von räumlicher Segregation und Marginalisierung von Kindern und Jugendlichen sollen auch mögliche Entwicklungsszenarien dieser Sozialräume diskutiert werden. Erst dann können die Auswirkungen und Folgen der sozialräumlichen Segregation für den Bildungserwerb von Kindern und Jugendlichen analysiert und Möglichkeiten der Reduzierung von Bildungsbenachteiligung präsentiert werden. Schließlich sollen im Rahmen eines Fazits mögliche Aspekte eines intersektional orientierten Konzepts der inklusiven Bildung vorgestellt und politische Forderungen diskutiert werden.

3.1 Einleitung

Die aktuelle öffentliche, rechts-, sozial- und erziehungswissenschaftliche Debatte um In- und Exklusion ist nach wie vor stark auf das Thema »Behinderung« fokussiert. Ein Blick auf die Salamanca-Resolution von 1994[1] verdeutlicht jedoch, dass diese

---

1 An der Formulierung dieser Resolution waren 92 Regierungen und 25 internationale Organisationen beteiligt. Ihre Vorstellung von »Inklusion« lässt sich in folgendem Zitat verdeutlichen: »The guiding principle is [...] that schools should accomodate all children regardless their physical, intellectual, social, emotional, linguistic or other conditions. This

nicht nur die Vielfalt und das Recht aller Menschen auf seine Eigenarten betont, sondern auch die gesellschaftlichen und institutionellen Bedingungen und Mechanismen aufzeigen will, die erst Benachteiligungen und Diskriminierungen bestimmter Bevölkerungsgruppen verursachen.

Erst in jüngerer Zeit werden im Kontext der Diskussionen um Inklusion intersektionale Perspektiven thematisiert, bei denen sozio-ökonomische Aspekte der Lebenslage der Menschen und somit auch die soziale Ungleichheit und ihre räumliche Verortung eine wichtige Rolle einnehmen. Hier setzt der Beitrag an, indem ein Schwerpunkt auf die Herausforderungen inklusiver Bildung in marginalisierten Sozialräumen gelegt wird. Da die zahlreichen Aspekte und Facetten von sozialen Ungleichheiten in unserer Gesellschaft, die in marginalisierten Sozialräumen in Form der Einkommens- und Bildungsarmut, sozialer und gesundheitlicher Probleme und geringer repräsentativer politischer Partizipation kumulieren, in den bisherigen Debatten um Inklusion nur wenig Beachtung gefunden haben, soll mit diesem Beitrag auch ein Forschungsdesiderat thematisiert und zumindest im Ansatz bearbeitet werden.

Ausgehend von dem Verhältnis von sozialer Ungleichheit, sozialräumlicher Segregation und der Marginalisierung von Kindern und Jugendlichen in bestimmten Sozialräumen werden in diesem Artikel vor allem die strukturellen bzw. die sozioökonomischen Bedingungen von Inklusion thematisiert, deren Analyse erst einen nachhaltigen Beitrag zum Abbau von Bildungsbenachteiligung und darüber auch der anderen Formen von Diskriminierungen ermöglichen kann. Dabei sind für das Verständnis der Situation marginalisierter Kinder und Jugendlicher zunächst die Präsentation der Entstehung und Entwicklung sozialräumlicher Segregation, die Darstellung der Entstehung marginalisierter Quartiere vor dem Hintergrund einer Kumulation von Segregation und Marginalisierung, die Analyse der Kennzeichen und Typen marginalisierter Quartiere und die Diskussion möglicher Entwicklungen dieser Quartiere erforderlich. Erst dann können die Auswirkungen und Folgen der sozialräumlichen Segregation für den Bildungserwerb analysiert werden. Ein Fazit schließt den Beitrag ab, indem die Ergebnisse zusammengeführt, mögliche Aspekte einer inklusiven Bildung vorgestellt und politische Forderungen diskutiert werden.

---

should include disabled and gifted children, street an working children, children from remote an nomadic populations, children from linguistic, ethnic or cultural minorities and children from other disadvantages or marginalized areas or groups« (UNESCO & Ministery of Eduaction and Sciences Spain 1994, S. 6). Diese Resolution ist in 2006 von der UN-Behindertenrechtskonvention (UN-BRNK) übernommen und 2006 publiziert worden.

3.2 Das Verhältnis von sozialer Ungleichheit, sozialräumlicher Segregation und die Marginalisierung von Kindern und Jugendlichen

Sozialräumliche Segregation weist einen engen Bezug zu sozialer Ungleichheit auf. Beide Aspekte beeinflussen sich gegenseitig. Soziale Ungleichheit konkretisiert sich in ungleichen Lebens- und Wohnverhältnissen unterschiedlicher Sozialräume, die wiederum Auswirkungen auf Art und Ausmaß der sozialen Ungleichheit haben können (Kemper 2018). Sozialräumliche Segregation ist im Grunde ein allgemeines Phänomen moderner Gesellschaften, d. h. sie findet sich sowohl innerhalb ländlicher als auch urbaner Räume, teilweise auch zwischen ländlichen und urbanen Räumen. Die Ausprägung sozialer Ungleichheit bzw. sozialräumlicher Segregation ist innerhalb der Städte relativ hoch und stellt ein bedeutsames gesellschaftliches Problem dar.

Prinzipiell sind alle Altersgruppen der Bevölkerung von sozialräumlicher Segregation betroffen. Dennoch hat die Segregation für Kinder und Jugendliche oft besonders nachhaltige Auswirkungen, weil sie deren Lebenslage nicht nur für eine gewisse Lebensphase, sondern häufig für die gesamte Lebensspanne beeinflusst.

Die wesentlichen Bestandteile oder Ausformungen sozialer Ungleichheit sind Armut und Reichtum, hoher und niedriger Bildungserwerb, Gesundheit und Krankheit, das Wohnen in wohlhabenden bzw. marginalisierten Quartieren, unterschiedliche Freizeitmöglichkeiten und hohe bzw. niedrige politische Partizipation. Man könnte auch sagen, sozialräumliche Segregation ist eine Fixierung sozialer Ungleichheit insbesondere innerhalb städtischer Räume.[2]

Sozialräumliche, urbane Segregation als Konkretisierung sozialer Ungleichheit hat erhebliche Auswirkungen auf alle Aspekte der Lebenslage der Bewohner*innen marginalisierter Quartiere. An dieser Stelle geht es um die Auswirkungen des marginalisierten Sozialraums auf die Bildungssituation bzw. auf den Bildungserwerb von Kindern und Jugendlichen dieses Sozialraums und somit um Bildungsgerechtigkeit. Im internationalen Kontext wird die Relation von sozialer Ungleichheit bzw. sozialräumlicher Segregation und Bildungserwerb schon länger diskutiert und erforscht (vgl. van Ackeren 2008), in Deutschland ist es ein noch relativ neues Thema (vgl. z. B. Berger & Kahlert 2005; Fölker, Hertel & Pfaff 2015). Schon Boudon und später auch Bourdieu haben jedoch auf die enge Verflechtung von ökonomischen Bedingungen (bzw. Kapital) und dem Bildungserwerb verwiesen. Boudon (1974) hat bereits relativ früh zwischen primären und sekundären Effekten beim Bildungserwerb differenziert. Bei ersteren, die Bourdieu (1983) in seinen Studien als ökonomisches, kulturelles und soziales Kapital beschrieben und analysiert hat, wird auf die unterschiedlichen Voraussetzungen, Bedingungen und Chancen des Bildungserwerbs rekurriert. Hier geraten Aspekte wie Schicht, Ge-

---

2 Mit Sozialer Ungleichheit verbunden sind ein unterschiedlicher Status und verschiedene, auf Macht und Prestige beruhenden Handlungs- und Entfaltungsmöglichkeiten der Individuen. Auch die rechtliche Situation ist ausschlaggebend für die Möglichkeiten.

3.2 Soziale Ungleichheit und sozialräumliche Segregation

schlecht, regionale Herkunft und Migrationshintergrund in den Blick. Die mit diesen Aspekten verbundene unterschiedliche Ausstattung mit Ressourcen wird für die Chancen in Bezug auf Bildung, Ausbildung und Arbeitsmarktpositionierung verantwortlich gemacht. Als sekundäre Effekte werden solche betrachtet, die gruppenspezifischen oder individuellen Entscheidungen (z. B. der Eltern) zugrunde liegen. Diese Entscheidungen können z. B. auf rationalen Erwägungen oder auf einer Kosten-Nutzen-Analyse basieren.

Inzwischen wurde in zahlreichen Publikationen (vgl. z. B. die seit 2001 veröffentlichten PISA-Studien) nachgewiesen, dass auch in Deutschland die sozio-ökonomischen Bedingungen der Familie beim Bildungserwerb ausschlaggebend sind.[3] Diese Bedingungen spiegeln sich wiederum in der Wahl bzw. in der Nichtwahl, also der Zuweisung des Sozialraums bzw. des Wohnorts für Familien, wider. Ob es sich tatsächlich um eine freie Wahl oder eine Zuweisung von Wohnort bzw. -raum handelt, hängt von den sozio-ökonomischen Verhältnissen ab, mit denen Familien konfrontiert sind. Eine Wahl findet innerhalb der unteren sozialen Schichten in der Regel gar nicht statt. Sie sind auf preisgünstigen Wohnraum angewiesen und dieser befindet sich in allen Städten meist nur in sogenannten marginalisierten Quartieren.

In der Regel entscheidet der Wohnort auch über die Schulwahl.[4] Bekannt ist, dass in Schulen in marginalisierten Quartieren meist ein geringeres Bildungsniveau existiert als in wohlhabenden Vierteln. Deutlich weniger Schüler*innen dieser Schulen erhalten beim Übergang in die weiterführende Schule eine gymnasiale Empfehlung. Deshalb wirkt sich spätestens beim Übergang in die weiterführende Schule die durch den Wohnort verursachte Diskriminierung und Marginalisierung auf die Schüler*innen aus (vgl. hierzu auch Hauf 2007; Stošić 2015).

Allerdings scheint es auch Ausnahmen zu geben. So konnte im Kontext der Schulforschung nachgewiesen werden, dass sich schulischer Erfolg trotz räumlicher und ethnischer Segregation einstellen kann.[5] Offensichtlich gibt es sogenannte »erwartungswidrig gute Schulen« in räumlich und ethnisch segregierten Stadtteilen, die unter bestimmten Voraussetzungen in der Lage sind, trotz hoher Belastungsfaktoren im ansässigen Stadtteil eine hohe Qualität und Effektivität zu erlangen. Daraus lässt sich die Hoffnung ableiten, dass sozial und bildungsbenachteiligte Kinder und Jugendliche auch in Schulen mit einer sogenannten »ungünstigen Zusammensetzung der Schüler*innenschaft« gute schulische Leistungen erzielen

---

3 In einem engen Verhältnis zur sozio-ökonomischen Situation befindet sich auch die ethnische Zugehörigkeit. Neben der sozialen kann auch die ethnische Segregation im Stadtteil eine Rolle für den Bildungserwerb spielen (vgl. z. B. Makles & Schneider 2012; Baur 2013).
4 Nur in NRW ist die Wahl der Grundschule eine Entscheidung der Eltern. Sie können im Prinzip selbst entscheiden, auf welche Schule sie ihr Kind schicken möchten. Dennoch sind die Schulplätze begrenzt und insofern spielt der Wohnort bei der Vergabe der Schulplätze auch in NRW eine erhebliche Rolle (vgl. hierzu van Ackeren 2006; SVR 2013; Makles & Schneider 2012, Jurczok & Lauterbach 2014).
5 Diese Entwicklung ist auch schon im Kontext geschlechtsspezifischer Bildungserfolge für einige Länder nachgewiesen worden. In ihnen wird aufgezeigt, dass Mädchen mit Migrationshintergrund trotz starker Nachteile und Diskriminierungserfahrungen eine höhere Bildungsaspiration zeigen als Jungen mit Migrationshintergrund (vgl. z. B. für Frankreich: Brinbaum & Cebolla-Boado 2007; für die Niederlande: van de Werfhorst & van Tubergen 2007).

können. Auch im Zusammenhang der Resilienz- bzw. Agency-Forschung (vgl. Giddens 1984; Emirbayer & Mische 1998) sind individuelle Erfolgsleistungen in widrigen Umwelten und unter systematisch benachteiligenden Bedingungen mehrfach diskutiert worden. Gefahr läuft dieser Ansatz jedoch, unreflektiert und unkritisch zu werden, wenn er gesellschaftlich bedingte soziale Probleme – im Sinne der negativen Folgen der Individualisierung – als selbstverschuldet interpretiert und somit explizit dem Individuum anlastet (vgl. Heitmeyer, Mansel & Olk 2012). Dieser individualistisch orientierte Ansatz verkennt die Bedeutung von Herrschaftsordnungen und gesellschaftlichen Machtverhältnissen, die er somit letztlich reproduziert (vgl. hierzu Bremm & Racherbäumer 2020). Die Debatte um inklusive Bildung muss deshalb die strukturellen Ursachen der Marginalisierung Jugendlicher durch soziale Ungleichheit und die sozialräumliche Segregation unbedingt berücksichtigen. Ansonsten ist die Gefahr groß, soziale Ungleichheit – auch durch Inklusion – in der Schule zu reproduzieren.

3.3 Entstehung und Entwicklung sozialräumlicher Segregation

Räumliche Segregation ist kein neues Phänomen. Schon in der Antike und auch im Mittelalter gab es eine räumliche Verteilung von Bürger*innen nach ökonomischen Kriterien. Orte, an denen eher Reiche, und Siedlungen, in denen eher arme Bevölkerungsschichten wohnen, sind immer noch ein typisches Kennzeichen heutiger Städte. Während der Industrialisierung und vor allem in Folge der Urbanisierung hat die räumliche Segregation jedoch eine neue Dimension angenommen. Auch in Deutschland bildeten sich im 19. Jahrhundert große Unterschiede bezüglich der Wohnqualität zwischen Ober-, Mittel- und Unterschicht heraus. Stadtteile, in denen ärmere Menschen wohnen mussten, befanden sich meist in unmittelbarer Nähe zu Fabriken und kennzeichneten sich durch schlechte und enge Wohnverhältnisse, unzureichende sanitäre Anlagen, hohe Luftverschmutzung, Lärm und wenige oder gar keine Erholungsflächen. Verelendung und Ghettoisierung waren unübersehbar. In den modernen Demokratien und mit der Einführung sozialpolitischer Maßnahmen bzw. dem Beginn von Wohlfahrtsstaaten zu Beginn des 20. Jahrhunderts sind die negativen Folgen der urbanen Segregation für die ärmeren Bevölkerungsschichten abgemildert worden. Auch die Einführung des sozialen Wohnungsbaus in den frühen Jahren des 20. Jahrhunderts hat dazu beigetragen, dass sich die Wohnverhältnisse der ärmeren Bevölkerung deutlich verbesserten. Im Laufe des 20. Jahrhunderts, vor allem in den 1960er und 1970er Jahren, entstanden in Europa im Zuge des Bevölkerungswachstums meist an den Rändern der Städte neue Siedlungen, die sich architektonisch vom Rest der Stadt durch kostengünstige, hohe Wohnblöcke unterscheiden.⁶ Diese architektonische Entwicklung war Ausdruck der ökonomisch florierenden Epoche des Fordismus. Die mit dem Stichwort »Fordismus« bezeichnete Ära der 1950er bis 1970er Jahre war gekennzeichnet durch die Dominanz des sogenannten Normalarbeitsverhältnisses (unbefristet, Vollzeit, mit Aufstiegsmöglichkeiten), durch geringe Arbeitslosigkeit, steigende Löhne, eine hochgradig arbeitsteilig organisierte Massenproduktion, anhaltendes Wirtschaftswachstum, zunehmende Konsumbereitschaft und den Ausbau des Wohlfahrts- bzw. Sozialstaats. Ein expansives Wirtschaften, d. h. eine ständige Produktivitätssteigerung, die durch Expansion der Produktion (Ausbau der Produktionsstätten, Vollbeschäftigung und Steigerung des Konsums) erzielt wurde, war kennzeichnend für diese Zeit.

Doch bereits im Herbst 1973, mit dem Ausbruch der ersten Ölkrise, wurde die Störanfälligkeit der Entwicklung moderner Industriestaaten offensichtlich. So wurden in Deutschland die Grenzen des sogenannten Wirtschaftswunders und der sukzessive Ausbau des Wohlfahrtsstaates in Frage gestellt und schließlich eine Wende weg vom expansiven hin zum intensiven Wirtschaften vollzogen. Abnehmendes Wirtschaftswachstum, zunehmende Arbeitslosigkeit und Armut (bedingt durch De-Industrialisierung, Rationalisierung und Globalisierung bzw. die Verlagerung »einfacher« Arbeitsplätze ins Ausland), Tertiärisierung und sukzessiver Abbau des Sozialstaates kennzeichneten fortan die damalige gesellschaftliche Entwicklung (Kemper 2018). Eine Folge dieser postfordistischen Entwicklung war die Wiederkehr einer deutlichen Verschärfung der räumlichen Segregation vor allem in Städten (vgl. Schimank 2012). Bewohner*innen, die nicht von Arbeitslosigkeit oder Armut betroffen waren, verließen die Neubausiedlungen und zogen in wohlhabendere Gebiete. Auch den Wohnungseigentümer*innen, meist Wohnungsbaugesellschaften in kommunaler oder staatlicher Hand, fehlte das Geld zur Investition und Sanierung. Zudem wurden in Deutschland seit den 1980er Jahren die Programme für sozialen Wohnungsbau sukzessive reduziert und die zeitlich begrenzte Sozialbindung dieser Wohnungen führte zu einem erheblichen Mangel an bezahlbarem Wohnraum. In den letzten Jahren ist deshalb in Deutschland das Wohnungsproblem, das vor allem ein Mietkostenproblem, ein Problem des Verfalls öffentlichen Wohnraums und der Stigmatisierung von Wohnorten ist, zu einem der größten gesellschaftlichen Konflikte geworden. (Un-)bezahlbarer Wohnraum wird für immer mehr Bewohner*innen ein existentielles Problem. Die Verdrängung ärmerer Bevölkerungsgruppen in Randgebiete oder gar in die Wohnungs- oder Obdachlosigkeit sind deshalb oft die Folgen von zu wenig Wohnungen und zu teuren Wohnraums in den Städten.

---

6 Diese »Trabantenstädte« bestehen meist aus Ansiedlungen von Sozialwohnungen mit eigener Infrastruktur (öffentliche Institutionen, Kaufhäuser, U- oder S-Bahn-Anschluss etc.). Arbeitsplätze sind in der Regel kaum vorhanden, sodass dort der Eindruck von »Schlafstädten« entsteht.

3.4 Die Konstruktion marginalisierter Quartiere heute: Segregation und Stigmatisierung

Mit der Rekonstruktion der Entwicklung segregierter Sozialräume ist die Existenz aktueller marginalisierter Regionen und Quartiere jedoch noch nicht vollständig erfasst. Denn marginalisierte Regionen und Quartiere entstehen stets vor dem Hintergrund von Segregation und Marginalisierung. Um den Prozess der Marginalisierung von demjenigen der Segregation abzugrenzen, sollen nochmals die wesentlichen Elemente des Prozesses der Segregation kurz dargestellt werden (vgl. ausführlicher Ottersbach 2004; 2009): Folgende Aspekte sind Bestandteile des Segregationsprozesses:

- die De-Industrialisierung (d.h. der Abbau traditioneller Industriezweige wie z.B. des Bergbaus oder der Stahlindustrie im Ruhrgebiet oder in der Saarregion),
- die Rationalisierung von Produktionsabläufen sowohl im sekundären als auch im tertiärer Sektor mit dem Ziel der Produktivitätssteigerung,
- die Globalisierung der Arbeitsmärkte (d.h. die Verlagerung gering qualifizierter Arbeitsplätze in »Billiglohnländer« oder in Länder mit geringeren Umweltauflagen),
- die partielle Re-Industrialisierung durch die Informations- und Kommunikationstechnologie,
- die verstärkte Akkumulation dieser Spitzentechnologien an ausgewählten Standorten (wie zunächst z.B. in Bayern und Baden-Württemberg und später auch in Sachsen),
- die politische Vernachlässigung von Quartieren mit Menschen ohne deutschen Pass bzw. ohne Pass eines EU-Mitgliedsstaats[7],
- die Privatisierung öffentlicher Güter und Dienstleistungen (wie z.B. der Verkauf von Sozialwohnungen, öffentlichen Verkehrsmitteln etc.),
- die Reduktion staatlich geförderter Wohnungsbauprogramme[8],
- die vorrangige Konzentration der Kommunen auf die Absicherung der Städte als Wirtschaftsstandorte (wie z.B. die Förderung von »Kultur« und Tourismus, um die Attraktivität des Standorts für Unternehmen zu sichern) bzw. ihre Vernachlässigung der Förderung des sozialen Zusammenhalts und

---

7 Die Betonung liegt wirklich auf dieser Bezeichnung, da eingebürgerte Ausländer*innen dasselbe Wahlrecht genießen wie Deutsche. Auch Angehörige der EU-Mitgliedsstaaten verfügen zumindest über das Recht, die Zusammensetzung des EU-Parlaments und der jeweiligen Kommunalparlamente mitzubestimmen. Insofern sind deren »Stimme« für Politiker*innen von Interesse.
8 So ist der Bestand an Sozialwohnungen in Deutschland in den letzten 25 Jahren halbiert worden.

3.4 Die Konstruktion marginalisierter Quartiere heute: Segregation und Stigmatisierung

- der Wegzug des Mittelstands aus den von Armut betroffenen Gebieten mit der Folge, dass überwiegend ärmere Bevölkerungsschichten in diesen Quartieren zurückbleiben oder gar in die Wohnungs- und Obdachlosigkeit entgleiten.[9]

Die Segregation zwischen Regionen wird in Deutschland z. B. durch die erheblichen Einkommensdifferenzen zwischen den Einwohner*innen des Rhein-Main-Gebiets und des Kreises Mittleres Erzgebirge oder des Rheinlands und des Ruhrgebiets deutlich. Auch zwischen den Städten gibt es große ökonomische Differenzen bei den Bewohner*innen, wie z. B. zwischen Berlin und München oder zwischen Gelsenkirchen und Wiesbaden. Eine weitere, sich innerhalb der Städte zeigende Form der Segregation wird ersichtlich, wenn man z. B. das Einkommen oder die Erwerbslosenquote der Bewohner*innen einzelner städtischer Quartiere betrachtet. Große Differenzen gibt es diesbezüglich z. B. zwischen Wannsee und Neukölln in Berlin, zwischen Marienburg und Chorweiler in Köln oder zwischen Harheim und dem Gallusviertel in Frankfurt/Main.

Neben der Segregation zwischen Sozialräumen impliziert Marginalisierung zudem eine Stigmatisierung gewisser Sozialräume als »problematisches Quartier«, »sozialer Brennpunkt«, »überforderte Nachbarschaften«, »Parallelgesellschaft«, »Türkenviertel«, »Slum«, »Ghetto« oder – wie in Frankreich – die »Banlieue«. Mit anderen Worten: In einen marginalisierten Zustand gerät eine Region oder ein Quartier erst, wenn neben der Segregation von Sozialräumen auch eine Stigmatisierung bestimmter Sozialräume stattfindet. Die Unterscheidung dieser beiden aktuellen Prozesse ist wichtig, da nicht jede segregierte Region oder jedes segregierte Quartier auch gleichzeitig einem Stigma unterliegt. Zudem kann der Ruf eines Quartiers sich durchaus ändern, auch dann, wenn die Sozialstruktur sich nicht oder kaum verändert, es also weiterhin im Grunde ein ökonomisch »abgespaltenes« Quartier ist (vgl. hierzu Ottersbach 2009).

Als Akteure der Stigmatisierung treten immer wieder sowohl die Medien als auch die Politik selbst auf. Insbesondere die gemeinsame Allianz von Medien und Politik kann zur Stigmatisierung marginalisierter Sozialräume beitragen und für die Bewohner*innen solcher Quartiere von verheerender Bedeutung sein. Diffamierende Äußerungen von Politiker*innen gegenüber marginalisierten Sozialräumen werden insbesondere von populistisch orientierten Medien immer wieder in die Öffentlichkeit transportiert. So werden häufig die angeblich »hohe (Ausländer-)Kriminalität«, der »starke Drogenkonsum«, die »enorme Gewaltbereitschaft« der Einwohner*innen, aber auch fragwürdige Werte und Normen der Bewohner*innen als Schlagzeilen für die Titelseiten der Boulevard-Presse verwendet. Aber auch eine scheinbar sensiblere Berichterstattung, die Klischees und Pauschalisierungen wie »türkische Kultur«, die Bezeichnung türkischer Jugendlicher als »Machos« bzw. türkischer Frauen als Opfer der »Zwangsverheiratung« benutzt, trägt zu dieser für die Bewohner*innen marginalisierter Quartiere unheilvollen Allianz von Medien und Politik bei. Hinzu kommt, dass bei den einseitigen Beschreibungen der Zu-

---

9 Zweifellos gibt es auch noch weitere Kriterien wie z. B. die Immobilienpreisentwicklung, an denen Segregationstendenzen sichtbar werden. Hier seien nur die wesentlichen Aspekte genannt.

stände in marginalisierten Quartieren mögliche Gründe für deren Entstehung regelmäßig vernachlässigt bzw. verzerrt wiedergegeben werden.

Werden die Bewohner*innen marginalisierter Quartiere von außen (z. B. durch die Medien) stigmatisiert, dann kann bereits die Angabe des Wohnorts bei der Jobsuche, in der Schule, bei der Polizei oder auf dem Wohnungsmarkt selbst dazu führen, dass diese Bewohner*innen in ein schlechtes Licht gerückt bzw. diskriminiert werden. Nicht selten kommt es dann zu schulischen Problemen, zu beruflicher Ablehnung oder zu sozialer Diskriminierung, allesamt Handlungen, die wiederum delinquentes Verhalten fördern können.[10]

Ronneberger, Lanz und Jahn (1999, S. 82 f.) haben nachgewiesen, dass solche Stigmatisierungsprozesse keine Einzelfälle sind. Die diskursive Verschränkung von Verwahrlosung, Gewalt, hohem Anteil der Bevölkerung mit Migrationshintergrund und Armut zu einem Dispositiv der Bedrohung für die Normalität lässt sich in vielen Berichten über marginalisierte Quartiere erkennen. Zu solchen einseitigen, überpointierten und angsteinflößenden Schreckensszenarien trägt neben den Medien und der Politik auch die Wissenschaft bei (vgl. hierzu Ottersbach 2009). Ein großes Problem ist, dass solche aus publizistischen, wissenschaftlichen und politischen Aspekten bestehenden »Verstärkerkreisläufe« (Scheerer 1978) auch die Legitimation für spezielle repressive und ausgrenzende ordnungspolitische Maßnahmen liefern können, um die als »gefährlich« etikettierten Orte zu befrieden, wie es Ronneberger, Lanz und Jahn (1999) in ihrer erwähnten Publikation aufgezeigt haben. Deshalb ist es wichtig, Stigmatisierungsprozesse dieser Art unbedingt zu vermeiden, die sogenannten »Selbsterhaltungskräfte« (Bourdieu et.al. 1997) der ansässigen Bevölkerung zu fördern und für ein ausgewogenes Bild der Quartiere in der Öffentlichkeit zu sorgen.[11]

Wichtig für das Verständnis der Entwicklung marginalisierter Quartiere ist auch die Differenzierung zwischen unterschiedlichen Kennzeichen und Typen marginalisierter Quartiere (vgl. hierzu ausführlicher Ottersbach 2004; 2009). An Kennzeichen marginalisierter Quartiere sind anzuführen:

- wirtschaftliche Probleme der Bewohner*innen (geringe Löhne, hohe Erwerbslosenquote, hohe Sozialhilfedichte),

---

10 Die Labeling-Theorie (vgl. Lemert 1982, S. 433 ff.) hat anhand solcher Beispiele aufgezeigt, dass neben der »primären Devianz« (das wären in diesem Beispiel die aufgrund der ökonomischen, rechtlichen und sozialen Ungleichheit entstehenden abweichenden Verhaltensweisen der Bewohner/innen) durch eine Stigmatisierung dieser Verhaltensweisen eine »sekundäre Devianz« provoziert werden kann (dies wäre die Inkorporation der von außen erfolgten Schuldzuweisung, die – je nach dem – zu verstärkter Apathie und Resignation oder Gewalt und Kriminalität führen kann).

11 Dies kann jedoch nur gelingen, wenn man die gesamte Bevölkerung in Erhebungs- und auch in Gestaltungsprozesse mit einbezieht. Lässt man sie ganz außen vor, riskiert man, eine paternalistische Haltung zu realisieren, indem man vorgibt, doch »alles besser zu wissen als die Betroffenen«. Lässt man einen Teil der Bevölkerungsmeinung außer Acht, riskiert man, dass sich nur die Interessen einer bestimmten Gruppe durchsetzen und darüber hinaus eine Stigmatisierung des Quartiers von »innen« vollzogen wird.

3.4 Die Konstruktion marginalisierter Quartiere heute: Segregation und Stigmatisierung

- wenige kulturelle, Freizeit- und medizinische Einrichtungen (wenige hochqualifizierende Schulen, wenig Bibliotheken, wenige, teils nicht gepflegte Spielplätze, wenig Erholungsräume, Grün- und Sportanlagen, geringe Ärztedichte),
- eine schlechte Infrastruktur (hoher Lärmpegel, hohe Luftverschmutzung, oft eine schlechte Anbindung an öffentliche Verkehrsmittel), hohe Bevölkerungsdichte, schlechte Bauweise (dünne Wände, monotone Architektur, keine Balkone, unzureichende Pflege und Instandsetzung der Räumlichkeiten) und »angstbesetzte Räume« (dunkle Hinterhöfe),
- eine eindimensionale Bevölkerungs- und Sozialstruktur (überdurchschnittlich hoher Anteil der Unterschichtangehörigen, hoher Migrant*innenanteil, hoher Anteil an Alleinerziehenden und kinderreichen Familien),
- keine bedeutsamen sozialen Netzwerke seitens der Bewohner*innen (keine Kontakte zu »relevanten« Personen bzw. sogenannten Gatekeepern),
- ein schlechtes bzw. negatives Stadtteilimage und
- als Folge der sozio-ökonomischen Benachteiligung der Bewohner*innen und der Stigmatisierung des Quartiers eine Häufung sozialer und gesundheitlicher Probleme (Überschuldung, Wohnungs- oder Obdachlosigkeit, Verwahrlosung, hoher Krankenstand, geringe Lebenserwartung, Drogenabhängigkeit, Prostitution und (Klein-)Kriminalität etc.)

Die angeführten Kennzeichen finden sich in der Regel in allen marginalisierten Quartieren, jedoch in einem unterschiedlichen Ausmaß. Soziale und gesundheitliche Probleme sind selbstverständlich kein Spezifikum von Bewohner*innen marginalisierter Quartiere, kommen jedoch an diesen Orten überproportional häufig vor. Das Stadtteilimage entscheidet zudem häufig darüber, wie die Menschen, die in diesen Quartieren wohnen, außerhalb ihres Quartiers (bei der Polizei, in der Schule oder bei der Wohnungs- oder Arbeitssuche) wahrgenommen werden. Es hat somit erhebliche Auswirkungen auf die Karrieren und Biografien der Bewohner*innen.

Neben den allgemeinen Kennzeichen gibt es spezielle Eigenschaften, die eine Typisierung marginalisierter Quartiere in Städten ermöglichen (vgl. hierzu ausführlicher Ottersbach 2004; 2009). Sie unterscheiden sich vor allem durch die Lage (innenstadtnahe, ehemalige Arbeiterviertel versus Hochhaussiedlungen an den Stadträndern), den Entwicklungsstand der Umstrukturierungsprozesse (fortgeschrittene, begonnene oder fehlende Gentrifizierung), die Größe (»Trabantenstädte« versus kleine Hochhaussiedlungen nahe bürgerlicher Vororte) und die Architektur bzw. die Bausubstanz (Hochhaussiedlungen in den alten und »Plattenbauten« in den neuen Bundesländern).

Hingewiesen werden muss jedoch darauf, dass Marginalisierung nicht unbedingt ein unwiderruflicher Prozess ist. Es gibt zahlreiche Beispiele dafür, dass sich sogenannte marginalisierte Quartiere zu wohlhabenden »Szenevierteln« (vgl. Ottersbach 2004; 2009) entwickelt haben. Der hiermit angesprochene Prozess der Gentrifizierung, die Veränderung der Bevölkerungsstruktur durch die Verdrängung der in der Regel »wirtschaftlich schwachen« Alteingesessenen, wurde zuerst in innenstadtnahen Wohnorten beobachtet. Pioniere und Gentrifier[12], die neuen Bewohner*innen des Quartiers und häufig Teile des sogenannten alternativen Milieus, entscheiden sich dazu, sich in einem Quartier zu engagieren und dort eine neue Heimat aufzubauen. Sie eröffnen kleine Geschäfte oder kulturelle Einrichtungen und werten darüber solche Viertel auf. Werden solche Veränderungen der Bevölkerungsstruktur politisch positiv begleitet, kann aus dem ehemals marginalisierten Quartier tatsächlich eine Art »Szeneviertel« entstehen. Beispiele wie die Sanierung und Umgestaltung des Severinsviertels oder des Eigelsteinviertels in Köln (vgl. Ottersbach 2004; 2009) verdeutlichen, dass auch marginalisierte Quartiere aufgewertet werden können. Mit einem subtilen, langfristigen und mit den Interessen der Quartiersbewohner*innen kompatiblen Sanierungskonzept wurden zahlreiche, noch aus dem 2. Weltkrieg stammende Baulücken geschlossen, bestehende Häuser saniert, verkehrsberuhigte Zonen oder gar Fußgängerzonen errichtet, kulturelle und Bildungseinrichtungen gebaut und die Erreichbarkeit durch öffentliche Verkehrsmittel verbessert, sogar ohne die alteingesessene Bevölkerung zu verdrängen. Szenekneipen, Bioläden, Boutiquen und Schmuckgeschäfte versorgen die Bevölkerung ebenso wie Imbissbuden und Kram- und Ramschläden, sodass der Charakter eines »Szeneviertels« für diese Quartiere inzwischen durchaus zutrifft.

Insgesamt kann man behaupten, dass die positiven und negativen Effekte der Marginalisierung auf die einzelnen Quartiere recht unterschiedlich sind. Manche Quartiere sind vor allem von den positiven Entwicklungsschritten betroffen, andere hauptsächlich von den negativen. Ansätze, hier Abhilfe zu schaffen, gibt es genügend. Sie sollten von der Politik unbedingt aufgegriffen und verstärkt werden.

3.5 Die Folgen der sozialräumlichen Segregation und der Marginalisierung von Kindern und Jugendlichen für deren Bildungserfolge

Bekannt ist aus der Forschung zur Sozialstruktur moderner Gesellschaften (vgl. z. B. Geißler 2014; Huinink & Schröder 2019), dass die Aspekte der Lebenslage, wie z. B. das Einkommen bzw. Vermögen, Rechte, die gesundheitliche Situation, politische Partizipation und eben auch der Wohnort Auswirkungen auf die Bildung haben. Der Wohnort ist also – mit anderen Worten – nicht der einzige Aspekt der Lebenslage, der Einfluss auf die Bildungserfolge von Kindern und Jugendlichen hat, aber dennoch ein wichtiger.

---

12 Pioniere sind die risikofreudigen Gruppen, die als erste in ein marginalisiertes Quartier einziehen. Gentrifier sind diejenigen, die erst dort einziehen, wenn sich eine Aufwertung des Quartiers schon vollzogen hat oder zumindest abzeichnet (vgl. hierzu Blasius 1993, S. 31 ff.)

3.5 Die Folgen der sozialräumlichen Segregation und der Marginalisierung

Auffällig in Bezug auf die Lebenslage marginalisierter Kinder und Jugendlicher ist zunächst deren relativ niedrige Bildungsbeteiligung bzw. deren Bildungsbenachteiligung. Um deren Bildungsbenachteiligung zu analysieren, ist zunächst ein Blick auf die sogenannte Bildungsexpansion erforderlich. Seit den 1950er Jahren des letzten Jahrhunderts konnten, u. a. bedingt durch erhöhte Investitionen in Bildung und den Ausbau des Schul- und des Hochschulsystems, immer mehr Schüler*innen höhere und qualifizierte Schulabschlüsse erreichen. Das höhere Bildungsniveau und die verbesserten Schulabschlüsse führten auch dazu, dass die Zahl der Studierenden stark anstieg. Allerdings hatte die zunächst durchaus positiv zu bewertende Entwicklung auch paradoxe Effekte. Zwar konnten durch die Bildungsexpansion die Ausbildungs- und Arbeitsmarktchancen für viele verbessert werden. Dennoch wurden die schichtspezifischen Ungleichheiten durch die Bildungsexpansion nicht beseitigt, sondern eher noch verstärkt, denn die Steigerung des Bildungsniveaus führte gleichzeitig auch zu einer Entwertung der Bildungsabschlüsse. Das Abitur war fortan nur noch eine Zugangsmöglichkeit, stellte jedoch keine tatsächliche Berechtigung im Sinne einer Garantie mehr zu einem Studium dar.[13] Parallel dazu sind vor allem die niedrigqualifizierenden Schulabschlüsse wie der Hauptschulabschluss entwertet worden. Somit haben die Chancen für Angehörige der unteren sozialen Schichten auf gleiche Bildungs- und Arbeitsmarktzugänge als Konsequenz dieser Entwicklung erheblich abgenommen (vgl. Geißler 2014; Bundschuh 2016).

Die Angehörigen der unteren sozialen Schichten sind in der Gruppe der sogenannten Bildungsverlierer*innen deutlich überrepräsentiert. Viele Studien wie z. B. die in den 1990er Jahren publizierte IGLU-Studie oder die seit 2000 veröffentlichten PISA-Studien haben nachgewiesen, dass in Deutschland die Korrelation von sozialer Herkunft und Bildungserwerb am stärksten von allen an der Studie beteiligten Ländern ist. Deshalb erweist sich die Garantie der Chancengleichheit durch die Schule immer wieder als eine Illusion. Jugendliche aus der Unterschicht und darunter insbesondere Jugendliche mit Migrationshintergrund gelten auch heute weiterhin als die Verlierer*innen der Bildungsexpansion (vgl. Reiss, Weis, Klieme & Köller 2019; Leven, Quenzel & Hurrelmann 2019, S. 168 ff.), d. h., sie leiden am stärksten unter der Abwertung der Bildungsabschlüsse und deren Folgen.

Neben dieser sozialen Segregation innerhalb des Schulsystems existiert weiterhin auch eine ethnisch bedingte Selektion. Allerdings hat sich in Bezug auf den Schulerfolg das Verhältnis von Jugendlichen ohne und mit Migrationshintergrund inzwischen diversifiziert. Die großen Differenzlinien verlaufen heute nicht mehr nur zwischen Jugendlichen mit und ohne Migrationshintergrund, sondern vor allem zwischen Jugendlichen mit verschiedenen Migrationshintergründen[14], die meist unterschiedlichen sozialen Milieus angehören.[15] Dabei wird deutlich, dass der so-

---

13 Für einige Studiengänge, wie z. B. Medizin, müssen Sonderprüfungen oder ein bestimmter Numerus Clausus erbracht werden, um einen Studienplatz zu bekommen.
14 Während Jugendliche mit einem EU-Migrationshintergrund und mit Migrationshintergrund ehemalige Sowjetunion inzwischen relativ hohe Schulabschlüsse erlangen, gilt dies für Jugendliche mit einem türkischen Migrationshintergrund bzw. einem Migrationshintergrund ehemaliges Jugoslawien nicht (vgl. SVR 2013, S. 11).
15 Auch der Aufenthaltsstatus entscheidet über den Bildungserfolg von Kindern und Jugendlichen (vgl. Söhn 2011).

ziale Status der Jugendlichen in Bezug auf die Schullaufbahn eine wichtigere Rolle spielt als ein Migrationshintergrund.[16] Mit anderen Worten: Die soziale Herkunft der Kinder und Jugendlichen ist insgesamt ausschlaggebender als die ethnische, d. h. die Entscheidungen von Lehrer*innen in Bezug auf die Schullaufbahn werden eher zum Nachteil von Kindern und Jugendlichen aus marginalisierten Elternhäusern getroffen, die wiederum vor allem in marginalisierten Sozialräumen wohnen. Da Kinder und Jugendliche mit Migrationshintergrund überproportional häufig der sozialen Unterschicht angehören, ist deren Anteil in marginalisierten Sozialräumen ebenso überdurchschnittlich hoch (vgl. Diehl, Hunkler & Kristen 2015). Neueste Studien belegen, dass marginalisierte Schüler*innen, also Schüler*innen aus sozial niedrigen Schichten und mit einem bestimmten Migrationshintergrund, doppelt (sozial und ethnisch) benachteiligt sind, und zwar im Elementarbereich, in der Grundschule und in der Sekundarstufe I (vgl. SVR 2016). In Bezug auf das Verhältnis von Wohnort und Bildungserfolg muss man deshalb primär von einer sozialen und sekundär von einer ethnisch bedingten Segregation sprechen, die sich jedoch je nach ethnischer Zugehörigkeit unterschiedlich auswirkt.

Schon seit 2002 ist in Deutschland diese enge Korrelation zwischen sozialer Herkunft und Bildungserwerb empirisch durch die PISA-Studien belegt. Bis heute hat sich daran kaum etwas geändert. Zwar haben sich die Bildungsabschlüsse der Jugendlichen aus unteren sozialen Schichten leicht verbessert. Da sich die Bildungsabschlüsse bei Jugendlichen aus allen Schichten ebenfalls erhöht haben, ist die Differenz jedoch nahezu gleich geblieben. So besuchten 2019 etwa 71 % der Jugendlichen aus der oberen Schicht ein Gymnasium, während es nur 13 % aus der unteren sozialen Schicht waren (vgl. Leven, Quenzel & Hurrelmann 2019, S. 169). Trotz bereits begonnener Reduzierung des dreigliedrigen auf ein zweigliedriges Schulsystem bzw. trotz sukzessiver Zusammenlegung von Haupt- und Realschule zu Sekundar- oder Stadtteilschulen und des Ausbaus der Gesamtschulen hat sich an dieser Entwicklung bisher kaum etwas geändert.[17] So belegen die Ergebnisse der PISA-Studie aus dem Jahr 2009 z. B., dass innerhalb Deutschlands sich weiterhin vor allem unter den Schüler*innen, die einen Hauptschulabschluss anstreben, viele Jugendliche finden, deren Lesekompetenz die Kompetenzstufe II nicht erreicht

---

16 So sind Jugendliche mit Migrationshintergrund in prekären sozialen Lagen (wie z. B. Jugendliche mit türkischem Migrationshintergrund) viel stärker von den negativen Folgen schulischer Segregation betroffen als Jugendliche in weniger prekären sozialen Lagen (wie z. B. Jugendliche mit einem EU-Migrationshintergrund).

17 In diesem Zusammenhang ist noch anzuführen, dass Hauptschulen sich immer mehr zu Schulen für sogenannte »Bildungsverlierer*innen« (vgl. Bos, Müller & Stubbe 2010) entwickeln. Sie weisen inzwischen die homogenste Schülerschaft auf (Gymnasien die heterogenste Schülerschaft – vgl. Solga & Wagner 2016). Dies wäre nicht weiter problematisch, wenn hinter der homogenen Schülerschaft der Hauptschule eine sozio-ökonomisch starke Elternschaft stünde. Das Gegenteil ist jedoch der Fall, wie Solga & Wagner (ebd.) herausarbeiten, denn in Hauptschulen sind heute überproportional Kinder aus Familien mit un- und angelernten Eltern vertreten. Deren Kinder sind in mehrfacher Weise marginalisiert, da die entsprechenden familiären Ressourcen für den Bildungserwerb nur gering sind und sie vergleichsweise seltener Mitschüler*innen und Freunde haben, deren Eltern über die in der Schule hoch bewerteten Kulturfertigkeiten verfügen.

(Naumann, Artelt, Schneider & Stanat 2010, S. 63 f.). Insgesamt betrachtet, führt die neue Entwicklung sogar noch zu einer Verstärkung des Stigmas »Hauptschule«.

Ein wesentlicher Grund für diese Entwicklung ist die Orientierung am meritokratischen Muster universalistischer Leistungsorientierung, das in der Schule nach wie vor als unhinterfragtes Prinzip fungiert. Denn dieses Muster verschleiert die Ungleichheit der Ausgangschancen zwischen Kindern aus ärmeren und reicheren Elternhäusern bzw. aus marginalisierten und wohlhabenden Quartieren, die sich im Zuge der Schulkarriere der Kinder und Jugendlichen fortsetzt und erhebliche Leitungsdifferenzen und Schulerfolge beschert. Besonders problematisch ist in diesem Prozess, dass sowohl die Erfolgreichen als auch die weniger Erfolgreichen dieses Prinzip inkorporiert haben. So verweisen Einzelfallanalysen (vgl. Rosen 2011) auf einen besonders paradoxen Bezugsrahmen: Die erfolgreichen Schüler*innen glauben gleichermaßen wie die Absolvent*innen mit geringem Schulerfolg an natürliche Fähigkeiten und individuelle Leistung (vgl. Sauter 2007, S. 12). Die Marginalisierten halten ihre Diskriminierung für legitim, weil sie die erforderlichen Leistungen nicht oder zu spät gezeigt haben. Hingegen hilft den Erfolgreicheren das Bildungssystem, nicht als Privilegierte zu erscheinen, sondern als solche, die den Erfolg selbst verdient haben. Zentral ist dabei die »meritokratische Leitfigur«, deren Bedeutung Solga (2009) für die Institutionalisierung sozial ungleicher Bildungschancen herausgearbeitet hat. Die Autorin zeigt, dass es mithilfe dieser als Leistungsprinzip in modernen Gesellschaften fest verankerten Leitfigur gelungen ist, die Reproduktion ungleicher Bildungschancen zu institutionalisieren und zugleich zu legitimieren: Bildungsvermittelte und -erzeugte Ungleichheiten werden durch den Verweis auf »Begabungsunterschiede« oftmals naturalisiert und unter Rückgriff auf funktionalistische Argumentationsmuster zugleich als notwendig hingestellt.

Diese Entwicklung betrachtend, muss man die Bedeutung »erwartungswidrig erfolgreicher Schulen« relativieren. Ihr tatsächlicher Erfolg soll im Einzelnen nicht kleingeredet werden, vor allem, weil damit zweifellos sinnvolle Ansatzpunkte für eine Verbesserung des Schulerfolgs marginalisierter Kinder und Jugendlicher verbunden sein können. Dennoch scheint es sich eher um Ausnahmen zu handeln, sodass strukturellen Bedingungen bei der Erklärung der erheblichen Qualifikationsdifferenzen weiterhin eindeutig mehr Gewicht beigemessen werden müssen.

Dass die Diskriminierung Jugendlicher aus der unteren sozialen Schicht bzw. mit Migrationshintergrund nicht mit der Schulzeit abgeschlossen ist, verdeutlicht ein Blick in die Erfolge und Misserfolge bei der Ausbildung. Dabei zeigt sich, dass auch nach der allgemeinbildenden Schule Jugendliche aus der sozialen Unterschicht bzw. aus marginalisierten Quartieren entscheidende Wettbewerbsnachteile bei der Konkurrenz um Ausbildungs-, Studien- und schließlich Arbeitsplätze haben. Neuere Studien, die sich auf den Terminus Migrationshintergrund beziehen (vgl. Beicht 2017), belegen, dass Jugendliche mit Migrationshintergrund bei der Suche nach einem Ausbildungsplatz deutlich benachteiligt sind, da sie trotz gleicher Schulabschlüsse und Noten geringere Erfolgsaussichten auf einen Ausbildungsplatz haben als Jugendliche ohne Migrationshintergrund.[18] Auch innerhalb der Gruppe der Ju-

---

18 So haben in 2016 47% der Jugendlichen ohne Migrationshintergrund einen Ausbildungsplatz erhalten, während es bei den Jugendlichen mit Migrationshintergrund nur

gendlichen mit Migrationshintergrund gibt es erhebliche Differenzen.[19] Zudem belegen weitere aktuelle Studien (vgl. Holtmann, Menze & Solga 2019; Giesecke, Ebner & Oberschachtsiek 2019), dass Jugendliche ohne Schul- oder Ausbildungsabschluss weiterhin große Schwierigkeiten haben, in den Arbeitsmarkt einzumünden oder überhaupt eine gesicherte Berufsposition zu erlangen.

An dieser Stelle zeigt sich auch, dass die als Gatekeeper fungierenden Personalleiter*innen in den Ausbildungsfirmen marginalisierten Jugendlichen aus der unteren sozialen Schicht bzw. mit Migrationshintergrund nicht die gleichen Chancen einräumen wie anderen Jugendlichen. Für Arbeitgeber*innen sind die erzielten Schul- bzw. Berufsabschlüsse häufig weniger entscheidend »als der Erwerb und die Akzeptanz bestimmter Sozialkulturen und eines bestimmten Habitus« (Bundschuh 2016, S. 28). Als Gründe für die Verweigerung einer Anstellung geben Betriebe oftmals vermeintliche Kulturunterschiede, Probleme im Betriebsklima, eine zu geringe Leistungsbereitschaft oder Schwierigkeiten im Umgang mit Kund*innen an. Folglich absolvieren diese Jugendlichen häufig nur eine teilqualifizierende Berufsbildungsmaßnahme im Übergangssektor zwischen Schule und Berufsausbildung mit dem Ziel, sie auf eine Berufsausbildung vorzubereiten, um anschließend ihren Schulabschluss nachholen oder verbessern zu können. Da sie damit jedoch letztlich keinen Berufsabschluss erhalten, offenbart sich an dieser Stelle ein großes strukturelles Problem: Mit diesen Bildungsangeboten werden für Jugendliche keine zusätzlichen Ausbildungsplätze in Betrieben geschaffen, sondern sie fallen lediglich aus der Arbeitslosenstatistik heraus. Ob diese Übergangsmaßnahmen die individuellen Bildungskarrieren der Jugendlichen tatsächlich fördern, hängt zweifellos stark von den individuellen Bildungsvoraussetzungen der Jugendlichen und der Art der Maßnahme ab (vgl. Holtmann, Menze & Solga 2019). Während bei etwa der Hälfte der Jugendlichen ohne Schulabschluss und Maßnahmen mit einer starken Betriebsanbindung diese Maßnahmen zu einer deutlichen Verbesserung der Chancen auf einen Ausbildungsplatz führen, sind diese Übergangsmaßnahmen für die andere Hälfte der Bewerber*innen – was die Verbesserung ihrer Ausbildungschancen angeht – tatsächlich nur verlorene Zeit. Hinzu kommt, dass diese »Warteschleifen« die Situation der einzelnen Bewerber*innen sogar partiell noch verschlechtern können, da die Betriebe die Teilnahme an solchen Maßnahmen mit potenziellen Problemen im Laufe der Ausbildung in Verbindung bringen. Diese Art der Förderung im Bildungsbereich entpuppt sich dann schließlich als eine spezielle Form der Diskri-

---

29% waren (vgl. Beicht 2017, S. 20f.). Die Entwicklung ist sogar rückläufig, denn in den Jahren 2010 und 2012 lag die Einmündungsquote der Jugendlichen mit Migrationshintergrund noch bei 35%. Sogar bei Vorlage einer Studienberechtigung haben Jugendliche mit Migrationshintergrund in 2016 nicht so häufig einen Ausbildungsplatz erhalten wie Jugendliche ohne Migrationshintergrund mit Hauptschulabschluss.

19 So erhielten Jugendliche mit osteuropäischem Migrationshintergrund und Migrationshintergrund Gemeinschaft unabhängiger Staaten (GUS) 30% einen Ausbildungsplatz, während es bei den Jugendlichen mit türkischem bzw. arabischem Migrationshintergrund nur 22% waren (Beicht 2017, S. 19). Auch hier spielen der soziale Hintergrund des Elternhauses und auch der Wohnort wiederum eine große Rolle. Aktuelle Daten (vgl. Albert, Hurrelmann & Quenzel 2019) verdeutlichen, dass etwa 4% eines Jahrgangs keinen Schulabschluss und etwa 10% keinen Ausbildungsabschluss erhalten.

minierung und Stigmatisierung. Bildung dient dann nur der Reproduktion sozialer Ungleichheit, anstatt die individuellen Kompetenzen und die Emanzipation der Jugendlichen zu fördern (vgl. hierzu auch Bundschuh 2016).

Insgesamt muss trotz der hier dargelegten Erkenntnisse darauf hingewiesen werden, dass die von Boudon und Bourdieu analysierten primären und sekundären Effekte beim Bildungserwerb, wie z. B. schichtspezifische Gründe, benachteiligte Bildungsverläufe alleine nicht erklären können. Sie sind zudem rein defizitorientiert und wirken selbst häufig stigmatisierend. Die frühe Selektion durch das dreigliedrige Schulsystem, institutionelle Diskriminierung in Schule, Ausbildung und auf dem Arbeitsmarkt (vgl. Gomolla & Radtke 2002; Gomolla 2006; BMFSFJ 2017) und die fehlende Anerkennung interkultureller Kompetenzen (z. B. Mehrsprachigkeit oder konkret: Kenntnisse in der türkischen Sprache) im Bildungs- und Ausbildungssystem sind weitere mögliche Gründe dafür, dass Jugendliche aus unteren sozialen Schichten bzw. mit Migrationshintergrund und aus marginalisierten Quartieren immer noch geringere Chancen auf dem Arbeitsmarkt haben als Gleichaltrige aus der mittleren und oberen sozialen Schicht bzw. ohne Migrationshintergrund (vgl. Ottersbach 2015). Neben der Bildungsexpansion und deren Folgen ist inzwischen auch belegt, dass außerschulische Gründe bzw. non-formale Bildungsprozesse die Bildungsbenachteiligung marginalisierter Kinder und Jugendlicher fördern können. Somit trägt auch das Hilfesystem zu Segregation und Stigmatisierung marginalisierter Jugendlicher bei (vgl. hierzu ausführlich Ottersbach 2021). Alle diese hier analysierten Gründe für die fehlende Chancengleichheit beim Bildungserwerb sind zudem nur mögliche Gründe für die Bildungsbenachteiligung. Nur über einen Einblick in deren konkrete Biografien kann tatsächlich eruiert werden, inwiefern diese Gründe in den Karrieren der Betroffenen wirklich ausschlaggebend sind.

3.6 Fazit

Die Korrelation zwischen dem sozio-ökonomischen Hintergrund von Kindern und Jugendlichen aus marginalisierten Sozialräumen bzw. Quartieren und den geringen Bildungserfolgen dieser Kinder und Jugendlichen ist in Deutschland nach wie vor viel zu hoch (vgl. Reiss, Weis, Klieme & Köller 2019). Das Menschenrecht auf Bildung bzw. das Recht aller Kinder auf eine angemessene Schulbildung und ihr Anrecht, ihre grundlegenden Lernbedürfnisse zu befriedigen, ggf. sogar ein Leben lang, wird in Deutschland nach wie vor nur unzureichend eingelöst. Bildung in Deutschland scheitert bei der Herstellung von Chancengleichheit und ist nicht in der Lage, Menschen dazu zu befähigen, ihre wirtschaftliche, soziale und politische Situation zu verbessern.

So wird Chancenungleichheit von einer Generation an die nächste weitergegeben und darüber zementiert. Als mögliche Gründe für die in Deutschland seit Jahren kontinuierlich stattfindende Reproduktion sozialer Ungleichheit wurden in diesem

Beitrag die Verhältnisse in marginalisierten Sozialräumen bzw. Quartieren, das Schulsystem und die existierenden schulischen Bildungsangebote angeführt. Soziale Ungleichheit hat ihre Anfänge jedoch meist schon in der Kindheit. Deshalb sollten politische Entscheidungen zur Verbesserung der Chancengleichheit schon zu Beginn des Lebens ansetzen. Das Augenmerk sollte deshalb viel stärker als bisher auf eine qualitativ hochwertige allgemeine Gesundheitsversorgung und auf eine frühkindliche Bildung gelegt werden. Bildung muss bereits im Vorschulalter als eine zentrale Ressource qualifiziert, flächendeckend und systematisch in den entsprechenden Institutionen gefördert werden. Problematisch ist z. B., dass Kinder marginalisierter Familien häufiger in Betreuungseinrichtungen mit minderer Qualität untergebracht sind als Kinder aus wohlhabenden Familien (vgl. Spieß & Zambre 2016).

Es ist allerdings nicht so, dass sich in den letzten Jahren nichts geändert hat. Bewährt haben sich inzwischen die nahezu flächendeckende U3-Betreuung, der Rechtsanspruch auf einen Platz in der Kita ab 3 Jahren, die Ganztagsbetreuung im Grundschulalter und weitere, die Schullaufbahn begleitende Angebote der Schulsozialarbeit. Alle diese Maßnahmen haben die Chancengleichheit im Bildungssystem gefördert. Allerdings entspricht die frühe Selektion der Schüler*innen im Kontext ihrer Verteilung auf unterschiedliche Schulformen nach wie vor einem entscheidenden Hemmschuh bei der Förderung von Chancengleichheit. Zudem erweist sich schon alleine die Existenz des relativ früh selektierenden Schulsystems in Deutschland immer wieder eher als ein feudalistisches als ein demokratisches Phänomen.

Zukünftig sollte es deshalb vor allem darum gehen, die schrittweise Auflösung des mehrgliedrigen Schulsystems zugunsten einer integrativen Gesamtschule zu forcieren.[20] Die Zusammenlegung von Haupt- und Realschule bzw. die Einführung neuer Sekundarschulen ist bereits ein sinnvoller Schritt. Ohne die Berücksichtigung des Gymnasiums in diese Zusammenlegung wird es jedoch weiterhin eine Konkurrenz verschiedener Schulformen geben, sodass Bildung nicht als inklusive realisiert werden kann. Zudem muss befürchtet werden, dass die Zusammenlegung von Haupt- und Realschule zu Sekundar- oder Stadtteilschulen eine Renaissance der Förderschulen bewirkt, um Schüler*innen aus dem niedrigen Bildungs- und Teilhabebereich aufzufangen, weil diese den höheren schulischen Anforderungen nicht gerecht werden können (vgl. auch Bosančić 2017, S. 16). Eine Eliteschule wie das Gymnasium verhindert bzw. blockiert als Institution per se Inklusion, da eine Durchlässigkeit, d. h. soziale Mobilität der Schüler*innen zwischen den Schulformen, nach wie vor überproportional von oben nach unten und nicht umgekehrt funktioniert. Eine Selektion ließe sich allenfalls ab der Oberstufe legitimieren, nicht aber schon ab der weiterführenden Schule.

Eine weitere Forderung betrifft eine dringend erforderliche Erweiterung des 2006 getroffenen Übereinkommens der Vereinten Nationen über die Rechte von Men-

---

20 Im internationalen Vergleich steht Deutschland mit seiner Art des früh selektierenden Schulsystems nach wie vor fast alleine da. In nahezu allen modernen Gesellschaften existiert bis zur 9. bzw. 10. Klasse nur eine Schulform. Die Selektion beginnt in der Regel erst im Anschluss an die Sekundarstufe I.

schen mit Behinderungen (UN-Behindertenrechtskonvention). Die Diskriminierung von Menschen mit Behinderungen wird inzwischen zu Recht in allen Lebensbereichen verboten. Das Recht auf inklusiven Unterricht steht ihnen nun zu. Allerdings ist der Begriff der Behinderung in der UN-BRK zu eng definiert, da andere, bisher ebenfalls marginalisierte Gruppen, wie rechtlich, ökonomisch, kulturell oder sozial benachteiligte Jugendliche, von dem Übereinkommen ausgeschlossen sind. Hier ist dringend eine Erweiterung der Konvention um ein prinzipielles Verbot der Diskriminierung aller marginalisierter Bevölkerungsgruppen erforderlich.

Ein weiterer wichtiger Baustein der Förderung marginalisierter Kinder und Jugendlicher könnte das Bildungs- und Teilhabepaket darstellen, das die Bundesregierung im Jahr 2011 für Eltern, die auf Unterstützungsleistungen angewiesen sind, eingeführt hat. Die Fördermaßnahme ermöglicht bedürftigen Eltern, die entweder für ihre Kinder und Jugendlichen die Grundsicherung für Arbeitssuchende oder Sozialhilfe beziehen, dass diese bei Tagesausflügen und dem gemeinsamen Mittagessen in Schule und Kita, bei Musik, Sport und Spiel in Vereinen und Gruppen mitmachen können. Kritisiert werden muss jedoch, dass die Beantragung mit einem sehr hohen Bürokratieaufwand verbunden ist, der eine Nutzung für marginalisierte Familien erschwert. Ein Problem ist auch, dass das Paket bisher eher eine Art »Feuerwehrfunktion« darstellt, weil es lediglich für Schüler*innen mit akuten Versetzungsproblemen in Anspruch genommen werden darf, anstatt es im Sinne einer präventiv und langfristig orientierten Lernförderungen zu konzipieren (vgl. Bosančić 2017, S. 16). Im August 2019 wurde das Bildungs- und Teilhabepaket mit der Verabschiedung des »Starke-Familien-Gesetzes« deutlich verbessert.[21]

Die Einführung von professionellen Bildungs-Coaches ist eine weitere wichtige Forderung, um Chancengleichheit zu fördern. Schulsozialarbeit sollte deshalb flächendeckend ausgebaut werden, um die Kooperation mit Lehrenden und mit Eltern systematisch zu pflegen und eine individuell auf die Situation der jeweiligen Schüler*innen angepasste Förderstrategie zu forcieren. Erforderlich sind Maßnahmen, die bei den Problemen der Schüler*innen ansetzen und die Kompetenzen und Ressourcen der Schüler*innen fördern (vgl. Bosančić 2017, S. 17).

Neben der Schule unterliegt auch die Soziale Arbeit einer institutionellen Zergliederung (Ottersbach 2021). Während in Bezug auf die Einbindung von Jugendlichen aus mittelschichtorientierten Milieus die politische Jugendbildung, die internationale Jugendarbeit und die Jugendverbandsarbeit erfolgreich sind, werden Jugendliche aus marginalisierten Quartieren eher durch die offene Jugendarbeit und die Jugendsozialarbeit erreicht (Pluto & van Santen 2018). Eine institutionelle

---

21 So beträgt der Geldbetrag für den persönlichen Schulbedarf inzwischen 150 Euro pro Schuljahr. Bei den Bedarfen für gemeinschaftliches Mittagessen sowie der Schülerbeförderung sind die zuvor notwendigen Eigenanteile weggefallen. Ein großer Vorteil ist, dass die Lernförderung unabhängig von einer Versetzungsgefährdung für hilfebedürftige Kinder und Jugendliche bis zur Vollendung des 25. Lebensjahrs in Betracht kommt (also bereits im ersten Schulhalbjahr sowie in Schulen ohne Versetzungsentscheidung). Die Leistung für die Teilhabe am sozialen und kulturellen Leben in der Gemeinschaft beträgt für hilfebedürftige Kinder und Jugendliche bis zur Vollendung des 18. Lebensjahrs grundsätzlich 15 Euro monatlich.

Trennung blockiert somit auch in der Sozialen Arbeit ein gemeinsames Lernen von Jugendlichen unterschiedlicher sozialer und ethnischer Herkunft. Eine inklusiv orientierte Soziale Arbeit sollte Maßnahmen entwickeln, die sowohl wohlhabende als auch marginalisierte Jugendliche unabhängig von ihrer kulturellen Herkunft ansprechen und gleichermaßen fördern.

Unabhängig von einer Reform der Angebote der formalen und non-formalen Bildung muss auch die Politik die Interessen und Anliegen der Bewohner*innen marginalisierter Quartiere stärker als bisher berücksichtigen. Um nicht einer rein caritativen Strategie, die die Ursachen der Schieflagen nicht verändert, Vorschub zu leisten, ist eine kritische Sozialpolitik erforderlich, die vor allem die Gründe für die Entstehung der Situation marginalisierter Jugendlicher analysiert und bekämpft. Die Situation marginalisierter Jugendlicher ist nicht nur im Kontext verschiedener Gruppen mit ungleichen Lebenslagen angemessen einzuschätzen. Nicht nur Armut, sondern soziale Ungleichheit ist deshalb der Referenzpunkt der Einschätzung marginalisierter jugendlicher Lebenslagen. Nur im Kontext der gesamten Spannbreite ungleicher Lebenslagen ist die Situation marginalisierter Jugendlicher bewertbar.

Die soziale Ungleichheit der Lebenslagen von Kindern und Jugendlichen konkretisiert und manifestiert sich in segregierten Vierteln, in ungleichen rechtlichen Voraussetzungen, in unterschiedlichen Lebensstandards, im Besuch unterschiedlicher Schultypen, in verschiedenen Freizeitaktivitäten und schließlich auch in einem unterschiedlichen gesundheitlichen Zustand. In der Regel ist eine Kombination verschiedener sozio-ökonomischer, rechtlicher und kultureller Aspekte ausschlaggebend. Ökonomische, kulturelle und soziale Ungleichheiten begünstigen wiederum Chancenungleichheit, diese schränkt wiederum soziale Mobilität – auch generationenübergreifend – ein mit der Folge, dass soziale Ungleichheit zementiert wird. Damit schließt sich der Kreislauf, d.h., es kommt zu einer Perpetuierung sozialer Ungleichheit vor dem Hintergrund politisch verursachter, gesellschaftlicher bzw. struktureller Ungleichheiten. Um diesen Kreislauf zu durchbrechen, müssen die Ursachen der strukturell bedingten Diskriminierung marginalisierter Jugendlicher stärker als bisher ins Zentrum der politischen Diskussion gerückt und effektive Maßnahmen zu ihrem Abbau entwickelt werden. Zudem muss sichergestellt werden, dass marginalisierte Jugendliche in der Politik sichtbarer werden und in Themenbereiche der Politik, die sie betreffen, stärker einbezogen werden. Mit anderen Worten: Es bedarf eines Perspektivenwechsels auf marginalisierte Quartiere, d.h. negative Bilder und stigmatisierende Diskurse über marginalisierte Quartiere müssen auf verschiedenen Ebenen (Medien, Politik, Wissenschaft und auch Jugend) hinterfragt und kritisch betrachtet werden. Eine Voraussetzung dafür ist jedoch, dass Politiker*innen selbst die Bürger*innen marginalisierter Quartiere genauso wertschätzen wie diejenigen wohlhabender Quartiere.

Literatur

Albert, M., Hurrelmann, K. & Quenzel, G. (2019): Jugend 2019: Zwischen Politisierung und Polarisierung. In: Shell Deutschland Holding (Hrsg.): Jugend 2019. Eine Generation meldet sich zu Wort (S. 35–46). Weinheim und Basel: Beltz.

Baur, C. (2013): Schule, Stadtteil, Bildungschancen. Wie ethnische und soziale Segregation Schüler/-innen mit Migrationshintergrund benachteiligt. Bielefeld: transcript.

Beicht, U. (2017): Ausbildungschancen von Ausbildungsstellenbewerbern und -bewerberinnen mit Migrationshintergrund. Aktuelle Situation 2016 und Entwicklung seit 2004. Fachbeiträge im Internet des Bundesinstituts für Berufsbildung (BIBB). https://www.bibb.de/dienst/publikationen/de/8331 (Abruf: 27.05.2023).

Berger, P. & Kahlert, H. (Hrsg.) (2005): Institutionalisierte Ungleichheiten. Wie das Bildungswesen Chancen blockiert. Weinheim und München: Juventa.

Blasius, J. (1993): Gentrifikation und Lebensstile. Eine empirische Untersuchung. Wiesbaden: Leske + Budrich.

Bos, W., Müller, S. & Stubbe, T. (2010): Abgehängte Bildungsinstitutionen: Hauptschulen und Förderschulen. In: Quenzel, G. & Hurrelmann, K. (Hrsg.): Bildungsverlierer. Neue Ungleichheiten (S. 375–397). Wiesbaden: VS Verlag für Sozialwissenschaften.

Bosančić, S. (2017): Ungleichheit bekämpfen! Wo der deutsche Wohlfahrtsstaat jetzt investieren muss. Hrsg. von Friedrich-Ebert-Stiftung, Abteilung Wirtschafts- und Sozialpolitik. Reihe gute gesellschaft – soziale demokratie. http://library.fes.de/pdf-files/wiso/13031.pdf (Abruf am 26.09.2021).

Boudon, R. (1974): Education, Opportunity and Social Inequality. New York: Wiley.

Bourdieu, P. (1983): Ökonomisches Kapital, kulturelles Kapital, soziales Kapital. In: Kreckel, R. (Hrsg.): Soziale Ungleichheiten. Soziale Welt Sonderband 2, 183–198.

Bourdieu, P. et.al. (1997): Das Elend der Welt. Zeugnisse und Diagnosen alltäglichen Leidens an der Gesellschaft. Konstanz: UVK.

Bremm, N. & Racherbäumer, K. (2020): Dimensionen der (Re-)Produktion von Bildungsbenachteiligung in sozialräumlich deprivierten Schulen im Kontext der Corona-Pandemie. In: DDS – Die Deutsche Schule, 16, 202–215.

Brinbaum, Y. & Cebolla-Boado, H. (2007): The school careers of ethnic minority youth in France: Sucess or disillusion? In: Ethnicities, 7, 445–474.

Bundschuh, S. (2016): Bildung als Versprechen und Illusion. In: Bundschuh, S., Ghandour, E. & Herzog, E. (Hrsg.): Bildungsförderung und Diskriminierung – marginalisierte Jugendliche zwischen Schule und Beruf (S. 18–45). Weinheim und Basel: Beltz Juventa.

Diehl, C., Hunkler, C. & Kristen, C. (2016): Ethnische Ungleichheiten im Bildungsverlauf. Eine Einführung. In: dies (Hrsg.): Ethnische Ungleichheiten im Bildungsverlauf. Mechanismen, Befunde, Debatten (S. 3–31). Wiesbaden: Springer VS.

Emirbayer, M. & Mische, A. (1998): What is Agency? In: Chicago Journals, 4, 962–1023.

Geißler, Rainer (2014): Die Sozialstruktur Deutschlands. 7. Auflage. Wiesbaden: Springer VS.

Giddens, A. (1984): The Constitution of Society: Outline of the Theory of Structuration. Berkeley, CA: University of California Press.

Giesecke, J., Ebner, C. & Oberschachtsiek, D. (2019): Bildungsarmut und Arbeitsmarktexklusion. In: Quenzel, G. & Hurrelmann, K. (Hrsg.): Handbuch Bildungsarmut (S. 623–644). Wiesbaden: Springer VS.

Gomolla, M. (2006): Schulqualität, Schulentwicklung und Bildungschancen in der Einwanderungsgesellschaft. Plädoyer für einen Paradigmenwechsel. In: Migration und Soziale Arbeit, 3/4, 168–176.

Gomolla, M. & Radtke, F. (2002): Institutionelle Diskriminierung. Die Herstellung ethnischer Differenz in der Schule. Opladen: Leske + Budrich.

Hauf, T. (2007): Innerstädtische Bildungsdisparitäten an der Übergangsschwelle von den Grundschulen zum Sekundarschulsystem. In: Zeitschrift für Pädagogik, 53 (3), 299–313.

Heitmeyer, W., Mansel, J. & Olk, T. (2012): Individualisierung heute: Verdichtung und Vernichtung? In: dies. (Hrsg.): Individualisierung von Jugend (S. 7–25). Weinheim und Basel: Beltz Juventa.

Holtmann, A., Menze, L. & Solga, H. (2019): Schulabgänger und -abgängerinnen mit maximal Hauptschulabschluss. In: Quenzel, G. & Hurrelmann, K. (Hrsg.): Handbuch Bildungsarmut (S. 365–388). Wiesbaden: Springer VS.

Huinink, J. & Schröder, T. (2019): Sozialstruktur Deutschlands. 3. Auflage. München.

Jurczok, C. & Lauterbach, W. (2014): Schulwahl von Eltern: Zur Geographie von Bildungschancen in benachteiligten städtischen Bildungsräumen. In: Berger, P., Keller, C., Klärner, A. & Neef, R. (Hrsg.): Urbane Ungleichheiten. Neue Entwicklungen zwischen Zentrum und Peripherie (S. 135–155). Wiesbaden: VS Verlag für Sozialwissenschaften.

Kemper, J. (2018): Ungleichheit in den Städten. In: Bundeszentrale für politische Bildung (Hrsg.): Dossier Stadt und Gesellschaft. http://www.bpb.de/politik/innenpolitik/stadt-und-gesellschaft/216890/stadtentwicklung-und-soziale-ungleichheit?p=all (Abruf: 24.09.2021).

Lemert, E. (1982): Der Begriff der sekundären Devianz. In: Lüdersen, K. & Sack, F. (Hrsg.): Abweichendes Verhalten I. Die selektiven Normen der Gesellschaft (S. 433–476). Frankfurt/Main: Suhrkamp.

Leven, I., Quenzel, G. & Hurrelmann, K. (2019): Bildung: Immer noch entscheidet die soziale Herkunft. In: Shell Deutschland Holding (Hrsg.): Jugend 2019. Eine Generation meldet sich zu Wort (S. 163–186). Weinheim und Basel: Beltz.

Makles, A. & Schneider, K. (2012): Freie Wahl der Grundschule: Wie entscheiden sich Eltern und welche Konsequenzen hat die Schulwahl für die Segregation. In: DDS – Die Deutsche Schule. Zeitschrift für Erziehungswissenschaft, Bildungspolitik und pädagogische Praxis, 104 (4), 332–346.

Naumann, J., Artelt, C., Schneider, W. & Stanat, P. (2010): Lesekompetenz von PISA 2000 bis PISA 2009. In: Klieme, E. et al. (Hrsg.): Pisa 2009. Bilanz nach einem Jahrzehnt (S. 23–72). Münster: Waxmann.

Ottersbach, M. (2004): Jugendliche in marginalisierten Quartieren. Ein deutsch-französischer Vergleich. Wiesbaden: VS Verlag für Sozialwissenschaften.

Ottersbach, M. (2009): Jugendliche in marginalisierten Quartieren Deutschlands. In: Ottersbach, M. & Zitzmann, T. (Hrsg.): Jugendliche im Abseits. Zur Situation in französischen und deutschen marginalisierten Stadtquartieren (S. 51–74). Wiesbaden: VS Verlag für Sozialwissenschaften.

Ottersbach, M. (2015): Jugendliche mit Migrationshintergrund in Inklusionskontexten am Beispiel von Bildung, Ausbildung und Arbeit. In: Geisen, T. & Ottersbach, M. (Hrsg.): Arbeit, Migration und Soziale Arbeit. Prozesse der Marginalisierung in modernen Arbeitsgesellschaften (S. 143–165). Wiesbaden: Springer VS.

Ottersbach, M. (2021): Soziale Arbeit mit marginalisierten Jugendlichen. Stuttgart: Kohlhammer.

Pfaff, N., Fölker, L. & Hertel T. (2015). Schule als Gegenraum zum Quartier – Sozialräumliche Segregation und die Prekarität grundlegender schulischer Bedingungen. In: Fölker, L., Hertel, T. & Pfaff, N. (Hrsg.): Brennpunkt(-)Schule. Zum Verhältnis von Schule, Bildung und urbaner Segregation (S. 67–84). Opladen: Barbara Budrich.

Pluto, L. & van Santen, E. (2018): Jugendarbeit als non-formale Bildung in Deutschland – bewährte Tradition unter neuen Bedingungen. In: DFJW, DJI, INJEP (Hrsg.): Non-formale Bildung: Chance oder Herausforderung für die Jugendarbeit. Erkenntnisse einer deutsch-französischen Fachtagung. Arbeitstexte Nr. 30 des Deutsch-Französischen Jugendwerks (S. 111–134). Berlin/Paris: DFJW/OFAJ.

Reiss, K., Weis, M., Klieme, E. & Köller, O. (2019) (Hrsg.): PISA 2018. Grundbildung im internationalen Vergleich. Münster und New York: Waxmann.

Ronneberger, K., Lanz, S. & Jahn, W. (1999): Die Stadt als Beute. Bonn: Dietz.

Rosen, L. (2011): »In der fünften Klasse, das war dann … wirklich so, dass … wir erst mal unter Türken gewesen sind.« Eine biografieanalytische Studie zu Identitätskonstruktionen bildungsbenachteiligter Migrant(inn)en. Berlin: verlag irena regener.

Sachverständigenrat deutscher Stiftungen (SVR) (2013): Segregation an deutschen Schulen. Ausmaß, Folgen und Handlungsempfehlungen für bessere Bildungschancen. Berlin.

Sachverständigenrat deutscher Stiftungen (SVR) (2016): Doppelt benachteiligt? Kinder und Jugendliche mit Migrationshintergrund im deutschen Bildungssystem. Berlin.
Sauter, S. (2007): Schule Macht Ungleichheit. Bildungsbarrieren und Wissensproduktion im Aushandlungsprozess. Frankfurt/Main: Brandes & Apsel.
Scheerer, S. (1978): Der politisch-publizistische Verstärkerkreislauf. Zur Beeinflussung der Massenmedien im Prozeß strafrechtlicher Normdiagnose. In: Kriminologisches Journal, 10, 223–227.
Schimank, U. (2012): Sozialer Wandel – Wohin geht die Entwicklung? In: Hradil, S. (Hrsg.): Deutsche Verhältnisse. Eine Sozialkunde. Wiesbaden: Bundeszentrale für Politische Bildung, (S.17–40). Bonn.
Söhn, J. (2011): Rechtsstatus und Bildungschancen. Die staatliche Ungleichbehandlung von Migrantengruppen und ihre Konsequenzen. Wiesbaden: Springer VS.
Solga, H. (2009): Meritokratie – die moderne Legitimation ungleicher Bildungschancen. In: Solga, H., Powell, J. & Berger, P. (Hrsg.): Soziale Ungleichheit: Klassische Texte zur Sozialstrukturanalyse (S. 63–72). Frankfurt/Main/New York: Campus.
Solga, H. & Wagner, S. (2016): Die Zurückgelassenen. Die soziale Verarmung der Lernumwelt von Hauptschülerinnen und Hauptschülern. In: Becker, R. & Lauterbach, W. (Hrsg.): Bildung als Privileg. Erklärungen und Befunde zu den Ursachen der Bildungsungleichheit (S. 221–252). Wiesbaden: Springer VS.
Spieß, K. & Zambre, V. (2016): Bildungsinvestitionen zielgerichtet ausbauen! Zeitgespräch: Bildungsinvestitionen – wirksames Heilmittel gegen soziale Ungleichheit? In: Wirtschaftsdienst, 96 (7), 455–473.
Stošić, P. (2015): Horizontale Segregation im deutschen Schulsystem. In: Fölker, L., Hertel, T. & Pfaff, N. (Hrsg.): Brennpunkt(-)Schule. Zum Verhältnis von Schule, Bildung und urbaner Segregation (S. 29–48). Opladen: Barbara Budrich.
UNESCO & Ministry of Education and Science Spain (1994): The Salamanca Statement on Principles, Policy and Practise in Special Needs Education. Paris.
van Ackeren, I. (2006): Schulentwicklung in benachteiligten Regionen. Eine exemplarische Bestandsaufnahme von Forschungsbefunden und Steuerungsstrategien. In: Lohfeld, W. (Hrsg.): Gute Schulen in schlechter Gesellschaft (S. 47–58). Wiesbaden: VS Verlag für Sozialwissenschaften.
van de Werfhorst, H. & van Tubergen, F. (2007): Ethnicity, schooling and merit in the Netherlands. In: Ethnicities, 7, 416–444.

4 Sozialräumliche Kontexte beruflicher Bildungswege

Alexandra Wicht, Katarina Weßling & Hubert Ertl

Abstract

In diesem Beitrag werden der interdisziplinäre Stand der Forschung und relevante soziologische und (berufs-)psychologische Theorien zum Einfluss sozialräumlicher Kontexte auf Berufsbildungsprozesse dargestellt. Berufsbildungsprozesse umfassen nicht nur den Erwerb (berufsspezifischer) Kompetenzen, sondern auch Bildungs- und Berufsorientierungen, -entscheidungen und den erfolgreichen Abschluss von Bildungsgängen. Wir nehmen Bezug auf verschiedene proximale und distalere sozialräumliche Kontexte, darunter den der Familie, (Berufs-)Schulen, Betriebe, Nachbarschaften und Regionen, die für verschiedene Dimensionen des Berufsbildungsprozesses von Bedeutung sind.

4.1 Einleitung

Der Übergang von der Schule in den Arbeitsmarkt zieht seit einigen Jahrzehnten international ein großes Forschungsinteresse auf sich (Kogan & Unt, 2005; Shavit & Müller, 2003; Müller & Gangl, 2006). Vor dem Hintergrund einer hohen Jugendarbeitslosigkeit offenbaren sich in vielen Ländern Probleme bei der beruflichen Qualifizierung und Arbeitsmarktintegration Jugendlicher. Trotz der im internationalen Vergleich niedrigen Jugendarbeitslosigkeit sind in Deutschland Jugendliche insbesondere seit Mitte der 1980er Jahre aufgrund von Konjunktur- und Arbeitsmarktentwicklungen tendenziell zunächst mit einem Unterangebot an Ausbildungs- und Arbeitsplätzen konfrontiert, wohingegen in jüngerer Vergangenheit teils auch unbesetzte Lehrstellen ein schwerwiegender werdendes Problem am Ausbildungsmarkt markieren. Gleichzeitig führen die Tertiärisierung des Arbeitsmarktes und der Anstieg des durchschnittlichen Bildungsniveaus zu einem Anstieg der Qualifikationsanforderungen beim Zugang zu einem Großteil der Ausbildungsberufe (Blossfeld, 2017; Kleinert & Jacob, 2013; Tieben & Rohrbach-Schmidt, 2014). Insgesamt stellen sich Schwierigkeiten beim Übergang in das Ausbildungs- und Erwerbsleben als vielschichtig dar (Brzinsky-Fay, 2007; Blossfeld et al., 2015; Kerckhoff, 2000).

Die angeführten strukturellen Entwicklungen stellen beim Übergang von der Schule in das Berufsbildungssystem vor allem für das betriebliche und damit tendenziell marktabhängige duale Ausbildungssystem eine Herausforderung dar. Für zahlreiche Schulabgänger*innen, insbesondere solche ohne bzw. mit niedrigen Schul- und Ausbildungsabschlüssen, zeigt sich der Zugang zum Ausbildungsmarkt als risikoreicher Übergangsprozess, der nicht immer bruchlos vollzogen werden kann (Mayer, 2000; Solga, 2005; Solga, Protsch, Ebner & Brzinsky-Fay, 2014). Um langfristigen Nachteilen vorzubeugen und um gerade Jugendlichen mit schwierigen Startbedingungen Chancen am Ausbildungs- und Arbeitsmarkt zu ermöglichen, wurden in den letzten etwa 30 Jahren Programme ausgebaut, die in der Regel gering qualifizierte Jugendliche für eine Berufsausbildung vorbereiten sollen, ihnen jedoch nicht zu einem regulären Berufsabschluss, sondern bestenfalls zu einem Hauptschulabschluss verhelfen (Baethge, 2008). Obwohl das sogenannte Übergangssystem für manche jungen Menschen geeignete Optionen für eine erfolgreiche Einmündung in das Ausbildungssystem bietet (Dionisius & Illiger, 2017), treten für viele Jugendliche an die Stelle kontinuierlicher und vorhersagbarer Erwerbslaufbahnen mehr und mehr erwerbsbiografische Unsicherheiten und diskontinuierliche Verlaufsmuster (Achatz, Jahn & Schels, 2020; Konietzka 2002).

Die Ausbildungs- und Arbeitsmarktchancen Jugendlicher sind aber nicht nur von Merkmalen auf der Mikro-Ebene, also individuellen Merkmalen (z. B. Schulabschlüsse, Migrationshintergrund, soziale Herkunft, Geschlecht, sozio-emotionale Fähigkeiten; Nießen et al., 2020), oder von Makro-Faktoren (z. B. Wirtschaftskrisen, demographische Entwicklung; Blossfeld, 2017; Kleinert & Jacob, 2013) geprägt. Die Forschung hat wiederholt gezeigt, dass Bildungsprozesse auch sozio-strukturellen Einflüssen auf der Meso-Ebene unterliegen, die in erster Linie von Eltern, Gleichaltrigen und dem schulischen Kontext ausgehen (Breen & Yaish, 2006; Hofferth et al., 1998; Minello & Barban, 2012). Bildungsunterschiede zwischen Individuen bestehen jedoch auch dann, wenn der familiäre Hintergrund, das unmittelbare soziale Umfeld und die schulischen Bedingungen vergleichbar sind. Diese Unterschiede lassen sich teilweise auf soziale Prozesse im lokalen und regionalen Umfeld zurückführen (Logan, 2012; Sharkey & Faber, 2014).

Deutschland stellt also keinen einheitlichen abstrakten Sozialraum dar, sondern untergliedert sich in multiple, teils einander überlagernde soziale Kontexte – Familien, Schulen, Nachbarschaften, Regionen –, welche die Chancen auf und die Wahrnehmung von Ausbildungsgelegenheiten beeinflussen können. Ziel des vorliegenden Beitrags ist es, den Forschungsstand zum Einfluss solcher proximalen und distalen sozialräumlichen Kontexte darzustellen, die für verschiedene Dimensionen des Berufsbildungsprozesses, einschließlich der Berufsorientierung und -wahl, von Bedeutung sind.

4.2 Einbettung individueller Berufsbildungsprozesse in soziale Kontexte

Berufsbildungsprozesse und Übergänge von der Schule in den Ausbildungs- und Arbeitsmarkt werden in der einschlägigen berufspsychologischen Literatur als das Ergebnis von Selektions- und Selbstselektionsprozessen verstanden (Eccles & Wigfield, 2002; Lent et al., 1994; Schoon & Heckhausen, 2019). Sie ergeben sich weder vorrangig aus den strukturellen Gelegenheitsstrukturen auf dem Ausbildungs- und Arbeitsmarkt und damit einhergehenden unterschiedlichen Zugängen zu Ausbildung (Selektion) noch aus individuellen beruflichen Interessen, Motivationen und Entscheidungen (Selbstselektion) allein, sondern vielmehr aus einer Verschränkung beider Ebenen: Gelegenheiten müssen nicht nur objektiv verfügbar sein, sondern auch als Gelegenheiten von Jugendlichen wahrgenommen werden (Hodkinson & Sparkes, 1997). Demnach können Arbeitgeber*innen bei ihren Rekrutierungsentscheidungen nicht auf alle potenziell zur Verfügung stehenden Jugendlichen gleichermaßen zurückgreifen, sondern lediglich auf spezifische Bewerberpools, die Jugendliche über Mechanismen der Inklusion bzw. Exklusion konstituieren (Blalock, 1991). Neben den Allokationsmechanismen des Arbeitsmarktes sollten aus diesem Grund auch die Bedingungsfaktoren beruflicher Zielsetzungs- und Entscheidungsprozesse in den Blick genommen werden.

Darüber hinaus finden Berufsbildungsprozesse nicht im individuellen Vakuum statt, sondern sind simultan eingebettet in eine Vielzahl sozialer Kontexte (Sewell et al., 1969). Der sozialökologische Ansatz des Übergangs Jugendlicher von der Schule ins Arbeitsleben (Schoon & Heckhausen, 2019) verbindet Elemente psychologischer (individuelle Zielverfolgung, z. B. Heckhausen & Heckhausen, 2018) und soziologischer Theoriebildung (gesellschaftliche Möglichkeiten und Beschränkungen individuellen Handelns, z. B. Johnson & Reynolds, 2013; Roberts, 2009). Diesem Ansatz zufolge stellen individuelle Entscheidungen zum beruflichen Werdegang relationale Prozesse dar, die sich durch soziale Interaktionen und damit durch Lernerfahrungen in multiplen, teils überlagernden soziokulturellen Kontexten entwickeln. Diese Kontexte umfassen unmittelbare Kontexte wie die Familie und die damit zusammenhängenden sozialen Strukturen (z. B. soziale Herkunft, Migrationshintergrund), proximale Bildungskontexte wie Klassen und Schulen, und auch distale(re) Kontexte wie Nachbarschaften und Regionen, die die Wahrnehmung von und die Chancen auf berufliche Bildungsprozesse beeinflussen können.

4.3 Familiäre Kontexte

Berufsbildungsprozesse werden in besonderem Maße durch den familiären Kontext geprägt, in dem Bildungsentscheidungen von frühster Kindheit an kanalisiert und monetäre sowie nicht-monetäre Ressourcen für die Erreichung von Bildungszielen bereitgestellt werden. In diesem Zusammenhang hat die sozialwissenschaftliche Forschung wiederholt gezeigt, dass Bildungsprozesse von Kindern und Jugendlichen eng mit ihrer sozialen Herkunft und ihrem Migrationshintergrund zusammenhängen und auf diese Weise soziale Ungleichheiten reproduziert werden (Beicht & Walden, 2015; Protsch & Solga, 2016; Triventi, 2013). Besonders im Zusammenspiel individueller Merkmale wie sozialer Herkunft, Migrationshintergrund und Geschlecht zeigen sich erhebliche Ungleichheiten in den Ausbildungschancen Jugendlicher (Hillmert & Weßling, 2014).

4.3.1 Primäre und sekundäre Herkunftseffekte

Aus theoretischer Perspektive wird zwischen primären und sekundären Herkunftseffekten unterschieden (Boudon, 1974). Primäre Herkunftseffekte umfassen Einflüsse der sozialen Herkunft, die sich auf die Bildungsleistungen (Noten, Kompetenzen) von Kindern und Jugendlichen auswirken. Die besseren Bildungsleistungen sozial privilegierter Kinder und Jugendlicher wirken sich in der Folge positiv auf ihren (Aus-)Bildungserfolg und ihre spätere berufliche Platzierung aus. Je nach sozialer Herkunft bieten Familien mehr oder weniger anregungsreiche Lernumwelten sowie Unterstützungs- und Hilfeleistungen.

Sekundäre Herkunftseffekte beziehen sich auf soziale Unterschiede in den (Aus-)Bildungsentscheidungen unabhängig von schulischen Leistungen, also den Selbstselektionsmechanismen im (Aus-)Bildungssystem. Der Zusammenhang zwischen sozialer Herkunft und Bildungs- und Berufsaspirationen sowie schließlich dem Ergreifen prestigeträchtiger und hochbezahlter Berufe ist empirisch gut belegt (Dräger & Wicht, 2021; Iannelli & Smyth, 2008; Schoon & Parsons, 2002; Schoon & Polek, 2011; Shavit & Müller, 2003).

Einen handlungstheoretischen Ansatz zur Erklärung sekundärer Herkunftseffekte bilden Rational-Choice-Ansätze (Becker, 1978), denen zufolge die Selbstselektion Jugendlicher das Resultat zweckrationaler Entscheidungen ist: Nutzenmaximierende Akteure entscheiden sich innerhalb der institutionell verfügbaren Bildungs- und Ausbildungsoptionen für die Alternative, die die günstigste Kosten-Nutzen-Relation erwarten lässt. Nach Breen und Goldthorpe (1997; 1996) sind (Aus-)Bildungsentscheidungen durch relative Risikoaversion geprägt, d. h. Familien sind grundsätzlich bestrebt, (mindestens) den elterlichen Sozialstatus zu erhalten. Aufgrund ihrer relativen sozialen Ausgangsposition ist die Furcht vor sozialem Abstieg je nach sozialer Klasse unterschiedlich ausgeprägt, was zu klassenspezifischen Bewertungen von Kosten und Nutzen einer (Aus-)Bildungsoption führt. Während Familien aus unteren sozialen Klassen dazu neigen, den Nutzen einer höheren Bildungs- und Berufsoption zu unterschätzen und die Kosten zu überschätzen, ist es bei Familien aus höheren sozialen Klassen eher umgekehrt.

Um sekundäre Herkunftseffekte als Erklärung für die berufliche Bildung nutzbar zu machen, ist eine theoretische Erweiterung um die spezifischere Argumentation des Mikroklassenansatzes sinnvoll. Der Ansatz betont die horizontale Segmentierung von Arbeitsmärkten nach Berufen oder Berufsgruppen (Grusky & Weeden,

2006; Jonsson et al., 2009). Aus dieser Perspektive wird angenommen, dass nicht die soziale Statusposition als solche intergenerational vererbt wird, sondern dass auf der Berufsebene Transmissionsprozesse über Generationen stattfinden. Empirische Befunde belegen, dass Jugendliche tendenziell einen Beruf ergreifen, der den elterlichen Berufen zumindest ähnlich oder sogar gleich ist (Jonsson et al., 2009). Mischler und Ulrich (2018) zeigen für ausgewählte Handwerksberufe, dass sowohl die Berufe der Eltern als auch die des unmittelbaren sozialen Umfelds mit dem Interesse Jugendlicher für diese Berufe zusammenhängen.

4.3.2 Kulturtheoretische Erklärungsansätze

Obwohl Rational-Choice-Ansätze in der quantitativen soziologischen Literatur eine wichtige Rolle spielen, wird ihnen oft vorgeworfen, die dem Zusammenhang zwischen sozialer Herkunft und (Aus-)Bildungsentscheidungen zugrundeliegenden Prozesse nicht vollständig zu erfassen. Aus kulturtheoretischer Perspektive (Bourdieu, 1977; Bourdieu & Passeron, 1977; Hodkinson & Sparkes, 1997; Jacobs et al., 1991; Layder et al., 1991) können soziale Unterschiede in (Aus-)Bildungsentscheidungen auch über soziale Unterschiede in den Sozialisationserfahrungen erklärt werden. Individuen entwickeln ihre Selbstkonzepte und Identität durch die Interaktion mit signifikanten Anderen, darunter vor allem den Eltern, und verinnerlichen einen sozio-kulturell begründeten Kern an Wissen, Werten und Normen, die ihre Wahrnehmung und Bewertung von Ausbildungsgelegenheiten sowie ihre Entscheidung für bestimmte (Aus-)Bildungsgänge strukturieren.

Diese Sichtweise wird auch durch die berufspsychologische Literatur unterstützt. Gottfredson (2002, S. 91) versteht (Aus-)Bildungsentscheidungen als Entwicklungsprozess, in dem Kinder und Jugendliche zunächst ihren »Bereich akzeptabler beruflicher Alternativen« entlang der zwei zentralen Dimensionen Geschlecht und Sozialstatus eingrenzen und schließlich an (wahrgenommene) äußere Beschränkungen anpassen. Während der Prozess der Eingrenzung durch Orientierungen an sozialen Rollen und sozialer Ordnung geprägt ist, spielt die ebenfalls sozial geprägte Wahrnehmung von Erreichbarkeiten eine entscheidende Rolle bei der Entscheidung für einen bestimmten Ausbildungsberuf.

Eine Reihe psychologischer und soziologischer Studien zur Entwicklung beruflicher Aspirationen und Entscheidungen verweist auf die Bedeutung von Sozialisationseinflüssen im Kontext der Familie. Mit den sozio-kulturellen Unterschieden zwischen Familien variieren auch die Rollenmodelle, Praktiken und Erziehungsstile (Spera, 2005 für eine Übersicht). So zeigt sich beispielsweise, dass der Zusammenhang zwischen dem Berufsstatus der Eltern und deren Bildungsressourcen auf den angestrebten Berufsstatus Jugendlicher über Werte (z. B. selbstorientierte und altruistisch-institutionelle Werte, siehe Schwartz, 2006) vermittelt werden, die für die Erreichung von (Aus-)Bildungszielen wichtig sind (Hitlin, 2006). Einschlägige Arbeiten zum familiären Einfluss auf geschlechtstypische Berufswahlentscheidungen zeigen, dass die Berufsaspirationen Jugendlicher nicht nur mit dem Berufsstatus und den Bildungsressourcen der Eltern zusammenhängen (Hardie, 2015; Polavieja & Platt, 2014), sondern auch mit der Geschlechtstypik der elterlichen Berufe und dem

Geschlechterrollenverhalten der Eltern (Helbig & Leuze, 2012; Makarova & Herzog, 2014; Polavieja & Platt, 2014) sowie geschlechterstereotypen Begabungszuschreibungen (Buchmann & Kriesi, 2012).

4.4 Sekundäre Sozialisationskontexte

Die Sozialisationserfahrungen von Kindern und Jugendlichen sind jedoch nicht auf die Familie beschränkt, sondern finden auch in proximalen institutionellen und distaleren außer-institutionellen sozialräumlichen Kontexten statt. Sozialräumliche Kontexte werden durch materielle und sozio-kulturelle Umgebungen repräsentiert, in die Individuen eingebettet sind und die ihre Erwartungen und Handlungen formen und strukturieren (Becker & Schulze, 2013; Blau, 1960; Esser, 1999). Individuen sind gleichzeitig in verschiedene Kontextumgebungen eingebettet. Die Relevanz dieser Kontexte unterscheidet sich je nachdem, welche Aspekte von (Aus-) Bildungsprozessen betrachtet werden – etwa Ausbildungschancen, Berufsorientierungen oder Bildungsleistungen und ausbildungsbezogene Kompetenzen.

4.4.1 Schulen

Einer der bedeutendsten außerfamiliären Sozialisationskontexte ist für Jugendliche die Schule. Die Theorie sozialer Institutionen (Jencks & Mayer, 1990; Wilson, 1987) geht davon aus, dass Interaktionen über soziale Institutionen strukturiert werden, und betont neben dem Einfluss Gleichaltriger insbesondere den Einfluss von Lehrer*innen. Ein zentraler Mechanismus zur Erklärung des Einflusses des schulischen Kontexts, wie auch anderer sekundärer Sozialisationskontexte, sind Prozesse des sozialen Lernens, bei denen individuelles Verhalten über Beziehungen zu relevanten Vergleichsgruppen beeinflusst wird (Akers et al., 1979; Friedrichs & Blasius, 2003). Baumert et al. (2006) machen in ihrem Vermittlungsmodell für schulische Kontexteffekte – das auch auf andere soziale Kontexte (wie etwa die Nachbarschaft, ▶ Kap. 4.4.3) übertragbar ist – die Komplexität solcher sozialen Lernprozesse explizit. Während auf der Kontextebene kompositionelle und institutionelle Eigenschaften von Schulen auf der Prozessebene zu je spezifischen normativen Kulturen in der Eltern- und Schülerschaft und Vergleichsprozessen unter Gleichaltrigen führen, finden auf der Individualebene Normwahrnehmungs- und Normadaptationsprozesse statt, die erst spezifische individuelle Ergebnisse nach sich ziehen (Leistungen, Selbstbewertungen, Aspirationen). Das Ergebnis der Aushandlung geltender Normen und Werte, an der insbesondere Schüler*innen und Lehrer*innen beteiligt sind, wird auch als »Ethos« (Donnelly, 2000) oder »Klima« (Astin, 1993) einer Schule bezeichnet.

Der schulische Kontext ist insbesondere in Ländern wie Deutschland – mit frühen, selektiven Bildungsübergängen nach der Primarstufe – von zentraler Bedeutung für Bildungsprozesse und -entscheidungen (Allmendinger, 1989). Eben aufgrund der frühen Platzierung in im Zeitverlauf stabilen, hierarchisch separierten Schulzweigen (Ertl & Phillips, 2000) ist der Einfluss von Nachbarschaften auf Berufsaspirationen Jugendlicher im Vergleich zum Einfluss des schulischen Kontexts in Deutschland gering (Buchmann & Park, 2009). Die verschiedenen Schultypen im Sekundarbereich bereiten auf unterschiedliche berufliche Werdegänge und Berufsfelder vor, die mit bestimmten sozialen Positionen verbunden sind. In diesem Zusammenhang verweist die Studie von Wicht und Ludwig-Mayerhofer (2014) darauf, dass sich Schultypen durch ein öffentliches Etikett auszeichnen, dessen sich Schüler*innen bewusst sind. Darüber hinaus scheint in Schulen mit einem durchschnittlich hohen sozio-ökonomischen Status der soziale Druck größer zu sein, statushohe Berufe anzustreben. Für die Erklärung beider Einflüsse des schulischen Kontexts spielt das Schulklima eine zentrale Rolle: In Schulen bilden sich sozial vorgefertigte Mentalitäten im Sinne vorherrschender Wertorientierungen heraus, die die beruflichen Aspirationen Jugendlicher beeinflussen.

Auch die ethnische Segregation an Schulen hat sich im Zusammenhang mit den Berufsaspirationen Jugendlicher als bedeutsam herausgestellt. Die Konzentration Jugendlicher mit Migrationshintergrund, die sich im Vergleich zu einheimischen Jugendlichen durch höhere (berufliche) Aspirationen auszeichnen (Kao & Tienda, 1998; Relikowski et al., 2012), wirkt sich vermittelt über das Schulklima positiv auf den mit der Wahl des Ausbildungsberufs angestrebten Sozialstatus aus. Jedoch variiert der Zusammenhang zwischen ethnischer Schulsegregation und Berufsaspirationen deutlich zwischen verschiedenen Herkunftsgruppen (Wicht, 2016).

4.4.2 Berufsschulen und Betriebe

Mit Blick auf Berufsbildungsprozesse stellen die Berufsschule und der Ausbildungsbetrieb zentrale sozialräumliche Kontexte dar. Hinsichtlich der Berufsschule kann theoretisch von ähnlichen Mechanismen wie in der allgemeinbildenden Sekundarschule ausgegangen werden, etwa dem Einfluss von Lehrkräften, Peers und der sozio-ökonomischen und sozio-kulturellen Komposition der Lernumgebung, wenngleich die Forschung zum Einfluss von Berufsschulen spärlich ist.

Forschungslinien, die den Einfluss von Betrieben und Berufsschule thematisieren, fokussieren einerseits auf die berufliche Motivation und den Erwerb von Kompetenzen. Im Vordergrund stehen dabei fachspezifische Kompetenzen – was eine nach Ausbildungsberufen differenzierte empirische Betrachtung oft sinnvoll und nötig macht – sowie Problemlösungskompetenzen, die im Arbeitsalltag berufsübergreifend eine zentrale Rolle spielen. Neuere Arbeiten nehmen auch den Erwerb von Digitalkompetenzen in den Blick (Cedefop, 2020; Zinke, 2019). Andererseits wird vor allem der Einfluss des berufsschulischen und betrieblichen Kontexts auf den erfolgreichen Ausbildungsabschluss, Vertragslösungen oder den Abbruch der Ausbildung analysiert (Patzina & Wydra-Somaggio, 2020; Uhly, 2015).

Dass der Einfluss von Ausbildungsbetrieben und Berufsfachschulen auf den Erwerb von Kompetenzen erst in jüngerer Vergangenheit stärker in den Blick genommen wird, liegt nicht zuletzt an einem Mangel an Daten und validen Messinstrumenten zur Ermittlung fachspezifischer und problemlösungsorientierter Kompetenzen (Nickolaus et al., 2010). Aus diesem Grund ist ein Schwerpunkt in diesem Feld mit Studien betraut, die sich mit der Modellierung beruflicher Kompetenzen und der Validierung von Messinstrumenten befassen (Dietzen et al., 2015; Gonon et al., 2005).

Theoretisch wird argumentiert, dass auch in Berufen unterhalb der akademischen Ebene in zunehmendem Maße die selbständige Bewältigung komplexer Aufgaben notwendig ist. Bisherige Forschung zeigt, dass besonders eine stark an praktischen Arbeitsprozessen bzw. beruflichen Handlungen orientierte Ausbildung und ein hohes Maß an Selbständigkeit in der Ausbildung von Vorteil für die Entwicklung von Problemlösungskompetenzen, aber auch Fachkompetenzen ist. Praxisnähe und Selbstständigkeit sind in besonderem Maße in der betrieblich organisierten gegenüber der vollzeitschulischen Ausbildung geboten (Nickolaus et al., 2010).

Darüber hinaus legt die Forschung nahe, dass Einflussfaktoren wie das berufliche Vorwissen, aber auch mathematische Kompetenzen und weitere individuelle Faktoren eine weit höhere prädiktive Rolle für die Erklärung von Motivation und Kompetenzentwicklung spielen als kontextuelle Merkmale von Schule und Betrieb. Es finden sich studienübergreifend eher geringe Effekte der Lehrmethodeneinflüsse auf fachliche Kompetenzentwicklungen oder motivationale Entwicklungen (Dietzen et al., 2015; Geißel et al., 2007; Winther, 2006), wobei kontextuelle Einflüsse auf die Motivation weit größer sind als auf Kompetenzen (Dietzen et al., 2015). Kontextmerkmale von Berufsschule und Betrieb wirken weniger direkt auf Kompetenzen, sondern zumeist indirekt, vermittelt über Motivation und Erlebnisqualität, auf den Kompetenzgewinn (Rosendahl & Straka, 2011). Dieser Befund verweist auf die hohe Relevanz von Selektionsprozessen für die Sicherung des Qualifikationsniveaus in der Ausbildung (Nickolaus et al., 2010).

Die Forschung zum Einfluss von Berufsschulen und Betrieben auf Vertragslösungen und Ausbildungsabbrüche verweist auf eine hohe Relevanz der (wahrgenommenen) Ausbildungsqualität. Negrini et al. (2015) zeigen für die Schweiz anhand einer Clusteranalyse, dass eine hohe Ausbildungsqualität – als solche wahrgenommen von Auszubildenden und Ausbildungsleitenden – einen relevanten Schutzfaktor gegen vorzeitige Ausbildungsvertragsauflösung darstellt. Darüber hinaus zeigen Wittmann et al. (2015) für Pflegeberufe, dass weniger die allgemeinen Merkmale betrieblicher Ausbildungsqualität von Bedeutung sind als vielmehr die praktische Einbindung in Betriebe, darunter der Umfang erfahrener inhaltlicher Aufgabenbereiche und die qualitative Befassung mit diesen spezifischen Aufgabenbereichen.

4.4.3 Nachbarschaften

Auch die Nachbarschaft kann als außer-institutioneller sozialräumlicher Kontext eine Rolle spielen. Theoretische Modelle für Nachbarschaftseinflüsse gehen davon aus, dass das Ausmaß der ethnischen und sozialen Segregation einer Nachbarschaft, aber auch infrastrukturelle Bedingungen einen Einfluss auf das individuelle Verhalten und insbesondere (Aus-)Bildungsverhalten der Kinder und Jugendlichen haben, die in der Nachbarschaft leben (für Übersichten siehe Galster, 2008; van Ham et al., 2012). Diese Einflüsse können von unterschiedlichen Personengruppen ausgehen: Die Theorie der sozialen Ansteckung (Crane, 1991) betont vor allem die Einflüsse der Gleichaltrigen, Theorien kollektiver Sozialisation oder auch sozialer Kontrolle machen auf die Rolle der in Nachbarschaft wohnenden Erwachsener aufmerksam (Wilson, 1987).

Studien zu Nachbarschaftseinflüssen stehen – vor allem im US-amerikanischen Kontext – in einer langen Tradition (Galster, 2008; Sampson, 2019; van Ham et al., 2012) und zeigen tendenziell einen negativen Zusammenhang zwischen sozioökonomisch deprivierten Nachbarschaften und dem Bildungserfolg von Kindern und Jugendlichen (Ainsworth, 2002; Galster et al., 2016; Owens, 2010; Rendón, 2014; Wodtke et al, 2011). Im europäischen Kontext entstandene Studien verweisen hingegen eher auf die positiven Auswirkungen eines günstigen Wohnumfeldes auf den Bildungserfolg als auf negative Auswirkungen eines ungünstigen Umfelds (Helbig, 2010; Kauppinen, 2008; für einen Überblick siehe Nieuwenhuis & Hooimeijer, 2016). Nur wenige Studien beschäftigen sich mit dem Zusammenhang nachbarschaftlicher Kontexte und (Aus-)Bildungsentscheidungen. Hartung und Hillmert (2019) zeigen, dass der Anteil an Hochschulabsolventen*innen in der Nachbarschaft positiv mit den Bestrebungen für einen Hochschulbesuch zusammenhängen. Auch korreliert der Anteil statushoher Haushalte in einer Nachbarschaft positiv mit dem Sozialstatus des angestrebten Ausbildungsberufs (Wicht & Ludwig-Mayerhofer, 2014).

Wie eingangs erwähnt sind Jugendliche simultan in mehrere Kontexte eingebettet. Aus empirischer Sicht ist es daher sinnvoll, die Einflüsse von Kontexten auf (Aus-)Bildungsprozesse nicht separat, sondern simultan zu betrachten, um deren Wechselseitigkeit und relative Einflussstärke zu identifizieren. So können Charakteristika der Nachbarschaft nicht nur direkt einen Einfluss auf Jugendliche ausüben, sondern insbesondere auch indirekt, vermittelt über den institutionellen Kontext der Schule (Crane, 1991; Duncan, 1994; Kauppinen, 2008; Owens, 2010; Weßling & Meng, 2021). Mit Blick auf Berufsaspirationen Jugendlicher zeigt sich für Deutschland ein im Vergleich zum schulischen Kontext geringer Einfluss von Nachbarschaften (Wicht & Ludwig-Mayerhofer, 2014). Für die Niederlande finden Weßling und Meng (2021), dass Nachbarschaften und Regionen in ihrem Einfluss auf den Übergang von der Berufsschule in den Arbeitsmarkt gleich mehrfach zusammenwirken. Zum einen spielen Nachbarschaften besonders in urbanen und weit weniger (bis gar nicht) in ländlichen Regionen eine Rolle für den Übergang in den Arbeitsmarkt. Zum anderen werden Einflüsse der sozioökonomischen Zusammensetzung der Nachbarschaft zu einem sehr großen Anteil von der sozioökonomischen Zusammensetzung der Region vermittelt. Mit Blick auf die Übergangschancen Jugendlicher in den Ausbildungs- und Arbeitsmarkt stellt die Region den bedeutsamsten sozialräumlichen Kontext dar.

4.5 Regionale Arbeitsmärkte

Disparitäten zwischen regionalen Arbeitsmärkten sind in Deutschland anhaltend stark ausgeprägt. Insbesondere zwischen Ost- und Westdeutschland unterscheiden sich das Niveau der Löhne und auch die regionale Arbeitslosigkeit deutlich. Allerdings überlagert (nicht zuletzt die mediale) Fokussierung auf Ost-West-Unterschiede, dass auch jenseits dieser räumlichen Trennlinie erhebliche regionale Unterschiede im Zugang zu Bildungseinrichtungen, Arbeit, Ausbildung, Verdienstmöglichkeiten und damit letztlich in den Lebenschancen und -verhältnissen bestehen (Blien, 2001).

Regionalspezifische Versorgungs-, Besetzungs- und Passungsprobleme stellen insbesondere das System der dualen Berufsausbildung vor große Herausforderungen. Unter Passungsproblemen sind im Allgemeinen eine mangelnde Übereinstimmung von Angebot und Nachfrage spezifischer Märkte zu verstehen. Abbildung 4.1 zeigt die Passungsprobleme auf dem Ausbildungsstellenmarkt, die je nach betrachteter Region sehr unterschiedlich ausfallen: Während in einigen Regionen Jugendliche größere Schwierigkeiten haben, einen (ggf. für sie adäquaten) Ausbildungsplatz zu erhalten, sind in anderen Regionen Lehrstellen unbesetzt. In den dunkelgrau gekennzeichneten Regionen treffen diese beiden Phänomene besonders stark aufeinander, während in den hellgrau gekennzeichneten Regionen Passungsproblematiken weniger stark ausgeprägt sind. Diese Passungsprobleme zeigen sich ganz besonders mit Blick auf unterschiedliche Berufe (Matthes & Ulrich, 2014), die ihrerseits regional unterschiedlich verteilt sind (z. B. BBSR, 2019).

Die Forschung zum Zusammenhang von regionalen Kontexten und (Aus-)Bildung steht in einer langen Tradition von Studien zu Kompositionseffekten. Solche Studien befassten sich zum einen mit der soziokulturellen und sozioökonomischen Zusammensetzung der regionalen Bevölkerung (Bertram & Dannenbeck, 1990; Ditton, 1992; Eirmbter, 1977; Meulemann & Weishaupt, 1976; Sixt, 2010) und zum anderen mit der infrastrukturellen Konzentration von Bildungseinrichtungen (Peisert, 1967; Eirmbter, 1977). Diese frühen Studien prägten das idealtypische Bild der Bildungsbenachteiligung des »katholischen Arbeitermädchen[s] vom Lande« (Carnap & Edding, 1962; Dahrendorf, 1965, S. 48; Peisert, 1967, S. 99). Insbesondere vor der Bildungsexpansion der 1970er und 1980er Jahre spielten regionale Disparitäten hinsichtlich der Bildungsinfrastruktur (z. B. Erreichbarkeit verschiedener weiterführender Schulen) zwischen städtischen und ländlichen Gebieten eine zentrale Rolle (Bargel & Kuthe, 1992; Geipel, 1965; Kuthe et al., 1979; Peisert, 1967). Diese Unterschiede waren jedoch für verschiedene soziale Gruppen nicht gleichermaßen relevant. So waren Eltern in ländlichen Gebieten mit einem höheren Bildungsniveau eher bereit und in der Lage, längere Strecken zu pendeln (Ditton, 2008). Als in den 1970er und 1980er Jahren die Bildungsinfrastruktur ausgeweitet wurde, verloren regionale Unterschiede hinsichtlich des Zugangs zu Bildung an Bedeutung und wurden auch in der Forschung weniger berücksichtigt.

Erst in jüngerer Vergangenheit wird der Bedeutung der Region für die allgemeine Bildung, Ausbildung, aber auch die akademische Bildung wieder größere Aufmerksamkeit geschenkt. Neben deskriptiver Forschung zur Beziehung zwischen

4 Sozialräumliche Kontexte beruflicher Bildungswege

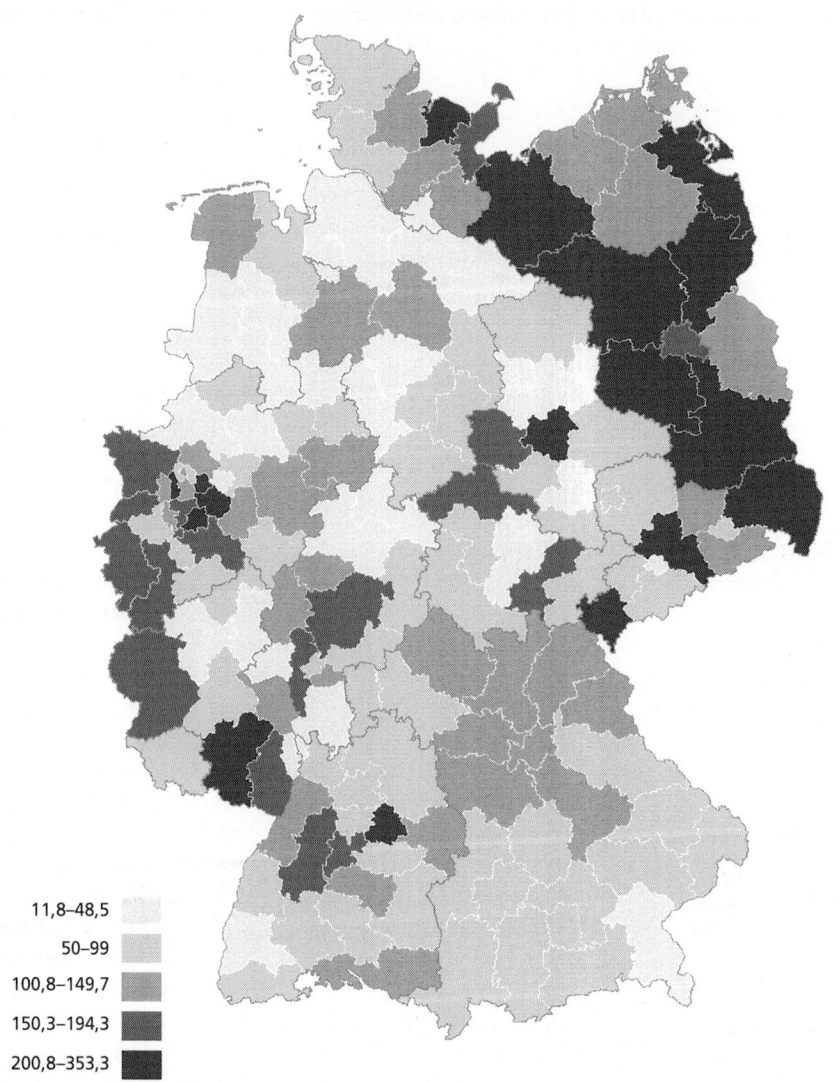

11,8–48,5
50–99
100,8–149,7
150,3–194,3
200,8–353,3

Abb. 4.1: Regionalspezifische Passungsprobleme auf dem Ausbildungsstellenmarkt, 2019. Der Indikator entspricht dem Produkt des Anteils erfolgloser Nachfrager und unbesetzter Ausbildungsstellen.
Quelle: Darstellung der Karte: © GeoBasis-DE/BKG 2017. Visualisierung der Arbeitsagenturbezirke: Bundesinstitut für Berufsbildung (BIBB), Arbeitsbereich 1.1. Daten: Bundesinstitut für Berufsbildung, Erhebung zum 30. September 2019; Bundesagentur für Arbeit, Ausbildungsmarktstatistik zum 30. September 2019.

Region und Zugängen zur (Aus-)Bildung (Heineck et al., 2019; Wicht, 2017) konzentrieren sich neuere Studien auf die Untersuchung der Auswirkungen sozioökonomischer und soziostruktureller Kontextbedingungen auf individuelle Aspirationen und Bildungsergebnisse (Flohr et al., 2020; Weßling et al., 2015; Wicht &

Nonnenmacher, 2017). Diese jüngste Forschungslinie hängt nicht zuletzt mit der Verbesserung in der Verfügbarkeit und der Qualität empirischer Daten zusammen (Weßling & Wicht, 2015), aber auch mit der sozialen und ökonomischen Dichotomisierung städtischer und ländlicher Regionen (BBSR, 2021). Wichtige Merkmale des regionalen Kontexts, auf die sich aktuelle Studien konzentrieren, sind einerseits die regionale Bildungsinfrastruktur und andererseits die Ausbildungs- und Arbeitsmarktlage in der Region.

In der Forschung über den Zugang zu akademischer Bildung wird vor allem die regionale Bildungsinfrastruktur unter der Annahme berücksichtigt, dass die Erreichbarkeit von Hochschulen ein zentrales Kriterium für die Entscheidung der Aufnahme eines akademischen Bildungsgangs ist. Empirisch wird die Erreichbarkeit häufig auf die Entfernung zur nächsten Hochschule gemessen. Zahlreiche Studien zeigen, dass die Wahrscheinlichkeit, ein Hochschulstudium aufzunehmen, umso geringer ist, je größer die Entfernung zur nächsten Hochschule ist (Frenette, 2004, 2006; Sá et al., 2004; Spieß & Wrohlich, 2010; Tinto, 1973). Hohe Entfernungen zu Hochschulen sind insbesondere für Schulabsolvent*innen aus Familien mit einem niedrigeren sozioökonomischen Status und schlechteren Schulabschlüssen nachteilig (Cullinan et al., 2013; Eliasson, 2006; Frenette, 2006).

Ein anderer Strang der vor allem ökonomisch geprägten Forschung, der sich ausdrücklich mit den Auswirkungen von Kontextmerkmalen auf individuelle Bildungsergebnisse befasst, konzentriert sich auf regionale Arbeitsmarktmerkmale und erwartete Bildungsrenditen. Diese Forschungslinie untersucht vorwiegend Bildungsentscheidungen und -übergänge nach Beendigung der Pflichtschule und Sekundarstufe, da angenommen wird, dass Arbeitsmarktbedingungen umso wichtiger sind, je enger die Bildungsentscheidung mit dem Eintritt in den Ausbildungs- oder Arbeitsmarkt verbunden ist. Auf Grundlage der Humankapitaltheorie (Becker, 1978) wird angenommen, dass höhere (regionale) Arbeitslosigkeit mit der Entscheidung für eine Verlängerung der eigenen Bildungskarriere einhergeht, da erwartet wird, dass höher Gebildete weniger stark von (regionaler) Arbeitslosigkeit betroffen sind (Micklewright et al.,1990; Raffe & Wilms, 1989). In der ökonomischen Literatur wird dieser Zusammenhang als »discouraged worker effect« bezeichnet (Micklewright et al., 1990; Raffe & Willms, 1989). Der Verbleib im Bildungssystem in Zeiten oder in Regionen mit hoher Arbeitslosigkeit verhindert zumindest kurzfristig Arbeitslosigkeit.

Dem zuvor genannten Argument eines positiven Zusammenhangs zwischen hoher oder steigender regionaler Arbeitslosigkeit und dem Verbleib im Bildungssystem steht entgegen, dass gerade unvorteilhafte Arbeitsmarktbedingungen den Einstieg in den Arbeitsmarkt beschleunigen können. Denn hohe Arbeitslosigkeit erhöht die Wahrscheinlichkeit eines Haushalts, von Arbeitslosigkeit betroffen zu sein, was gerade junge Erwachsene ermutigen könnte, schnell in den Arbeitsmarkt einzutreten, um erwartete Verluste im Haushalts- oder Familieneinkommen zu kompensieren (Micklewright et al.,1990).

Die bisherige Forschung zu Bildungsentscheidungen und -übergängen im Jugendalter konzentriert sich auf den Einfluss der lokalen und regionalen Arbeitsmarktbedingungen und teils auch die konjunkturellen Entwicklungen auf dem Arbeitsmarkt (Hillmert et al., 2017; Meschi et al., 2011). Die Relevanz der überregionalen Ausbildungs- und Arbeitsmarktbedingungen wurde hingegen selten explizit berücksichtigt. Obwohl der Handlungsradius Jugendlicher (vor allem solcher, die das allgemeine Bildungssystem nach der Sekundarstufe I verlassen) aufgrund ihres Alters und begrenzter Ressourcen beschränkt ist (Herzer, 2020), zeigen Aggregatdatenanalysen, dass räumliche Mobilität auch für Jugendliche erheblich ist. So liegt die Auspendlerquote von teils großräumigen Arbeitsmarktregionen in Westdeutschland bei durchschnittlich 14 % und in Ostdeutschland bei durchschnittlich 23 % (Bogai et al., 2008). Es zeigen sich auch berufsbereichsspezifische Muster räumlicher Mobilität (Jost et al., 2019), die auf eine räumlich ungleiche Verteilung bestimmter Berufe hindeuten könnten, die für Jugendliche besonders erstrebenwert sind. Hoffmann und Wicht (2023) zeigen in einer aktuellen Studie, dass räumliche Mobilität einerseits ein Mittel ist, um individuelle Ziele und Berufswünsche zu erreichen. Andererseits machen ungünstige Gelegenheitsstrukturen in der Heimatregion räumliche Mobilität notwendig, um erfolgreiche Ausbildungsübergänge im Kontext bestehender Passungsprobleme und regionaler Disparitäten auf dem Ausbildungsmarkt zu meistern.

Die empirischen Befunde zum Einfluss lokaler und regionaler Arbeitsmarktbedingungen auf (Berufs-)Bildungsprozesse liefern kein konsistentes Bild und variieren stark mit dem nationalen Kontext: Einige Studien finden keinen Einfluss der regionalen Arbeitsmarktlage auf den Verbleib im Schulsystem, während andere einen schwachen Einfluss der regionalen Arbeitsmarktbedingungen feststellen (Meschi et al., 2011; Rephann, 2002; Tumino, 2013). Einige Studien bestätigen gruppenspezifische Unterschiede in der Wirkung regionaler Arbeitsmarktbedingungen auf das Übergangsgeschehen (Clark, 2011; Meschi et al.,2011; Wicht, 2011).

Eine Erklärung für die kontrastreichen Befunde könnten Unterschiede in der Operationalisierung regionaler Arbeitsmarktbedingungen sein. Regionale Kontexte beziehen sich je nach Studie auf sehr unterschiedliche Aggregationsebenen (z. B. Gemeinden, Kreise oder Bundesländer). Die Grenzen räumlicher Einheiten können entweder zu klein oder zu groß definiert sein, um Einflüsse nachweisen zu können; ebenso verhält es sich mit dem konkreten Zuschnitt der räumlichen Einheiten, die mehr oder weniger gut relevante Prozesse einfangen (Kwan, 2012; Wicht et al., 2019). Daher sind Interpretationen hinsichtlich der Relevanz regionaler Kontexte für Bildungsprozesse und Vergleiche zwischen den Ergebnissen eher schwierig. Methodologisch orientierte Studien, die sich explizit mit der räumlichen Ausdehnung des Einflusses von Ausbildungs- und Arbeitsmarktmerkmalen befassen, zeigen, dass es lohnend ist, über administrative Grenzen wie Kreise und Arbeitsagenturbezirke hinauszudenken und zu messen (Heineck et al., 2011; Weßling & Bechler 2019, Weßling et al., 2015; Wicht, 2017; Wicht & Nonnenmacher, 2017).

Darüber hinaus ist unklar, ob die Auswirkungen von Arbeitslosigkeit auf die Teilnahme an beruflicher und akademischer Bildung auf regionale Bedingungen oder vielmehr auf konjunkturelle Schwankungen des (nationalen) Arbeitsmarktes zurückzuführen sind. Hillmert, Hartung und Weßling (2017) zeigen für Deutschland, dass der Einfluss stabiler regionaler Disparitäten auf den Übergang in die Ausbildung sehr viel stärker ist als konjunkturelle Schwankungen. Es finden sich jedoch nachgelagerte Effekte konjunktureller Schwankungen auf die sogenannte Zweite Schwelle – den Übergang von der Ausbildung in den Arbeitsmarkt. Grund hierfür sind vermutlich vor allem Steuerungsmaßnahmen, die für die berufliche Ausbildung ergriffen werden mit dem Ziel, Konjunktureffekte abzumildern.

4.6 Diskussion

Der vorliegende Beitrag gibt einen Überblick über den Forschungsstand und die Theoriebildung zu Einflussfaktoren sozialräumlicher Kontexte auf verschiedene Dimension von Berufsbildungsprozessen. Sozialräumliche Kontexte können auf unterschiedlichen Ebenen einen Einfluss ausüben. Von zentraler Bedeutung sind der unmittelbare Kontext der Familie, aber auch institutionelle Kontexte wie die (Berufs-)Schule und der Ausbildungsbetrieb sowie distalere außer-institutionelle Kontexte wie Nachbarschaften und Regionen. In all diesen Kontexten sind Kinder und Jugendliche simultan eingebettet und ihnen kommt über verschiedene soziale Mechanismen eine weichenstellende Funktion für Berufsbildungsprozesse und folglich für die Arbeits- und Erwerbschancen Jugendlicher im weiteren Lebensverlauf zu.

Familien spielen eine zentrale Rolle für die Reproduktion sozialer Ungleichheiten, indem sie je nach sozialer und ethnischer Herkunft Einfluss auf die Kompetenzentwicklung von Kindern und Jugendlichen nehmen, aber auch (berufliche) Rollenmodelle für sie darstellen und ihre Bildungsentscheidungen prägen oder sogar treffen. Schulen kommt vor allem in Deutschland aufgrund früher Bildungsübergänge in ein stratifiziertes, sozial selektives Sekundarschulsystems eine entscheidende Bedeutung zu. Hier werden je nach Schulform, aber auch soziokultureller und ethnischer Zusammensetzung der Schülerschaft in unterschiedlichem Maße Kompetenzen gefördert, Berufsorientierungen geformt und damit (Aus-)Bildungskarrieren kanalisiert. Die Kontexte Berufsschule und Betrieb, die in der Forschung weitaus weniger Beachtung finden, sind für Berufsbildungsprozesse jenseits der akademischen Bildung wichtige Sozialräume. Sie nehmen insbesondere Einfluss auf die Motivation Jugendlicher und vermitteln über diese auch auf die berufsspezifische und problemlösungsorientierte Kompetenzentwicklung. Gerade diese Kompetenzfelder sind entscheidend für den erfolgreichen Abschluss der Berufsausbildung. Dieser Abschluss ist vor allem in Deutschland, wo Bildungszertifikate wesentlich die Zugänge in den Arbeitsmarkt und die berufliche Fort- und Weiterbildung regeln, relevant für den weiteren beruflichen Werdegang. Aber auch Nachbarschaften sind Orte sozialen Lernens, indem sie Rollenmodelle bereitstellen und (berufliche) Normen und Wertorientierungen prägen und auf diese Weise Einfluss auf die Bildungsergebnisse von Kindern und Jugendlichen ausüben. Die Region ist vor allem ein Kontext beruflicher Möglichkeiten. Mit Blick auf den Zugang zu Ausbildung, aber auch je nach regionalspezifisch erwarteter Bildungsrendite, spielt die Region eine große Rolle bei der Entscheidung für oder gegen den Verbleib im Bildungssystem.

Die Forschung zu den Einflüssen verschiedener sozialräumlicher Kontexte auf (Berufs-)Bildungsprozesse zeigt deutlich, dass individuelle Kompetenzentwicklung, Bildungspräferenzen und -entscheidungen sowie Zugänge zu Bildung als kontextuell eingebunde Prozesse verstanden werden müssen. Eine Betrachtung des Ausbildungsgeschehens auf der Ebene verschiedener sozialräumlicher Kontexte trägt zudem zur Erklärung spezifischer Unter- bzw. Überversorgung von Ausbildungsangeboten bei. Gleiches gilt für die weitergehende Betrachtung der Beteiligung an Berufsbildung jenseits der (dualen) Ausbildung, z. B. an beruflicher Fort- und Weiterbildung. Gleichzeitig werfen die bisherigen Forschungsergebnissen Fragen für weitere Forschung auf, von denen wir im Folgenden einige skizzieren werden.

4.6.1 Forschungsdesiderate

Zusammenwirken verschiedener Kontexte und Multigruppenvergleiche

Obgleich die Relevanz sozialräumlicher Kontexte für Berufsbildungsprozesse in zahlreichen Studien nachgewiesen wurde, fehlt vielfach eine Betrachtung des simultanen Zusammenwirkens verschiedener Kontexte und deren Eigenschaften, wie etwa Nachbarschaften, die vermittelt über soziale Kontakte Aspirationen beeinflussen und Informationen bereithalten, Schulen und Berufsschulen, die Lerninhalte vermitteln, aber auch Regionen, die Opportunitätsräume darstellen, und Betriebe, in denen Arbeitskultur und -organisation geprägt werden. Charakteristika sozialräumlicher Kontexte können wiederum für verschiedene Personengruppen unterschiedlich wirken. Befunde für die Niederlande legen nahe, dass das Zusammenwirken von Kontexten neue für Forschung und Praxis relevante Einflüsse auf individuelle Bildungsprozesse aufdeckt (Weßling & Meng, 2019). Eine offene Frage insbesondere mit Blick auf das deutsche Berufsbildungssystem ist beispielsweise, in welchem Ausmaß die Kontexte Berufsschule und Ausbildungsbetrieb auf erlernte Fertigkeiten und Tätigkeiten Einfluss nehmen. Zudem ist es möglich, dass derselbe Beruf in unterschiedlichen Regionen aufgrund verschiedener Angebotsausgestaltungen der Lernorte im dualen Ausbildungssystem hinsichtlich seiner Attraktivität für Jugendliche stark variiert und damit auch hinsichtlich des Pools an Bewerber*innen Disparitäten entstehen. Mit Blick auf Gruppenunterschiede könnte beispielsweise der Zusammenhang zwischen wahrgenommener Ausbildungsqualität und erfolgreichem Abschluss der Ausbildung vor allem dann von Bedeutung sein, wenn die regionale Ausbildungsmarktlage und die regionale Erreichbarkeit des Ausbildungsortes in den Blick genommen werden.

Berücksichtigung verschiedener beruflicher Merkmale

(Ausbildungs-)Berufe unterscheiden sich nicht nur hinsichtlich unterschiedlicher Zugangschancen und erzielbarer Einkommen, sondern über eine Vielfalt berufsstruktureller Merkmale, wie etwa beruflichem Status, Geschlechtstypik von Berufen, Anforderungsprofilen von Berufen oder auch Tätigkeitsinhalten (Ahrens et al., 2021; Beckmann et al., 2023; Schels et al., 2022). Befunde zur Relevanz dieser

Merkmale für berufliche Orientierungen und Entscheidungen sind bislang noch lückenhaft und berücksichtigen selten die Bedeutung der Eigenschaften sozialräumlicher Kontexte (Hartung et al., 2019; Flohr et al., 2020; Siembab & Wicht, 2020). Weitere Forschung ist notwendig, um Berufsbildungsprozesse mit Blick auf verschiedene berufsstrukturelle Merkmale und im Kontext räumlicher Gelegenheitsstrukturen sowie normativ geprägter sozialer Umwelten zu berücksichtigen.

Mehrdimensionale Betrachtung von Kontexten

Damit zusammenhängend besteht ein weiteres Forschungsdesiderat in der mehrdimensionalen Betrachtung regionaler Kontextmerkmale. Bisherige Forschung beschränkt sich vornehmlich auf die Bedeutung des regionalen Arbeitsmarkts und der Bildungsinfrastruktur, daneben ist aber sehr wahrscheinlich, dass Merkmale wie etwa historisch gewachsene regionale Prägung durch bestimmte Berufe oder Industrien, das Ausmaß an Digitalisierung und Technologisierung einer Region (Obschonka et al., 2018; Stuetzer et al., 2016; Wicht et al., 2021) für spezifische Berufsbildungsprozesse relevant sind. So könnte beispielsweise die Entscheidung für einen technischen Beruf mit dem regionalen Innovationsgrad und entsprechender kultureller Prägungen zusammenhängen. Untersuchungen in Regionen, die in den vergangenen Jahrzehnten einen ausgeprägten Strukturwandel unterlagen und somit deutliche Veränderungen hinsichtlich ihrer wirtschaftlichen Prägung aufweisen, könnten hier besonders aufschlussreiche Erkenntnisse liefern.

Untersuchung des Zusammenwirkens regionaler Merkmale, Mobilität und Kompromissbildung

Schließlich bestehen Wissenslücken hinsichtlich des Zusammenwirkens beruflicher Orientierung, Kompromissbildung beim Zugang zur Ausbildung und der regionalen Angebotsstruktur von Berufen. Gerade in diesem Zusammenhang spielt insbesondere das räumliche Mobilitätsverhalten von jungen Erwachsenen eine große Rolle: Jugendliche können über räumliche Mobilität ihre Berufswünsche realisieren (über Pendeln oder Umzug) oder ihre Vorstellungen zum Wunschberuf für eine räumlich erreichbare Alternative aufgeben bzw. anpassen. Es steht zu vermuten, dass ebenso wie die Realisierung von Berufswünschen (Nießen et al., 2022) auch räumliche Mobilität von der sozialen und ethnischen Herkunft sowie an den Wohnort bindenden sozialräumlichen Faktoren abhängt (Hoffmann & Wicht, 2023).

4.6.2 Implikationen für Politik und Praxis

Aus Perspektive der Berufsbildungspolitik verbindet sich mit feiner gradierten Erkenntnissen zu Beteiligungsmustern an Bildungsgängen die Hoffnung auf gezieltere und damit effektivere Maßnahmen, um Benachteiligungen und Zugangsbarrieren zu bekämpfen. Lange Zeit waren landesweite Kennzahlen und Durchschnittswerte die für bildungspolitische Aktivitäten ausschlaggebenden Maßstäbe. Die Folge waren Förderprogramme, die eher nach dem Gießkannenprinzip versuchten, ökonomische und gesellschaftspolitische Ziele durch Anreize für Marktteilnehmer zu erreichen. Durch räumlich spezifischere Erkenntnisse können Förderinstrumente stärker auf regionale oder lokale Problemlagen reagieren.

Gleichzeitig ergeben sich Implikationen für die Berufsbildungspraxis. So kann z. B. regionalspezifisches Wissen zu Angebotsstrukturen auf dem Ausbildungsmarkt dazu genutzt werden, bereits in der schulischen Berufsorientierung auf besondere Möglichkeiten, aber auch Barrieren des Übergangs in die berufliche Ausbildung vorzubereiten. Ziel könnte es sein, das Berufswahlspektrum Jugendlicher entlang der Besonderheiten des lokalen bzw. regionalen Ausbildungsmarktes auszuweiten. Auch Jugendberufsagenturen könnten von gesicherten regionalspezifischen Erkenntnissen zum Arbeits- und Ausbildungsmarkt profitieren und das von ihnen betriebene rechtskreisübergreifende Übergangsmanagement optimieren (Bundesagentur für Arbeit, 2017).

Jenseits der Berufsausbildung werden in einem dynamischer werdenden Arbeitsmarkt berufliche (Um-)Orientierungsprozesse häufiger. Auch für diese Prozesse wächst die Bedeutung räumlich spezifischer Erkenntnisse zu Arbeitsmärkten. Letztlich geht es darum, Menschen in die Lage zu versetzen, ihre Berufs- und Karrierewege aktiv und selbstgesteuert zu gestalten. Um dieses Postulat von neueren Berufswahltheorien (Driesel-Lange et al., 2020) zu verwirklichen, ist die Vermittlung eines berufsbezogenen und arbeitsweltlich relevanten Erkenntnisstandes eine wichtige Voraussetzung. Dies schließt räumlich bedingte Muster und Besonderheiten ein.

Literatur

Achatz, J., Jahn, K. & Schels, B. (2020): On the non-standard routes: Vocational training measures in the school-to-work transitions of lower-qualified youth in Germany. *Journal of Vocational Education and Training*, 1–22. https://doi.org/10.1080/13636820.2020.1760335

Ahrens, L., Fischer, M., Kleinert, C. & Schels, B. (2021): Compromises in occupational choice and stability of vocational education and training. In: C. Nägele, B. E. Stalder & M. Weich (Eds.): *Pathways in Vocational Education and Training and lifelong learning: Proceedings of the 4th Crossing Boundaries Conference in Vocational Education and Training, Muttenz and Bern online, 8.–9. April* (pp. 24–31). European Research Network on Vocational Education and Training, VETNET, University of Applied Sciences and Arts Northwestern Switzerland and Bern University of Teacher Education. https://doi.org/10.5281/zenodo.4603059

Ainsworth, J. W. (2002): Why does it take a village? The mediation of neighborhood effects on educational achievement. *Social Forces*, 81(1), 117–152. http://www.jstor.org/stable/3086529

Akers, R. L., Krohn, M. D., Lanza-Kaduce, L. & Radosevich, M. (1979): Social learning and deviant behavior: A specific test of a general theory. *American Psychologist*, 44(4), 636–655.

Allmendinger, J. (1989): Educational systems and labor market outcomes. *European Sociological Review*, 5(3), 231–250. https://doi.org/10.1093/oxfordjournals.esr.a036524

Astin, A. W. (1993): Diversity and multiculturalism on the campus: How are students affected? *Change*, 25(2), 44–49.

Baethge, M. (2008): Das berufliche Bildungswesen in Deutschland am Anfang des 21. Jahrhunderts. In: K. Cortina, J. Baumert, A. Leschinsky, K. U. Mayer & L. Trommer (Hrsg.): *Das Bildungswesen in der Bundesrepublik Deutschland*. Rowohlt.

Bargel, T. & Kuthe, M. (1992): Regionale Disparitäten und Ungleichheiten im Schulwesen. In: P. Zedler (Hrsg.): *Strukturprobleme, Disparitäten, Grundbildung in der Sekundarstufe I* (S. 186–260). Juventa.

Baumert, J., Stanat, P. & Watermann, R. (2006): Schulstruktur und die Entstehung differenzieller Lern- und Entwicklungsmilieus. In: J. Baumert, P. Stanat & R. Watermann (Hrsg.): *Herkunftsbedingte Disparitäten im Bildungswesen: Differenzielle Bildungsprozesse und Probleme der Verteilungsgerechtigkeit* (S. 95–188). VS Verlag für Sozialwissenschaften. https://doi.org/10.1007/978-3-531-90082-7

Becker, G. S. (1978): *The economic approach to human behavior*. University of Chicago Press.

Becker, R. & Schulze, A. (2013): Kontextuelle Perspektiven ungleicher Bildungschancen – eine Einführung. In: R. Becker & A. Schulze (Hrsg.): *Bildungskontexte*. (S. 1–30). Springer Fachmedien. https://doi.org/10.1007/978-3-531-18985-7

Beckmann, J., Wicht, A. & Siembab, M. (2023): *Career compromises and dropout from vocational education and training in Germany*. Social Forces, soad063. https://doi.org/10.1093/sf/soad063

Beicht, U. & Walden, G. (2015): How socially selective is the German system of initial vocational education and training? Transitions into initial vocational training and the influence of social background. *Journal of Vocational Education and Training, 67*(2), 235–255.

Bertram, H. & Dannenbeck, C. (1990): Zur Theorie und Empirie regionaler Disparitäten. Pluralisierung von Lebenslagen und Individualisierung von Lebensführungen in der Bundesrepublik Deutschland. In: P. A. Berger & S. Hradil (Hrsg.): *Soziale Welt: Sonderband 7. Lebenslagen Lebensläufe Lebensstile* (S. 207–229). Schwartz.

Blalock, H. M. (1991): *Understanding social inequality: Modelling allocation processes*. Sage Publications.

Blau, P. M. (1960): Structural effects. *American Sociological Review, 25*(2), 178–193.

Blien, U. (2001): *Arbeitslosigkeit und Entlohnung auf regionalen Arbeitsmärkten. Theoretische Analyse, ökonomische Methode, empirische Evidenz und wirtschaftspolitische Schlussfolgerungen für die Bundesrepublik Deutschland*. Physica-Verlag.

Blossfeld, P. N. (2017): Labor market entry in Germany before and after the financial crisis: An analysis of duration of labor market entry, quality of first job and fixed-term employment. In: I. Schoon & J. Bynner (Eds.): *Young people's development and the great recession: Uncertain transitions and precarious futures* (pp. 208–232). Cambridge University Press.

Blossfeld, P. N., Blossfeld, G. J. & Blossfeld, H. P. (2015): Educational expansion and inequalities in educational opportunity: Long-term changes for East and West Germany. *European Sociological Review, 31*(2), 144–160. https://doi.org/10.1093/esr/jcv017

Bogai, D., Seibert, H. & Wiethölter, D. (2008): *Duale Ausbildung in Deutschland. Die Suche nach Lehrstellen macht junge Menschen mobil* (IAB-Kurzbericht No. 9/2008). Institut für Arbeitsmarkt- und Berufsforschung (IAB).

Boudon, R. (1974): *Education, opportunity, and social inequality – changing prospects in Western society*. John Wiley & Sons, Inc.

Bourdieu, P. (1977): *Outline of a theory of practice*. Cambridge University Press.

Bourdieu, P. & Passeron, J. C. (1977): *Reproduction in education, society and culture*. Sage Pulications.

Breen, R. (1997): Risk, Recommodification and stratification. *Sociology, 31*(3), 473–489.

Breen, R. & Yaish, M. (2006): Testing the Breen-Goldthorpe model of educational decision making. In: S. L. Morgan, D. B. Grusky & G. S. Fields (Eds.): *Mobility and inequalities: Frontiers of research in sociology and economics* (pp. 232–258). Stanford University Press.

Brzinsky-Fay, C. (2007): Lost in transition? Labour market entry sequences of school leavers in Europe. *European Sociological Review, 23*(4), 409–422. https://doi.org/10.1093/esr/jcm011

Buchmann, C. & Park, H. (2009): Stratification and the formation of expectations in highly differentiated educational systems. *Research in Social Stratification and Mobility, 27*(4), 245–267. https://doi.org/10.1016/j.rssm.2009.10.003

Buchmann, M. & Kriesi, I. (2012): Geschlechtstypische Berufswahl: Begabungszuschreibungen, Aspirationen und Institutionen. *Kölner Zeitschrift für Soziologie und Sozialpsychologie, 52,* 256–280. https://doi.org/10.1007/978-3-658-00120-9_11

Bundesagentur für Arbeit (2017): *Bericht zum Stand der Umsetzung und Weiterbildungsperspektiven der Jugendberufsagenturen im Bundesgebiet und in den Ländern.* Bundesagentur für Arbeit. https://www.arbeitsagentur.de/datei/jugendberufsagenturen-perspekt_ba029161.pdf

Bundesinstitut für Bau-, Stadt- und Raumforschung (2019): *Indikatoren und Karten zur Raum- und Stadtentwicklung. Beschäftigte in IT- und naturwissenschaftlichen Dienstleistungsberufen* (Informationen aus der der Forschung des BBSR No. 4/2019). Bundesamt für Bauwesen und Raumordnung. https://www.bbsr.bund.de/BBSR/DE/veroeffentlichungen/bbsr-info/2019/bbsr-info-4-2019-dl.pdf

Bundesinstitut für Bau-, Stadt- und Raumforschung (2021): *Raumordnungsprognose 2040* (BBSR-Analysen KOMPAKT No. 03/2021). Bundesamt für Bauwesen und Raumordnung. https://www.bbsr.bund.de/BBSR/DE/veroeffentlichungen/analysen-kompakt/2021/ak-03-2021-dl.pdf

Bundesinstitut für Berufsbildung (BIBB) (2019): *BIBB-Erhebung ›Neu abgeschlossene Ausbildungsverträge zum 30.09.‹, Ergebnisse der BIBB-Erhebung zum 30.09., Passungsprobleme (Produkt der Anteile der erfolglosen Nachfrager und der unbesetzten Angebote)* [Interactive Map]. https://www.bibb.de/de/104022.php

Carnap, R. & Edding, F. (1962): *Der relative Schulbesuch in den Ländern der Bundesrepublik, 1952–1960.* Hochschule für Internationale Pädagogische Forschung.

Clark, D. (2011): Do recessions keep students in school? The impact of youth unemployment on enrolment in post-compulsory education in England. *Economica, 78*(311), 523–545. https://doi.org/10.1111/j.1468-0335.2009.00824.x

Crane, J. (1991): The epidemic theory of ghettos and neighborhood effects on dropping out and teenage childbearing. *American Journal of Sociology, 96*(5), 1226–1259.

Cullinan, J., Flannery, D., Walsh, S. & McCoy, S. (2013): Distance effects, social class and the decision to participate in higher education in Ireland. *Economic and Social Review, 44*(1), 19–51.

Dahrendorf, R. (1965): *Arbeiterkinder an deutschen Universitäten. Recht und Staat in Geschichte und Gegenwart.* Mohr.

Dietzen, A., Velten, S., Schnitzler, A., Schwerin, C., Nickolaus, R., Gönnenwein, A., Nitzschke, A. & Lazar, A. (2014): *Einfluss der betrieblichen Ausbildungsqualität auf die Fachkompetenz in ausgewählten Berufen (Aqua.Kom): Abschlussbericht* (Forschungsprojekt 2.2.302). Bundesinstitut für Berufsbildung (BIBB).

Dionisius, R. & Illiger, A. (2017): *Trends ins Studium und in die duale Berufsausbildung unter Berücksichtigung ausgewählter Einflussfaktoren*(Wissenschaftliche Diskussionspapiere Heft 182). Bundesinstitut für Berufsbildung (BIBB). https://www.bibb.de/veroeffentlichungen/de/publication/show/id/8272

Ditton, H. (1992): *Ungleichheit und Mobilität durch Bildung: Theorie und empirische Untersuchung über sozialräumliche Aspekte von Bildungsentscheidungen.* Juventa.

Ditton, H. (2008): Schule und sozial-regionale Ungleichheit. In: W. Helsper & J. Boehne (Hrsg.): *Handbuch der Schulforschung* (2. Aufl., S. 631–649). VS Verlag für Sozialwissenschaften. https://doi.org/10.1007/978-3-663-10249-6_24

Donnelly, C. (2000): In pursuit of school ethos. *British Journal of Educational Studies, 48*(2), 134–154.

Dräger, J. & Wicht, A. (2021): Misconceptions of earnings and their consequences for social stratification in vocational aspirations and attainment. *Journal of Vocational Education & Training,* online first. https://doi.org/10.1080/13636820.2021.1989620

Driesel-Lange, K., Dietrich, J. & Hany, E. (2020): Entwicklungsaufgabe Berufswahl. Ein Kompetenzmodell zur Systematisierung berufsorientierender Begleitung. In: T. Brüggemann & S. Rahn (Hrsg.): *Berufsorientierung. Ein Lehr- und Arbeitsbuch* (S. 57–72). Waxmann.

Duncan, G. J. (1994): Families and neighbors as sources of disadvantage in the schooling decisions of white and black adolescents. *American Journal of Education, 103*(1), 20–53.

Eccles, J. S. & Wigfield, A. (2002): Motivational beliefs, values, and goals. *Annual Review of Psychology, 53,* 109–132.

Eirmbter, W. H. (1977): *Ökologische und strukturelle Aspekte der Bildungsbeteiligung*. Beltz.

Eliasson, K. (2006): *The effects of accessibility to university education on enrollment decisions, geographical mobility, and social recruitment* (Umeå Economic Studies No. 690). Umeå University, Department of Economics.

Ertl, H. & Phillips, D. (2000): The enduring nature of the tripartite system of secondary schooling in Germany: Some historical explanations. *British Journal of Educational Studies*, 48(4), 391–412. https://doi.org/10.1111/1467-8527.00154

Esser, H. (1999): *Soziologie. Spezielle Grundlagen. Band 1: Situationslogik und Handeln*. Campus.

European Centre for the Development of Vocational Training (Cedefop) (2020): *Key competences in initial vocational education and training: digital, multilingual and literacy*. Publications Office of the European Union. https://www.cedefop.europa.eu/files/5578_en.pdf

Flohr, M., Menze, L. & Protsch, P. (2020): Berufliche Aspirationen im Kontext regionaler Berufsstrukturen. *Kölner Zeitschrift für Soziologie und Sozialpsychologie*, 72, 79–104. https://doi.org/10.1007/s11577-020-00665-4

Frenette, M. (2004): Access to college and university: Does distance to school matter? *Canadian Public Policy*, 30(4), 427–442. https://doi.org/10.2307/3552523

Frenette, M. (2006): Too far to go on? Distance to school and university participation. *Education*, 14(1), 31–58. https://doi.org/10.1080/09645290500481865

Friedrichs, J. R. & Blasius, J. R. (2003): Social norms in distressed neighbourhoods: Testing the Wilson hypothesis. *Housing Studies*, 18(6), 807–826.

Galster, G. (2008): Quantifying the effect of neighbourhood on individuals: Challenges, alternative approaches, and promising directions. *Schmollers Jahrbuch*, 128(1), 1–42. https://doi.org/10.3790/schm.128.1.7

Galster, G., Santiago, A., Lucero, J. & Cutsinger, J. (2016): Adolescent neighborhood context and young adult economic outcomes for low-income African Americans and Latinos. *Journal of Economic Geography*, 16(2), 471–503. https://doi.org/10.1093/jeg/lbv004

Geipel, R. (1965): *Sozialräumliche Strukturen des Bildungswesens: Studien zur Bildungsökonomie und zur Frage der gymnasialen Standorte in Hessen*. Diesterweg.

Goldthorpe, J. H. (1996): Class analysis and the reorientation of class theory: The case of persisting differentials in educational attainment. *British Journal of Sociology*, 47(3), 481–505.

Gonon, P., Huisinga, R., Klauser, F. & Nickolaus, R. (Hrsg.) (2005): *Kompetenz, Kognition und Konzepte der beruflichen Bildung*. Springer.

Gottfredson, L. S. (2002): Gottfredson's theory of circumscription, compromise, and self-creation. In: D. Brown (Ed.): *Career choice and development* (4th ed., pp. 85–148). John Wiley & Sons, Inc.

Grusky, D. B. & Weeden, K. A. (2006): Does the sociological approach to studying social mobility have a future? In: S. L. Morgan, D. B. Grusky & G. S. Fields (Eds.): *Mobility and Inequality: Frontiers of Research from Sociology and Economics* (pp. 85–108). Stanford University Press.

Hardie, J. H. (2015): Women's work? Predictors of young Men's aspirations for entering traditionally female-dominated occupations. *Sex Roles*, 72, 349–362. https://doi.org/10.1007/s11199-015-0449-1

Hartung, A. & Hillmert, S. (2019): Assessing the spatial scale of context effects: The example of neighbourhoods' educational composition and ist relevance for individual aspirations. *Social Science Research*, 83, 102308. https://doi.org/10.1016/j.ssresearch.2019.05.001

Hartung, A., Weßling, K & Hillmert, S. (2019): *Educational and occupational aspirations at the end of secondary school: The importance of regional labour-market conditions* (ROA Research Memoranda 2019/4). Research Centre for Education and the Labour Market (ROA), Maastricht University. https://doi.org/10.26481/umaror.2019004

Heckhausen, J. & Heckhausen, H. (Hrsg.) (2018): *Motivation und Handeln* (5. Aufl.). Springer.

Heineck, G., Kleinert, C. & Vosseler, A. (2011): *Regionale Typisierung: Was Ausbildungsmärkte vergleichbar macht*. (IAB-Kurzbericht No. 13). Institut für Arbeitsmarkt- und Berufsforschung (IAB).

Helbig, M. (2010): Neighborhood does matter! Soziostrukturelle Nachbarschaftscharakteristika und Bildungserfolg. *Kölner Zeitschrift für Soziologie und Sozialpsychologie*, 62, 655–679. https://doi.org/10.1007/s11577-010-0117-y

Helbig, M. & Leuze, K. (2012): Ich will Feuerwehrmann werden! Wie Eltern, individuelle Leistungen und schulische Fördermaßnahmen geschlechts(un-)typische Berufsaspirationen prägen. *Kölner Zeitschrift für Soziologie und Sozialpsychologie, 64*, 91–122. https://doi.org/10.1007/s11577-012-0154-9

Herzer, U. (2020): *Wie die regionale Mobilität von Jugendlichen zur Besetzung von Ausbildungsplätzen beiträgt* (BIBB Report 5/2020). Bundesinstitut für Berufsbildung (BIBB). https://www.bibb.de/dienst/veroeffentlichungen/de/publication/download/16748

Hillmert, S., Hartung, A. & Weßling, K. (2017): A decomposition of local labour-market conditions and their relevance for inequalities in transitions to vocational training. *European Sociological Review, 33*(4), 534–550. https://doi.org/10.1093/esr/jcx057

Hillmert, S. & Weßling, K. (2014): Soziale Ungleichheit beim Zugang zu berufsqualifizierender Ausbildung – Das Zusammenspiel von sozioökonomischem Hintergrund, Migrationsstatus und schulischer Vorbildung. *Sozialer Fortschritt, 63*(4/5), 72–82. https://doi.org/10.3790/sfo.63.4-5.72

Hitlin, S. (2006): Parental influences on children's values and aspirations: Bridging two theories of social class and socialization. *Sociological Perspectives, 49*(1), 25–46. https://doi.org/10.1525/sop.2006.49.1.25

Hodkinson, P. & Sparkes, A. C. (1997): Careership: A sociological theory of career decision making. *British Journal of Sociology Education, 18*(1), 29–44.

Hofferth, S. L., Boisjoly, J. & Duncan, G. J. (1998): Parents' extrafamilial resources and children's school attainment. *Sociology of Education, 71*(3), 246–268.

Hoffmann, L. & Wicht, A. (2023): »Should I stay or should I go?« Prevalence and predictors of spatial mobility among youth in the transition to vocational education and training in Germany. *Social Sciences, 12*(5), 277. https://doi.org/10.3390/socsci12050277

Iannelli, C. & Smyth, E. (2008): Mapping gender and social background differences in education and youth transitions across Europe. *Journal of Youth Studies, 11*(2), 213–232.

Jacobs, J. A., Karen, D. & McClelland, K. (1991): The dynamics of Young Men's career aspirations. *Sociological Forum, 6*(4), 609–639. https://doi.org/10.1007/BF01114404

Jencks, C. & Mayer, S. (1990): The social consequences of growing up in a poor neigh-borhood. In: L. E. Lynn & M. F. H. McGeary (Eds.): *Inner-city poverty in the United States* (pp. 111–186). National Academy Press.

Johnson, M. K. & Reynolds, J. R. (2013): Educational expectation trajectories and attainment in the transition to adulthood. *Social Science Research, 42*(3), 818–835.

Jonsson, J. O., Grusky, D. B., Di Carlo, M., Pollak, R. & Brinton, M. C. (2009): Microclass mobility: Social reproduction in four countries. *American Journal of Sociology, 114*(4), 977–1036. https://doi.org/10.1086/596566

Jost, O., Seibert, H. & Wiethölter, D. (2019): *Regionale Mobilität von Lehrlingen. Auszubildende in MINT-Berufen pendeln besonders häufig* (IAB-Kurzbericht No. 2/2019). Institut für Arbeitsmarkt- und Berufsforschung (IAB).

Kao, G. & Tienda, M. (1998): Educational aspirations of minority youth. *American Journal of Education, 106*(3), 349–384. https://doi.org/10.1086/444188

Kauppinen, T. M. (2008): Schools as mediators of neighbourhood effects on choice between vocational and academic tracks of secondary education in Helsinki. *European Sociological Review, 24*(3), 379–391. https://doi.org/10.1093/esr/jcn016

Kerckhoff, A. C. (2000): Transition from school to work in comparative perspective. In: M. T. Hallinan (Ed.): *Handbook of the Sociology of Education* (pp. 453–474). Springer. https://doi.org/10.1007/0-387-36424-2

Kleinert, C. & Jacob, M. (2013): Demographic changes, labor markets and their consequences on post-school-transitions in West Germany 1975–2005. *Research in Social Stratification and Mobility, 32*, 65–83. https://doi.org/10.1016/j.rssm.2013.01.004

Kogan, I. & Unt, M. (2005): Transition from school to work in transition economies. *European Societies, 7*(2), 219–253. https://doi.org/10.1080/14616690500083428

Konietzka, D. (2002): Die soziale Differenziertheit der Übergangsmuster in den Beruf. Die ›zweite Schwelle‹ im Vergleich der Berufseinstiegskohorten 1976–1995. *Kölner Zeitschrift für Soziologie und Sozialpsychologie, 54*, 645–673.

Kuthe, M., Bargel, T., Nagl, W. & Reinhardt, K. (1979): *Siedlungsstruktur und Schulstandort. Sozialräumliche Gliederung der Städte mit Gesamtschulen in Nordrhein-Westfalen.* Schoeningh.

Kwan, M.-P. (2012): The uncertain geographic context problem. *Annals of the Association of American Geographers, 102*(5), 958–968. https://doi.org/10.1080/00045608.2012.687349

Layder, D., Ashton, D. & Sung, J. (1991): The empirical correlates of action and structure: The transition from school to work. *Sociology, 25*(3), 447–464.

Lent, R. W., Brown, S. D. & Hackett, G. (1994): Toward a unifying social cognitive theory of career and academic interest, choice, and performance. *Journal of Vocational Behavior, 45*(1), 79–122. https://doi.org/10.1006/jvbe.1994.1027

Logan, J. R. (2012): Making a place for space: Spatial thinking in social science. *Annual Review of Sociology, 38*, 507–524. https://doi.org/10.1146/annurev-soc-071811-145531

Makarova, E. & Herzog, W. (2014): Geschlechtstypische Berufswahlen bei jungen Frauen: Muss das Vorbild weiblich sein? *Zeitschrift für Soziologie der Erziehung und Sozialisation, 34*(1), 38–54.

Matthes, S. & Ulrich, J. G. (2014): Wachsende Passungsprobleme auf dem Ausbildungsmarkt (Berufsbildung in Wissenschaft und Praxis No. 1/2014). Bundesinstitut für Berufsbildung. https://www.bwp-zeitschrift.de/de/bwp.php/de/publication/download/7191

Mayer, K. U. (2000): Übergänge von der Berufsausbildung in den Arbeitsmarkt: Krise oder Stabilität an der zweiten Stelle. Termin: 21. und 22. September 2000. In: Europäische Kommission, Bundesministerium für Arbeit und Sozialordnung & Institut für Arbeitsmarkt- und Berufsforschung der Bundesanstalt für Arbeit & Industrie- und Handelskammer zu Berlin (Hrsg.): *Fachtag Jugendarbeitslosigkeit in Metropolen* (S. 22–43). Industrie- und Handelskammer.

Meschi, E., Swaffield, J. & Vignoles, A. (2011): *The relative importance of local labour market conditions and pupil attainment on post-compulsory schooling decisions* (IZA Discussion Paper No. 6143). Institute of the Study of Labor (IZA). http://nbn-resolving.de/urn:nbn:de:101:1-2012010913631

Meulemann, H. & Weishaupt, H. (1976): *Determinanten des Bildungsgefälles in Großstädten.* Klett.

Micklewright, J., Pearson, M. & Smith, S. (1990): Unemployment and early school leaving. *The Economic Journal, 100,* 163–169.

Minello, A. & Barban, N. (2012): The educational expectations of children of immigrants in Italy. *Annals of the American Academy of Political and Social Science, 643*(1), 78–103. https://doi.org/10.1177/0002716212442666

Mischler, T. & Ulrich, G.U. (2018): *Was eine Berufsausbildung im Handwerk attraktiv macht* (BIBB-Report 5/2018). Bundesinstitut für Berufsbildung (BIBB). https://www.bibb.de/veroeffentlichungen/de/publication/download/9349

Müller, W. & Gangl, M. (2006): *Transitions from education to work in Europe: The integration of youth into EU labour markets* (2nd ed.). Oxford University Press.

Negrini, L., Forsblom, L., Schumann, S. & Gurtner, J.-L. (2015): Lehrvertragsauflösungen und die Rolle der betrieblichen Ausbildungsqualität. In: S. Schumann (Hrsg.): *Berufliche Passagen im Lebenslauf: Berufsbildungs- und Transitionsforschung in der Schweiz* (S. 77–100). Springer VS. https://doi.org/10.1007/978-3-658-10094-0

Nickolaus, R., Rosendahl, J., Gschwendter, T., Geissel, B. & Straka, G. A. (2010): Erklärungsmodelle zur Kompetenz- und Motivationsentwicklung bei Bankkaufleuten, Kfz-Mechatronikern und Elektronikern. In: J. Seifried, E. Wuttke, R. Nickolaus & P. F. E. Sloane (Hrsg.): *Lehr-Lern-Forschung in der kaufmännischen Berufsbildung – Ergebnisse und Gestaltungsaufgaben, ZBW-B (23)* (S. 73–87).

Nießen, D., Danner, D., Spengler, M. & Lechner, C. M. (2020): Big Five personality traits predict successful transitions from school to vocational education and training: A large-scale study. *Frontiers in Psychology, 11*(1827), 1–18. https://doi.org/10.3389/fpsyg.2020.01827

Nießen, D., Wicht, A., Schoon, I. & Lechner, C. M. (2022): ›You can't always get what you want‹: Prevalence, magnitude, and predictors of the aspiration–attainment gap after the school-to-work transition. *Contemporary Educational Psychology 71.* https://doi.org/10.1016/j.cedpsych.2022.102091

Nieuwenhuis, J. & Hooimeijer, P. (2016): The association between neighbourhoods and educational achievement, a systematic review and meta-analysis. *Journal of Housing and the Built Environment, 31*(2), 321–347. https://doi.org/10.1007/s10901-015-9460-7

Obschonka, M., Stuetzer, M., Rentfrow, P. J., Shaw-Taylor, L., Satchell, M., Silbereisen, R. K., Potter, J. & Gosling, S. D. (2018): In the shadow of coal: How large-scale industries contributed to present-day regional differences in personality and well-being. *Journal of Personality and Social Psychology, 115*(5), 903–927. https://doi.org/10.1037/pspp0000175

Owens, A. (2010): Neighborhoods and schools as competing and reinforcing contexts for educational attainment. *Sociology of Education, 83*(4), 287–311. https://doi.org/10.1177/0038040710383519

Patzina, A. & Wydra-Somaggio, G. (2020): Early careers of dropouts from vocational training: Signals, human capital formation, and training firms. *European Sociological Review, 36*(5), 741–759. https://doi.org/10.1093/esr/jcaa011

Peisert, H. (1967): *Soziale Lage und Bildungschancen in Deutschland. Studien zur Soziologie.* Piper.

Polavieja, J. G. & Platt, L. (2014): Nurse or mechanic? The role of parental socialization and children's personality in the formation of sex-typed occupational aspirations. *Social Forces, 93*(1), 31–61. https://doi.org/10.1093/sf/sou051

Protsch, P. & Solga, H. (2016): The social stratification of the German VET system. *Journal of Education and Work, 29*(6), 637–661.

Raffe, D. & Willms, J. D. (1989): Schooling the discouraged worker: Local-labour-market effects on educational participation. *Sociology, 23*(4), 559–581.

Relikowski, I., Yilmaz, E. & Blossfeld, H.-P. (2012): Wie lassen sich die hohen Bildungsaspirationen von Migranten erklären? Eine Mixed-Methods-Studie zur Rolle von strukturellen Aufstiegschancen und individueller Bildungserfahrung. In: R. Becker & H. Solga (Hrsg.): *Soziologische Bildungsforschung* (S. 111–136). Springer VS. https://doi.org/10.1007/978-3-658-00120-9

Rendón, M. G. (2014): Drop out and ›disconnected‹ young adults: Examining the impact of neighborhood and school contexts. *Urban Review, 46*(2), 169–196. https://doi.org/10.1007/s11256-013-0251-8

Rephann, T. J. (2002): The importance of geographical attributes in the decision to attend college. *Socio-Economic Planning Sciences, 36*(4), 291–307. https://doi.org/10.1016/S0038-0121(02)00006-X

Roberts, K. (2009): Opportunity structures then and now. *Journal of Education and Work 22*(5), 355–368. https://doi.org/10.1080/13639080903453987

Rosendahl, J. & Straka, G. A. (2011): *Effekte personaler, schulischer und betrieblicher Bedingungen auf berufliche Kompetenzen von Bankkaufleuten während der dualen Ausbildung: Ergebnisse einer dreijährigen Längsschnittstudie* (ITB Forschungsbericht No. 51). Universität Bremen.

Sá, C., Florax, R. J. G. M. & Rietveld, P. (2004): Determinants of the regional demand for higher education in the Netherlands: A gravity model approach. *Regional Studies, 38*(4), 375–392. https://doi.org/10.1080/03434002000213905

Sampson, R. J. (2019): Neighbourhood effects and beyond: Explaining the paradoxes of inequality in the changing American metropolis. *Urban Studies, 56*(1), 3–32. https://doi.org/10.1177/0042098018795363

Schels, B., Kleinert, C., Fischer-Browne, M. & Ahrens, L. (2022): Compromises between occupational aspirations and VET occupations – a contribution to the reproduction of social inequalities? *Zeitschrift für Soziologie 51*(2), 154–73. https://doi.org/10.1515/zfsoz-2022-0011.

Schoon, I. & Heckhausen, J. (2019): Conceptualizing individual agency in the transition from school to work: A social-ecological developmental perspective. *Adolescent Research Review, 4*(2), 135–148. https://doi.org/10.1007/s40894-019-00111-3

Schoon, I. & Parsons, S. (2002): Teenage aspirations for future careers and occupational outcomes. *Journal of Vocational Behavior, 60*(2), 262–288. https://doi.org/10.1006/jvbe.2001.1867

Schoon, I. & Polek, E. (2011): Teenage career aspirations and adult career attainment: The role of gender, social background and general cognitive ability. *International Journal of Behavioral Development, 35*(3), 210–217. https://doi.org/10.1177/0165025411398183

Schwartz, S. H. (2006): A theory of cultural value orientations: Explication and applications. *Comparative Sociology*, 5(2–3), 137–182. https://doi.org/https://doi.org/10.1163/1569133 06778667357

Sewell, W. H., Haller, A. O. & Portes, A. (1969): The educational and early occupational attainment process. *American Sociological Review*, 34(1), 82–92.

Sharkey, P. & Faber, J. W. (2014): Where, when, why, and for whom do residential contexts matter? Moving away from the dichotomous understanding of neighborhood effects. *Annual Review of Sociology*, 40, 559–579. https://doi.org/10.1146/annurev-soc-071913-043350

Shavit Y. & Müller, W. (2003): *From school to work. A comparative study of educational qualifications and occupational destinations* (2nd ed.). Oxford University Press.

Siembab, M. & Wicht, A. (2020): Schulformen und geschlechtstypische Berufsorientierungen. Jugendliche am Ende der neunten Klasse zwischen Gelegenheitsstrukturen auf dem Arbeitsmarkt und schulspezifischen Berufsaspirationen. *Zeitschrift für Soziologie*, 49(2–3), 183–199. https://doi.org/10.1515/zfsoz-2020-0017

Sixt, M. (2010): *Regionale Strukturen als herkunftsspezifische Determinanten von Bildungsentscheidungen*. Doctoral Dissertation, Universität Kassel.

Solga, H. (2005): *Ohne Abschluss in die Bildungsgesellschaft: Die Erwerbschancen gering qualifizierter Personen aus soziologischer und ökonomischer Perspektive*. Verlag Barbara Budrich. https://doi.org/10.3224/93809407

Solga, H., Protsch, P., Ebner, C. & Brzinsky-Fay, C. (2014): *The German vocational education and training system: Ist institutional configuration, strengths, and challenges* (WZB Discussion Paper No. SP I 2014-502). Wissenschaftszentrum für Sozialforschung (WZB).

Spera, C. (2005): A review of the relationship among parenting practices, parenting styles, and adolescent school achievement. *Educational Psychology Review*, 17(2), 125–146. https://doi.org/10.1007/s10648-005-3950-1

Spieß, C. K. & Wrohlich, K. (2010): Does distance determine who attends a university in Germany? *Economics of Education Review*, 29(3), 470–479. https://doi.org/10.1016/j.econedurev.2009.10.009

Stuetzer, M., Obschonka, M., Audretsch, D., Wyrwich, M., Rentfrow, P., Coombes, M., Shaw-Taylor, L. & Satchell, M. (2016): Industry structure, entrepreneurship, and culture: An empirical analysis using historical coalfields. *European Economic Review*, 86, 52–72.

Tieben, N. & Rohrbach-Schmidt, D. (2014): Die berufliche Höherqualifizierung in den Abschlussjahrgängen 1960-1999: Effekte der sozialen Herkunft und Folgen der Bildungsexpansion. *Sozialer Fortschritt*, 63(4/5), 117–123. http://www.jstor.org/stable/24514084

Tinto, V. (1973): College proximity and rates of college attendance. *American Educational Research Journal*, 10(4), 277–293. https://doi.org/10.3102/00028312010004277

Triventi, M. (2013): The gender wage gap and its institutional context: A comparative analysis of European graduates. *Work, Employment and Society*, 27(4), 563–580. https://doi.org/10.1177/0950017012460322

Tumino, A. (2013): *The effect of local labour market conditions on educational choices: A cross country comparison* (ImPRovE Working Paper No. 13/06). Herman Deleeck Centre for Social Policy, University of Antwerp.

Uhly, A. (2015): *Vorzeitige Vertragslösungen und Ausbildungsverlauf in der dualen Berufsausbildung* (Wissenschaftliche Diskussionspapiere Heft 157). Bundesinstitut für Berufsbildung (BIBB). https://www.bibb.de/dokumente/pdf/wdp-157_barrierefrei.pdf

van Ham, M., Manley, D., Bailey, N., Simpson, L. & Maclennan, D. (2012): Neighbourhood effects research: New perspectives. In: M. van Ham, D. Manley, N. Bailey, L. Simpson & D. Maclennan (Eds.): *Neighbourhood effects research: New perspectives* (S. 1–22). Springer. https://doi.org/10.1007/978-94-007-2309-2

Weßling, K. & Bechler, N. (2019): Where do regional influences matter? The impact of sociospatial indicators on transitions from secondary school to university. *Review of Regional Research*, 39(2), 163–188. https://doi.org/10.1007/s10037-019-00131-5

Weßling, K., Hartung, A. & Hillmert, S. (2015): Spatial structure counts: The relevance of regional labour-market conditions for educational transitions to vocational training. *Empirical Research in Vocational Education and Training*, 7(12), 1–20. https://doi.org/10.1186/s40461-015-0024-6

Weßling, K. & Meng, C. (2021): The mediating and moderating role of neighbourhoods and regions on second-generation immigrant youths' school-to-work transitions in the Netherlands. *Population, Space and Place*, 27, Article e2384. https://doi.org/10.1002/psp.2384

Weßling, K. & Wicht, A. (2015): *Möglichkeiten der Nutzung regionaler Daten im Nationalen Bildungspanel – ein Überblick* (NEPS Working Paper 54). Leibniz-Institut für Bildungsverläufe, Nationales Bildungspanel. https://www.neps-data.de/Portals/0/Working%20Papers/WP_LIV.pdf.

Wicht, A. (2011): *Zwischen Ausbildung und Arbeitsmarkt. Regionale Unterschiede beim Übergang von der beruflichen Erstausbildung in Beschäftigung.* Master Thesis, Universität Siegen. http://dokumentix.ub.uni-siegen.de/opus/volltexte/2011/478/pdf/wicht.pdf.

Wicht, A. (2016): Occupational aspirations and ethnic school segregation: social contagion effects among native German and immigrant youths. *Journal of Ethnic and Migration Studies*, 42(11), 1825–1845.

Wicht, A. (2017): Regional contexts in quantitative educational sociology. In: A. Million (Ed.): *Education, space and urban planning: Education as a component of the city* (pp. 299–307). Springer International Publishing. http://dx.doi.org/10.1007/978-3-319-38999-8_29.

Wicht, A., Kropp, P. & Schwengler, B. (2019): Are functional regions more homogeneous than administrative regions? A test using hierarchical linear models. *Papers in Regional Science*, 99(1), 135–164. http://dx.doi.org/10.1111/pirs.12471.

Wicht, A. & Ludwig-Mayerhofer, W. (2014): The impact of neighborhoods and schools on young people's occupational aspirations. *Journal of Vocational Behavior*, 85(3), 298–308. https://doi.org/10.1016/j.jvb.2014.08.006

Wicht, A. & Nonnenmacher, A. (2017): Modelling spatial opportunity structures and youths' transitions from school to training. *Open Journal of Statistics*, 7(6), 1013–1038. http://dx.doi.org/10.4236/ojs.2017.76071.

Wicht, A., Reder, S. & Lechner, C. (2021): Sources of individual differences in adults' ICT skills. *PloS ONE*, 16(4), 1–18. https://doi.org/10.1371/journal.pone.0249574.

Wilson, W. J. (1987): The Truly Disadvantaged. *The Inner City, the Underclass and Public Policy.* University of Chicago Press.

Winther, E. (2006): *Motivation in Lernprozessen: Konzepte in der Unterrichtspraxis von Witschaftsgymnasien.* Doctoral Dissertation, Universität Göttingen. Deutscher Universitäts-Verlag. https://doi.org/10.1007/978-3-8350-9304-1

Wittmann, E., Weyland, U., Kaspar, R., Döring, O., Hartig, J., Annette, N., Rechenbach, S., Möllers, M., Simon, J. & Worofka, I. (2015): Betriebliche Ausbildungsmerkmale und berufsfachliche Handlungskompetenz in der Altenpflege. *Zeitschrift Für Berufs- Und Wirtschaftspädagogik*, 111(3), 359–378.

Wodtke, G. T., Harding, D. J. & Elwert, F. (2011): Neighborhood effects in temporal perspective: The impact of long-term exposure to concentrated disadvantage on high school graduation. *American Sociological Review*, 76(5), 713–736. https://doi.org/10.1177/0003122411420816

Zinke, G. (2019): *Berufsbildung 4.0 – Fachkräftequalifikationen und Kompetenzen für die digitalisierte Arbeit von morgen: Branchen- und Berufescreening. Vergleichende Gesamtstudie* (Wissenschaftliche Diskussionspapiere Heft 213). Bundesinstitut für Berufsbildung (BIBB). https://www.bibb.de/veroeffentlichungen/de/publication/download/10371

5 Segregierte Quartiere als Bildungsräume? Zur Prekarität von Anerkennung in marginalisierten Sozialräumen

Thorsten Hertel, Nicolle Pfaff, Daniel Ganzert & Stefanie Wittich

Abstract

Bereits seit längerem wird urbane Segregation mit Blick auf Bildungsungleichheiten erforscht. Während bisher solche Studien überwogen, die sich mit der Schule und ihrer Rolle für die Reproduktion und Bearbeitung ungleicher Bildungsteilhabe auseinandersetzen, nehmen neuere Perspektiven zunehmend auch die Frage nach räumlichen Strukturen für Prozesse der sozialen und bildungsbezogenen In- und Exklusion in den Blick. Dieser Beitrag greift die Frage nach dem Zusammenhang von Segregation und In-/Exklusion entlang dreier Studien auf, die sich aus unterschiedlichen Perspektiven mit dem Verhältnis von Sozialraum und Bildungsprozessen befassen. Dabei werden die Befunde dieser drei qualitativ-rekonstruktiven Untersuchungen, die empirisch auf den Ebenen der kommunalen Gestaltung von Bildungsräumen, der schulischen Praxis sowie der peerkulturellen Prozesse informeller Bildung in segregierten Sozialräumen ansetzen, in integrierter Form präsentiert. Die Ergebnisse werden schließlich mit Blick auf Fragen der Bildungsgerechtigkeit eingeholt und anerkennungstheoretisch diskutiert.

5.1 Einleitung

Die Frage nach Marginalisierungsprozessen in segregierten Stadtquartieren tritt in den letzten Jahren vermehrt als eine Frage nach Chancenungleichheit und Bildungsungerechtigkeit auf die Agenda. Vor dem Hintergrund theoretischer Prämissen, die soziale Räume nicht mehr als ›Behälter‹ oder ›Container‹, sondern als in der Spannung gesellschaftlicher Strukturen, materieller Ordnungen und sozialer Praktiken aktiv hervorgebrachte Größe begreifen (Löw, 2001; Schroer, 2009), wird dabei auch die räumliche Dimension von In- und Exklusion (Hummrich, 2017b, S. 263 ff.) in den Fokus gerückt. Lokale Bildungsräume werden dann als Kontexte der machtvollen Strukturierung von Teilhabe und Ausschluss erkennbar (Stošić, 2011).

Ausgehend von einer so gelagerten Perspektive fragt der vorliegende Beitrag nach der Ausformung von Anerkennungsverhältnissen unter Bedingungen urbaner Marginalisierung. Er bringt dazu Befunde aus drei empirischen Studien zum Themenfeld der bildungsbezogenen Segregation in einen Zusammenhang, die ihrerseits je unterschiedliche Felder von Bildung im urbanen Raum beforscht haben. Ausgehend von einem breiten Inklusionsverständnis, das Inklusion als die gleichberechtigte Teilhabe von Menschen über heterogene Differenzkategorien hinweg versteht (Budde & Hummrich 2013), und im Anschluss an eine bildungs- und subjektivierungstheoretisch informierte Lesart des Anerkennungsbegriffs wird dabei gezeigt, wie Anerkennungsverhältnisse in den beforschten Feldern der jugendlichen Peergroups, der Schule und der stadtteilbezogenen politischen und sozialen Arbeit einerseits ihre Wirkung entfalten, andererseits aber auch fortwährend prekär bleiben. Zunächst wird dazu die Frage nach Anerkennungsverhältnissen unter Bedingungen sozialräumlicher Segregation und Marginalisierung mit Blick auf einschlägige Forschungstraditionen diskutiert (▶ Kap. 5.2). Sodann folgen Ausführungen zur Anlage der drei hier thematisierten Projekte sowie einige methodologische Bestimmungen (▶ Kap. 5.3), bevor empirische Rekonstruktionen zum Thema des Beitrags geleistet werden, die Erfahrungen Jugendlicher, schulische Praktiken sowie Perspektiven von Akteur*innen aus der Stadtteilarbeit fokussieren (▶ Kap. 5.4) und ins Verhältnis setzen. Schließlich werden weiterführende Forschungsperspektiven markiert (▶ Kap. 5.5).

5.2 (Prekäre) Anerkennung und sozialräumliche Marginalisierung

Im erziehungswissenschaftlichen Diskurs ist das Konzept der Anerkennung mittlerweile fest verankert. Dem gingen in den letzten zwei Dekaden kontroverse Debatten voraus. In seinen wegweisenden Arbeiten unterscheidet Honneth (v. a. 1992) zunächst drei Typen von Anerkennung, die als aufeinander aufbauend vorgestellt werden. Dies sind die (1) emotionale Zuwendung und Bestätigung, die (2) kognitive Achtung und schließlich die (3) soziale Wertschätzung (vgl. Balzer & Ricken, 2010, S. 50 ff., im Anschluss an Honneth 1992). In moraltheoretischer Hinsicht lassen sich diese drei Formen der Anerkennung auch als bedingungslose Zuwendung, als moralischer Respekt vor dem Gegenüber sowie als Anerkennung der Fähigkeiten eines Subjekts und ihrer gesellschaftlichen Relevanz (Honneth, 1997, S. 36 f.) beschreiben. Wird nun davon ausgegangen, dass Menschen im Sinne der Etablierung stabiler Welt- und Selbstverhältnisse fundamental darauf angewiesen sind, in Interaktionen mit anderen sowie vor dem Hintergrund gesellschaftlicher Normen ›anerkannt‹ zu werden, dann ist Anerkennung ein menschliches Grundbedürfnis. Akte der Verkennung und Missachtung bedeuten dann mithin tiefgreifende Beschädigungen oder den (drohenden) Verlust psychischer Integrität (Iser, 2006, S. 11 f., mit Bezug auf Taylor 1993).

Ausgehend von einem so gelagerten Verständnis reformuliert Stojanov (2013) Bildungsgerechtigkeit nun im Sinne von Anerkennungsgerechtigkeit. In Abgrenzung von biologistischen und meritokratischen Gerechtigkeitsverständnissen und in

5.2 (Prekäre) Anerkennung und sozialräumliche Marginalisierung

der Bestimmung von Bildung als »Prozess der Entwicklung individueller Autonomie« (ebd., S. 62) gelangt er zu der Vorstellung eines ›gerechten Bildungswesens‹, welches sich dadurch auszeichnen würde, dass die bei Honneth (1992) beschriebenen Anerkennungsformen in ihm »institutionalisiert« wären (Stojanov, 2013, S. 64). Empathie, Respekt und soziale Wertschätzung würden dann »als verbindliche Orientierungsmaßstäbe für pädagogisches Handeln dienen« (ebd.). In der Konsequenz wären es weniger die materiellen Bedingungen innerhalb von Bildungseinrichtungen als die »Vernachlässigung der Bedürfnisse und Erlebnisse der Educanden« (ebd.), essentialistische Begabungskonzepte sowie »die Ignorierung« der »besonderen Kompetenzpotenziale« (ebd.) der Schüler*innen, an denen sich Bildungsungerechtigkeit ergäbe. Anerkennung wäre so gelesen vor allem ein normativer Bezugspunkt institutionalisierter pädagogischer Praxis, während Bildungseinrichtungen in der Konsequenz jenen sozialen Raum konstituieren müssten, in dem sich ebendiese normative Orientierung konkretisierte.

Gegenüber einem so gelagerten Anerkennungsbegriff sind eine Reihe von Kritikpunkten vorgebracht worden. So könne Anerkennung erstens, wie Iser (2006, S. 20 f.) im Anschluss an Althusser argumentiert, implizit auch Konformismus einspuren, weil mit der Suche nach Anerkennung letztlich jene Ordnungen, von denen Anerkennung ausgeht, affirmiert werden. Balzer & Ricken (2010) weisen im Anschluss an poststrukturalistische Perspektiven darauf hin, dass Anerkennung nicht per se ein Vorgang positiver Bestärkung sein muss. Vielmehr ist sie stets auch ein Akt subjektivierender Unterwerfung unter bereits gegebene, normative gesellschaftliche Kategorien von Anerkennung (ebd., S. 67 f.). Drittens kann Anerkennung mit ihren kategorialen Zuschreibungen immer auch implizit mit paternalistischer Abwertung und Verkennung einhergehen (vgl. Redecker, 2016, S. 61). Insbesondere aber wird mit einer Lesart von Anerkennung als moralischem »Programmbegriff« (Balzer & Ricken, 2010, S. 43) mit normativem Appellcharakter eine analytischer Haltung zum Phänomen selbst erschwert, womit der konstitutive Charakter von Anerkennung als ambivalent-machtvolle Hervorbringungspraxis aus dem Blick zu geraten droht (vgl. ebd., S. 63). Gleichwohl und trotz dieser kritischen Einwände bleibt aber zu konstatieren, dass Anerkennung in all ihren Dimensionen – sowohl in der grundlagentheoretischen Frage nach Subjektivität und Identität als auch in ihrer normativen Dimension als ethische und moralische Kategorie sowie hinsichtlich der Frage nach ihrem Vollzug in pädagogischer Praxis – letztendlich unhintergehbar mit der Frage nach Bildung und (Un-)Gerechtigkeit verwoben bleibt. Sie muss, zumal in im breiten Sinn inklusiven pädagogischen Verhältnissen, trotz aller begrifflich-systematischer Ambivalenzen darauf hinstreben, »Fremd- und Selbstverhältnisse verantwortlich zu gestalten« (Redecker, 2016, S. 62).

Wird nun der Fokus auf die Konsequenzen sozialräumlicher Segregation für pädagogische Praxis in und um Schule gerichtet, so wird die damit verbundene Prekarität von Anerkennung schnell ersichtlich. Mit Segregation ist zunächst die Übersetzung von »sozialer Distanz in räumliche Distanz« (Häussermann, 2008, S. 335) gemeint. Sie ist ein Polarisierungsprozess, als dessen Ergebnis Sozialräume entstehen, die mehrheitlich von Menschen in privilegierten oder deprivierten sozialen Lagen bewohnt werden. Empirische Analysen zeigen für Europa und die USA, dass sich ethnische, vor allem aber soziale Segregation intensiviert (Musterd,

Marcińczak, van Ham & Tammaru, 2017; Picker, 2017; Wacquant, 2008). Für einkommensschwache und nicht zuletzt von sozialen Diskriminierungen betroffene Personen stellt sich Segregation dabei als Ergebnis sozio-ökonomisch bedingter Zwänge dar (Farwick, 2012, S. 384; Häussermann, 2008, S. 336). Studien zu den Auswirkungen des Lebens in benachteiligten Quartieren zeigen, dass sich die Wahrscheinlichkeit fortlaufender Deprivation für deren Bewohner*innen verschärft (zusammenfassend vgl. Farwick, 2012, S. 389 f.).

Dies hat potenziell weitreichende Konsequenzen für Anerkennungsverhältnisse im engeren wie im weiteren Sinne. So kann zunächst die Armut von Bevölkerungsgruppen als ein Vorenthalt an Anerkennung verstanden werden, insbesondere dann, wenn letztere als eine auch materielle Kategorie gedacht wird (Fraser, 2009). Zweitens zeigt die einschlägige Forschung, dass segregierte Stadtteile, zusätzlich zu ihrer materiellen Lage, auch zum Gegenstand abwertender diskursiver Zuschreibungen werden können (Eksner, 2013; Glasze & Weber, 2014; Wacquant, 2007), die sich auf ihre Bewohner*innen übertragen und dabei, wie etwa Hummrich (2021) am Beispiel der jüngeren ›Ghetto‹-Gesetzgebung in Dänemark verdeutlicht, auch konkrete Formen politisch-institutionalisierter Entwürdigung legitimieren können. Konsistent hierzu weisen Studien zu Jugendlichen in marginalisierten Kontexten übereinstimmend auf Erfahrungen der Exklusion aus relevanten Bildungsinstitutionen hin (Wellgraf, 2012; Willis, 1977). Dabei zeigt sich ferner, dass Jugendlichen z. B. über subkulturell-ästhetische, deviante oder auch gewaltbezogene Praktiken und Gemeinschaften alternative Arenen der Anerkennung suchen (Baxter & Marina, 2008; Ganzert, 2020; Sernhede, 2011). Andererseits aber machen Studien zum Leben und Aufwachsen in stigmatisierten Sozialräumen immer wieder deutlich, dass die Bewohner*innen sich durchaus aktiv in einen (auch kritisch-abwehrenden) Bezug zu negativen Zuschreibungen setzen können, ›ihren‹ Stadtteil mithin als positiven Identifikations- und Schutzraum erfahren und sich in deprivierten Sozialräumen nicht zuletzt auch Bildungsprozesse ereignen können (Ganzert, 2020; Slater & Anderson, 2012; Yildiz & Preissing, 2017). Die Tatsache räumlicher Stigmatisierung als strukturell-diskursive Verkennung bleibt hiervon jedoch unberührt.

In schulischen Zusammenhängen spitzt sich das Gefüge prekärer Anerkennung nun potenziell weiter zu, indem es in ein Wechselverhältnis mit Strukturen bildungsbezogener Benachteiligung tritt. In der Verquickung steigender sozialstruktureller Ungleichheit mit wettbewerbsorientierten Umstrukturierungen des Bildungssystems (Bellmann, 2008; Bellmann & Weiß, 2009) mit bildungspolitischen Entscheidungen, z. B. zum Zuschnitt von Schuleinzugsgebieten (Radtke & Stošić, 2009), und elterlichem Schulwahlverhalten (Jurczok, 2019; Jurczok & Lauterbach, 2014; Mayer & Koinzer, 2019) entstehen sozialstrukturell homogenisierte Schulen, die vor allem von Schüler*innen aus deprivierten Haushalten besucht werden. An diesen Schulen manifestiert sich soziale Ungleichheit also in verschärfter Form (Baur, 2013; Baur & Häussermann, 2009). Das Schulwahlverhalten von Eltern steht dabei in einem engen Zusammenhang mit dem diskursiv konstruierten Image von Schulen und Stadtteilen. Die über sozialräumliche Faktoren vermittelte Wahrnehmung einer Schule kann ein ›Ausweichen‹ von Mittelschichtseltern antreiben (Jurczok & Lauterbach, 2014), sodass die oben beschriebene Homogenisierung sozial deprivierter Schüler*innenschaften auch als Ausdruck und Konsequenz diskursiver Stigmatisierungsvorgänge lesbar wird.

Innerhalb segregierter Schulen können gegebene soziale Ungleichheiten nun weiter verfestigt werden. Den für das deutsche Schulsystem gut belegten Benachteiligungsmechanismen (Becker & Lauterbach, 2010; Geißler, 2005) und Diskriminierungseffekten (Gomolla & Radtke, 2009; Hummrich, 2017a) gegenüber Jugendlichen aus zugewanderten und sozial benachteiligten Familien treten unter diesen Bedingungen Kompositionseffekte hinzu (Ditton, 2013; Sundsbø, 2015), die Lern- und Bildungschancen weiter schmälern. Insbesondere niedrig qualifizierende Schulen können so zu sozial ›verarmten Lernumwelten‹ geraten (Solga & Wagner, 2010) und damit Potenziale gesellschaftlicher Entwürdigung weiter verschärfen. Zudem schlägt sich die diskursive Konstruktion segregierter Räume auch in den Deutungen, Selbstbeschreibungen und Klientelkonstruktionen schulischer Akteur*innen nieder. Abwertende Bezugnahmen auf die Schule zeigen sich im Kontext sozialräumlicher Segregation als dominant (Richter & Pfaff, 2014; Stošić, 2015) und setzen sich innerhalb von Schulen etwa in defizitorientierten professionellen Bildern über Lernende und ihre Familien fort (Fölker & Hertel, 2015; Fölker, Hertel & Pfaff, 2015; Kollender, 2020). Dies wiederum kann sich mit teils hochgradig stigmatisierenden Praktiken gegenüber den Schüler*innen verbinden, sodass segregierte Schulen zu Orten der Stigmaerfahrung und der Reproduktion von Verachtung auch in und vermittels pädagogischer Praxis werden können (Baur, 2013; Völcker, 2014; Wellgraf, 2012, 2018). Gleichwohl zeigen Arbeiten zur schulkulturellen Verankerung von Klientelkonstruktionen und pädagogischer Praxis auch, dass die Möglichkeiten von Anerkennung, etwa mit Blick auf habituelle Passungsverhältnisse, sozialräumlich vermittelte Selektionskulturen, die Bezugnahme auf lebensweltliche Problemlagen von Schüler*innen und damit letztlich die Ermöglichung von Teilhabe einzelschulkulturell spezifisch ausgeformt und gerahmt sind (Fölker & Hertel, 2015; Helsper, 2006; Hummrich, Hebenstreit & Hinrichsen, 2017; Oester, Brunner & Fiechter, 2015).

In der Überlagerung sozio-ökonomischer Ungleichheit, Armut und abwertender Diskurse über segregierte Räume und ihre Bewohner*innen mit den Strukturen und Funktionslogiken pädagogischer Einrichtungen stellen sich marginalisierte Sozialräume damit als Orte prekärer Anerkennungsverhältnisse und drohender Exklusionsprozesse dar. Peerkulturelle Räume, Schulen sowie Einrichtungen der Sozialen Arbeit sind dabei nur einige jener mannigfaltigen ›Arenen‹, in denen Anerkennung und Missachtung ausgehandelt werden. Gleichwohl sind Anerkennungsverhältnisse nicht determiniert, sondern formen sich kontextspezifisch aus. Die konkreten Bedingungen dieser Ausformungen und damit: der Öffnung und Schließung von Anerkennungsräumen, bleibt also empirisch zu beforschen. Jenseits programmatischer Forderungen nach ›ganzheitlichen Bildungsräumen‹ in segregierten Quartieren existieren dabei aber kaum systematische Forschungen zum *Zusammenwirken unterschiedlicher sozialer und pädagogischer Handlungsarenen* im Kontext von Segregation.

5.3 »Segregierte Quartiere als Bildungsräume«. Rekonstruktive Perspektiven auf Bildung und Sozialraum

An das eben ausgewiesene Desiderat einer integrativen Forschung zu differenten sozialräumlichen Arenen der Hervorbringung von Bildung und Ungleichheit schließt die Nachwuchsforschungsgruppe *Segregierte Quartiere als Bildungsräume* an. Im Rahmen dieser Gruppe wurden drei unterschiedlich gelagerte Studien realisiert[1], welche auch die wechselseitige Konstitution von Bildung und Sozialraum in das Blickfeld empirischer Rekonstruktionen rücken. Die Projekte fokussieren dabei (1) die Ebene der Bildungs- und Sozialpolitik sowie der Stadtentwicklung, (2) die Ebene der Institution Schule sowie (3) die Ebene informeller Gleichaltrigengruppen. So wird eine differenzierte und zugleich integrierbare Perspektive auf bildungspolitische, organisatorische und programmatische Entscheidungen, Praktiken der Subjektivierung sowie der informellen Bildung im Sozialraum eingenommen.

Alle Projekte arbeiten ausgehend von dem wissenssoziologischen Zugang der Praxeologischen Wissenssoziologie und Dokumentarischen Methode (Bohnsack, 2010, 2017). Demnach ist soziale Praxis als Ausdruck eines in geteilten Erfahrungen gewachsenen, habitualisierten und damit zunächst implizit-atheoretischen Wissens zu verstehen, welches vermittels eines mehrschrittigen Analyseverfahrens systematisch zu rekonstruieren ist. Diese grundlagentheoretisch-methodologischen Überlegungen werden in den Projekten je spezifisch mit ungleichheitstheoretischen, raumtheoretischen, machtanalytischen und bildungstheoretischen Konzepten vermittelt. Gemeinsamer methodologischer Nenner der Projekte bleibt damit ein rekonstruktiver Zugriff auf das Verhältnis von Bildung und Sozialraum. Raum wird dabei als Ausdruck aktiver Hervorbringungen in der Verknüpfung von materiellen Strukturen, symbolischen Ordnungen und Praktiken verstanden (Löw, 2001).

Diese theoretisch-methodologischen Positionierungen haben Konsequenzen für die Frage nach Anerkennung, die in dem vorliegenden Beitrag aufgegriffen werden soll. *Erstens* ist Anerkennung, ausgehend von den zuvor beschriebenen praxeologischen Prämissen, nur unzureichend erfasst, wenn sie als rein programmatisch-normativer Begriff gedacht wird (vgl. wie oben Balzer & Ricken, 2010, S. 43). Vielmehr wird entlang wissenssoziologischer Perspektiven davon ausgegangen, dass soziale Praxis in ihrer habituellen Verankerung in einem grundlegenden Spannungsverhältnis zu normativen Setzungen steht (Bohnsack, 2017). Hiervon ausgehend muss es also darum gehen, die implizite Logik von Praxis zu rekonstruieren und auf ihre Konsequenzen für die Öffnung oder Schließung von Räumen der Anerkennung zu befragen. *Zweitens* muss Anerkennung auch als räumlich konstituiert und vorstrukturiert gefasst werden. Wenn soziale Räume »relationale (An)Ordnungen« (Löw, 2007, S. 95) in dem Sinne sind, dass sie a) das Ergebnis sozialer Platzierungs- und Verknüpfungspraxis (»Spacing« und »Syntheseleistungen«, vgl. ebd., S. 96)

---

1 Die Gruppe wurde in der Zeit von 2013 bis 2018 durch die Hans-Böckler-Stiftung gefördert und war an der Universität Duisburg-Essen angesiedelt.

darstellen und b) als strukturierende Größe für die Ermöglichung und Begrenzung sozialer Praktiken wirken und wenn zudem c) in Rechnung gestellt wird, dass in und durch Bildungsräume gesellschaftliche Macht- und Ungleichheitsverhältnisse strukturiert werden (Stošić, 2011), dann sind in der Konsequenz auch Anerkennung und Missachtung relational räumlich strukturiert. Denn sie sind nicht unabhängig von der räumlichen Platzierung bildungsrelevanter Güter und von Zuschreibungen an Raum zu denken und vollziehen sich in den Praktiken der Subjekte stets auch mit Bezug auf den Raum und die ihm zugewiesenen Bedeutungen. Soziale Räume können also »zu Auseinandersetzungsfeldern im Kampf um Anerkennung werden« (Löw & Sturm, 2019, S. 18).

5.4 Empirie

Im Folgenden werden ausgewählte Befunde aus den Studien der Nachwuchsforschungsgruppe dargestellt, aufeinander bezogen und vor dem Hintergrund des hier entfalteten theoretischen Rahmens reflektiert. Dabei gehen wir empirisch (5.4.1) von den Erfahrungsräumen, bildungsbezogenen Praktiken und Orientierungen von Jugendlichen in marginalisierten Quartieren aus. Diese werden kontrastiv (5.4.2) in den Zusammenhang pädagogischer Orientierungen von Professionellen an segregierten Schulen sowie (5.4.3) bildungs- und sozialraumbezogener Orientierungen von Professionellen in Bildungsinstitutionen und Lokalpolitik gesetzt.

5.4.1 Schwarze Löcher. Erfahrungen Jugendlicher im Institutionengefüge marginalisierter Sozialräume

Bildungserfahrungen, bildungsbezogene Orientierungen und informelle Bildungspraxis von Jugendlichen innerhalb marginalisierter Quartiere stellen in der einschlägigen Forschung bis dato ein wenig bearbeitetes Feld dar. In dieses Desiderat stößt die partizipative Jugendstudie von Daniel Ganzert (2020), die über mehrere Feldphasen im deutsch-italienischen Kontrast die Lebenswelten, Erfahrungen und Bewältigungsstrategien männlicher Jugendlicher in hoch segregierten urbanen Sozialräumen ethnographisch erforscht hat. Für diese Akteure geht das Leben in segregierten Quartieren mit multiplen Marginalisierungs- und Abwertungserfahrungen einher, für die sich die sozialräumliche Lage und Segregation in mehrfacher Hinsicht als zentral erweist. Exemplarisch hierfür steht das folgend abgedruckte Zitat eines Jugendlichen in einer deutschen Großstadt, der ›Turgut‹ genannt werden soll:

> »[...] mein Stadtteil is' auch so (.) so wie ein schwarzer Loch find' ich (.) so (.) egal wo du hingehen willst (.) is' drei Kilometer entfernt; (.) und alles dazwischen sind Felder; (.) also du kannst gar nich' weg. (.)« (Interview Turgut, 2015: Z. 270–274)

Der Akteur beschreibt seinen Stadtteil hier in der Metapher des ›schwarzen Lochs‹. Die Metapher steht dabei einerseits sinnbildlich für die geographische Abgeschiedenheit und daraus resultierende soziale Isolation, die zunächst aus der räumlich-geographischen Platzierung ›Falldorfs‹ im Verhältnis zu anderen sozialen Räumen resultiert, und evoziert andererseits Assoziationen einer Sogkraft, die der Sozialraum auf seine Bewohner*innen ausübt. Dies wird von Turgut in besonderer Weise auch im Sinne von Begrenzungen räumlicher Mobilität erlebt: Die Isolation des urbanen ›schwarzen Lochs‹ spiegelt sich in der Einschränkung des Bewegungsradius und damit auch des Erfahrungszusammenhangs des Jugendlichen wider. Die den Stadtteil umgebenden Felder umgrenzen die innere Tristesse des Raumes durch äußere Leere. In den Rekonstruktionen zur Wahrnehmung des Quartiers wird dieses häufig in Kontrast gesetzt zu Vierteln, die sozio-ökonomisch besser situiert sind. Die Zugehörigkeit zum Stadtteil – und auch: das Identifiziert-Werden als Bewohner*in – ist dabei strukturell bedeutsam und wird in Gestalt negativer Zuschreibungen erfahren:

> »Solange du nich' in Falldorf bist (.) wirst du nicht akzeptiert; egal wo. (.) egal ob du im Bus bi:ist (.) Ba:ahn (.) Schule (.) mit Freunden raus (.) Kino:o (.) du wirst nicht akze- (.) akzeptiert« (Interview Turgut, 2015: Z. 309–312, ausführlich vgl. Ganzert 2020, S. 168–169)

Der räumlichen Isolation tritt die strukturhomologe Erfahrung der fehlenden Akzeptanz hinzu. Sie wird nun gerade dort relevant, wo die Grenzen des Raumes doch überschritten werden. In der Aussage Turguts durchzieht fehlende Akzeptanz formalisierte (›Schule‹) ebenso wie informelle (›mit Freunden raus‹) Zusammenhänge des Alltagslebens, zeigt sich in der Nutzung von Verkehrsmitteln (Bus und Bahn) ebenso wie im Kontext von Peergroup und Freizeitangeboten (›Kino‹). Dies stellt sich den Jugendlichen als Konsequenz eines durch die Gesellschaft auf sie projizierten negativen Stadtteilimages dar. Wacquant (2007) beschreibt diesen Prozess als ›territoriale Stigmatisierung‹, als Übertragung abwertender diskursiver Figuren auf einen (territorial gedachten) sozialen Raum und seine Bewohner*innen. Entscheidend ist dabei, dass diese Stigmatisierungen tiefgreifende Wirkungen der identitären Beschädigung in den Subjekten hinterlassen können, die sich etwa in Gestalt von Schamgefühlen für den eigenen Wohnort äußern. Im äußersten Fall führt dies zu einer Auflösung des identifikativen Werts des eigenen Sozialraums, die als »dissolution of ›place‹« (ebd., S. 69) bezeichnet wird. So erfahren die Jugendlichen Falldorf ebenfalls als sozialen Raum der Zuschreibung von Devianz, Gewalt und Kriminalität, territorialer Stigmatisierung und der verweigerten Anerkennung.

Die bei Ganzert (2020, hier S. 168–169) vorgenommenen Rekonstruktionen zeigen aber auch, wie sich für die Jugendlichen sehr wohl eine Orientierung an Teilhabe und Anpassung im Sozialraum dokumentiert. Diese bleibt allerdings spannungsgeladen. Sie ist situiert »zwischen den Gegenhorizonten der Isolation und Exklusion« gegenüber einem als privilegiert wahrgenommenen Außen einerseits »und der Gemeinschaft und Integration« (ebd., S. 169) in das deprivierte Innen andererseits. In der Auseinandersetzung mit der eigenen marginalisierten Lage bilden sich peerkulturelle Praktiken heraus, die sich als informelle Bildungspraktiken lesen lassen. Hierzu gehören körperliche Praktiken (Sport) ebenso wie im engeren Sinne diskursive Formate des gemeinsamen Diskutierens und Philosophierens, aber auch – gesellschaftlich als deviant markierte – künstlerische Praktiken (Graffitti). Für einige Jugendliche wird die marginalisierte Lage schließlich auch zum ermöglichenden Rahmen (klein-)krimineller Praktiken, zu denen etwa der Diebstahl von Fahrzeugen oder das Erschleichen von Beförderungsdienstleistungen gehören (vgl. ebd., S. 166 f.). Die untersuchten Sozialräume werden damit letztlich als ambivalente Kontexte der Auseinandersetzung mit und der Bearbeitung von gesellschaftlichen Ungleichheiten lesbar. Die Jugendlichen erfahren abwertende Zuschreibungen, sind aber nicht deren passive Rezipienten, sondern setzen sich aktiv in einen Bezug zu ihren Lebenssituationen und Ausgrenzungserfahrungen (ähnlich auch Slater & Anderson, 2012; Yildiz & Preissing, 2017).

Pädagogische Institutionen bilden im Alltag der Jugendlichen nun einen ebenfalls ambivalenten Bezugsraum. Insbesondere die Schule erscheint zunächst als Ort der Exklusion, in dem Erfahrungen der Zurückweisung und des Desinteresses an der Lebenswelt der Jugendlichen dominant stehen. Mit Verweis auf den kritischen Pädagogen Paulo Freire beschreibt Ganzert (2020) diesen konjunktiven Erfahrungszusammenhang als ›banking‹, in dem Lernende in kommunikations- und resonanzarmen Lernsettings zu bloßen Behältern für durch Lehrende autorisiertes Wissen werden. Dem stehen in den beobachteten Aktivitäten und Gruppendiskussionen der Jugendlichen Gespräche und jugendkulturelle Praktiken, z. B. des Graffiti und des Body Building, als Konstituenten informeller Bildungsräume gegenüber. Sie sind interessengeleitet, setzen dem in der Schule dominanten Kanon abstrakter Wissensgehalte und formalisierter Lernarrangements eine Betonung körperlicher Involviertheit entgegen und versprechen nicht zuletzt auch Anerkennung im sozialen Nahraum (vgl. ebd., S. 307–312). Zugleich gelten schulische Qualifikationen aber auch den Jugendlichen in den untersuchten marginalisierten Sozialräumen als Bedingung für soziale Teilhabe. Qualifikationen bleiben ein Orientierungspunkt der Lebensgestaltung, um die biographisch und sozial gerungen wird. Dies zeigt sich exemplarisch in einer weiteren Gruppendiskussion mit Jugendlichen aus Falldorf (ebd., 271):

> »wenn isch zum Beispiel zu Thema zum Schule wieder komme; (.) (°//pfum-i-pfum//°) vor (.) paar Monaten hab isch gesagt isch mach nie wieder Schule nie. (.) Isch hab mal isch hab misch äh mit zwei Kumpels gesprochen darüber; (.) isch hab gesagt vi- äh (.) das war vor (.) paar Wochen jetz ne, (.) isch hab gesagt hey (.) isch überlege vielleischt die Schule zu machen ( ) ne, (.) der eine sagt (ach komm) vergiss es; (.) du has schon lange nisch mehr; Scheiß drauf; (.) der andere (.) die zwei ham mir gesagt mach die Schule. Die ham misch also so (.) halt gepusht; (.) da hab die ham mir noch mehr Motivation gegeben; (.) dann bin isch auf die zu der äh (.) auf die Schule gegangen hab isch misch auch angemeldet; (.) dass is das zum Beispiel das Beispiel; (.) das Ergebnis (.) das positive Ergebnis; (.) das war nur ein Beispiel. (.)« (GD_Supporters, 2015: Z. 306–376)

Im obigen Auszug zeigt sich die Vorstellung eines durch Qualifikationen strukturierten Lebenslaufs (Bremer & Pfaff, 2021) als bedeutsam und wird in einer Ambivalenz zwischen Affirmation und Zurückweisung in ihrer Bedeutung aktualisiert. Der Lebenslauf – und die mit ihm verbundene, gesellschaftlich verankerte Normalitätsvorstellung eines institutionalisierten und organisierten, raum-zeitlich gebundenen Vollzugs von (schulischer) Bildung – ist dabei brüchig, der Schulbesuch keine Selbstverständlichkeit. Erst nach kontroverser Diskussion in der Freundesgruppe fällt nach einem Moment der Überwindung (»halt gepusht«) die Entscheidung, sich in der Schule anzumelden. Die Anmeldung in Form der Registrierung als Mitglied der Schule als Bildungsorganisation wird dabei als ›positives Ergebnis‹ markiert. In der Konklusion vom ›positiven Ergebnis‹ dokumentiert sich die Bedeutung des strukturierten Lebenslauf als gesellschaftlich institutionalisierter Wissensbestand auf der Ebene des common sense, in welchen soziale Normen eingelassen sind (Bohnsack, 2017). Dieses Orientierungsschema steht nun aber in ›notorischer Diskrepanz‹ (ebd., S. 104) zum Habitus der Akteur*innen. So gilt den Jugendlichen bereits die Anmeldung an der Schule als positives Ausnahmeereignis. Was also gesellschaftlich als normal und erwartbar gilt, wird hier als Common-Sense-Schema anerkannt, dokumentiert sich aber in der Spannung zwischen einem um ›Hustling‹ sowie informelle Bildungs- und Vergemeinschaftungsformen zentrierten Habitus (Ganzert, 2020, S. 325) als prekär.

In ihren zentralen Befunden verweist die Studie damit auf die Bedeutung jugendlicher Peergroups als Gemeinschaften, die Räume der Bewältigung von Marginalisierungserfahrungen eröffnen. Als ›Communities of Hustling‹ dienen sie der Gestaltung der Lebenspraxis jenseits von institutionellen Handlungsschemata und im Verhältnis zu diesen. Der US-amerikanischen Studien zum Leben in Prekarität entlehnte Begriff des Hustling verweist dabei auf ein Streben nach ökonomischer, sozialer und kultureller Teilhabe, das in kurzfristigen, oft spontanen, teils normabweichenden, informellen oder subkulturellen kollektiven Praktiken besteht (ebd., S. 228). Als Gemeinschaften der Lebensbewältigung bilden jugendliche Peergroups in marginalisierten Quartieren zugleich informelle Bildungsräume (ebd., S. 332), in denen immer wieder neue lebenspraktische, ökonomische und kulturelle Fähigkeiten erworben werden und Wissen aus unterschiedlichen Zusammenhängen in Austausch kommt. Gleichwohl steht diese integrative Dynamik einerseits abwertenden und stigmatisierenden gesellschaftliche Zuschreibungen entgegen, die Anerkennungsräume begrenzen. Sie befindet sich zweitens in einem prekären Spannungsverhältnis zu gesellschaftlichen Institutionen formaler Bildung, deren Bedeutung auf der Ebene explizit-normativer Wissensbestände anerkannt wird, die jedoch habituell als dissonant erfahren werden.

5.4.2 Keine Struktur, fremde Welten. Zum Blick auf Jugendliche in schulischen (Disziplinar-)Kulturen

Schulen sind in je spezifischen Verhältnissen zu den sie umgebenden Sozialräumen situiert. Mit Blick auf die deprivierte Lage marginalisierter Schüler*innen können sie zu Räumen der Anerkennung ebenso wie zu Orten der Reproduktion sozialer

Stigmatisierungen werden (Beach & Sernhede, 2011; Fölker & Hertel, 2015; Wellgraf, 2018).

Diese Ambivalenz der Schule zeigt sich auch in der Studie von Hertel (2020), die auf die Rekonstruktion schulischer Disziplinarpraktiken in marginalisierten Sozialräumen deutscher Großstädte fokussiert. Die machtanalytisch orientierte Arbeit rekonstruiert zwei Typen pädagogischen ›Machtwissens‹, die sich als ›Repression‹ und ›Exploration‹ beschreiben lassen. Während der repressive Typ um Formen der einseitigen Zurichtung von Schüler*innen auf gesellschaftlich verankerte Normalitätsvorstellungen durch teils rigorose Disziplinarpraktiken kreist, sind die Orientierungen im Typ der Exploration um Formen der analytischen, verstehenden Bezugnahme auf Schüler*innen und schließlich der ›sanften‹ Führung zentriert. Diese Typen des Machtwissens formen sich in einzelnen Schulen je spezifisch aus und konstituieren in ihrem Verhältnis deren einzelschulische ›Disziplinarkultur‹. Das allenthalben diskursiv reproduzierte Stereotyp der ›Brennpunktschule‹ als Ort von Chaos und rigorosen Strafpraktiken kann vor diesem Hintergrund in seiner Einseitigkeit zurückgewiesen werden. Vielmehr zeigt sich, dass anerkennende und sorgende Bezugnahmen auf Schüler*innen gerade auch in den Schulen deprivierter Sozialräume zirkulieren können. Gleichwohl bleiben auch diese Formen pädagogischer Anerkennung prekär.

Dies zeigt sich eindrücklich in den Rekonstruktionen zum ›pädagogischen Blick‹ schulischer Akteur*innen. Dort wird deutlich, wie die beiden rekonstruierten Typen des Machtwissens unterlegt sind von spezifischen Wahrnehmungen über die Jugendlichen an den untersuchten Schulen. Eine Ausprägung ›pädagogischer Blicke‹ zeigt sich als eng an institutionalisierten Normalitätsvorstellungen orientiert. Dies lässt sich etwa an dem folgenden Auszug zeigen, der einer Passage aus einer Gruppendiskussion mit Lehrkräften der Fallschule II entnommen ist. Die Passage, aus der folgender Auszug stammt, dreht sich inhaltlich um Beobachtungen und Deutungen zu den Schüler*innen der siebten Klasse (für die nachfolgenden Rekonstruktionen siehe auch Hertel, 2020, S. 181 f.):

> Fw: Aber (.) is das nicht komisch (da man) eigentlich immer denkt (Bw: hjaa) also im tiefsten inneren Menschlichen is es doch jede jedes Manns Bestreben,(Bw: hmm) (nach) ma was Höherem nach was Besserem ne, dass da dass äh (.) diese Perspektivlosigkeit nicht eher in Engagement umgesetzt wird das frag ich mich immer bei unseren Schülern, da zuhause geht's denen dreckig, jetzt kommen die hierhin hier geht's denen teilweise gut, hier kümmert sich jemand um die hier ham die Struktur, und (.) dor- trotzdem wird es schlecht angenommen oder teilweise auch durch Verhalten wieder so undankbar entgegengenommen, da denk ich mir immer so was-was muss da noch Schlimmeres passieren, dass die erkennen dass das hier vielleicht doch ein guter Weg is ne, (.) das is jetzt ganz äh hypothetisch und dramatisch gesagt (FS II, GD Lehrkräfte Team 7, Z. 635–648, gekürzt und geglättet)

Fw entwickelt hier die Figur einer anthropologischen Grundkonstante. Demnach gebe es eine, essentialistisch »*im tiefsten inneren Menschlichen*« vermutete, Grundeigenschaft des Menschen, die darin bestehe, nach »*Höherem*« und »*Besserem*« zu streben. Diese Figur entfaltet erstens eine Vorstellung von im ›Wesen‹ des Menschen angelegten Entwicklungsprozessen, deren Nicht-Vollzug zu einem Defizit, mithin zu einer Pathologie werden kann. Diese Deutungsfigur stellt implizit die grundlegende Anforderung an die Schüler*innen, Entwicklungsprozess einzulösen und dazu ihre eigene Situation zunächst als mangelhaft, zumindest aber verbesserungswürdig zu erfahren. Die Jugendlichen aber bleiben hinter dieser zivilisatorischen Normalitätsvorstellung zurück, was daran abgelesen wird, dass eine beobachtete »*Perspektivlosigkeit*« nicht in »*Engagement*« umgesetzt werde. Erwartet wird hier die Leistung des Individuums, sich der Schule habituell anzupassen. Diese nämlich bildet den positiven – weil ›strukturierten‹ – Gegenhorizont zum ›strukturlosen‹ Zuhause, in welchem es den Schüler*innen »*dreckig*« gehe. In der Wahrnehmung der Lehrkraft wird dieses Angebot der Schule jedoch »*undankbar entgegengenommen*«.

In dieser Orientierung dokumentiert sich eine scharfe Diskrepanz zwischen habituellen Erwartungen an Schüler*innen und deren wahrgenommenem habituellen Ausdruck. Vor dem Hintergrund der historisch gewachsenen Mittelschichtsorientierung der Schule (vgl. z. B. Langer, 2014; Lütkens, 1971) ›enttäuschen‹ die Schüler*innen Erwartungen an einen bildungsbürgerlichen Lebenswandel und bildungsbürgerliche Lebensorientierungen. Die Lehrkräfte verhandeln an dieser Stelle genau diese Diskrepanz, wobei aber gerade nicht die Strukturen der Schule selbst infrage gestellt, sondern die Gründe der hier konstruierten Problematik einseitig in den Kindern und Jugendlichen sowie ihrem Milieu vermutet werden. Es ist die Figur des ›Bildungsfernen‹ (kritisch vgl. Wiezorek, 2009), die hier implizit aufgerufen ist. In dieser Diskursfigur bleibt Bildung – strukturell homolog zur oben rekonstruierten Orientierung – an institutionalisierte und formale (Bildungs-)Zusammenhänge gebunden. Ausgeblendet wird hingegen die Möglichkeit, dass Bildung im Sinne der reflexiven Auseinandersetzung mit Welt auch außerhalb formaler Bildungsinstitutionen stattfinden kann (vgl. hierzu auch ebd., S. 183). Die Bearbeitung struktureller Ungleichheit wird dabei nicht in der Transformation der Strukturen gesucht, sondern den Schüler*innen überantwortet. Damit überlagert sich der Bildungsferne-Diskurs in dieser Orientierungsfigur mit dem pädagogischen Individualisierungsdiskurs, in welchem strukturelle Schieflagen durch individualisierende Zuschreibungen ausgeblendet werden (Rabenstein, 2016).

In einer solchen Orientierung sind anerkennende Bezugnahmen auf den Lebenswandel und subjektiven Ausdruck der Schüler*innen dann daran gebunden, dass diese sich schulisch institutionalisierten Verhaltenserwartungen unterordnen und einem formal bildungsbeflissenen Habitus annähern. Normative Erwartungen werden hier deduktiv an die Schüler*innen gerichtet, womit sich diese Orientierung mit Link (vgl. 1999, S. 169 ff.) auch als eine protonormalistische Orientierung beschreiben ließe. Normalitätserwartungen sind fixiert, Abweichungen als Defizit gerahmt. Die Formen des informellen, lebensweltlich gebundenen Lernens und ›Sich-Bildens‹, die Ganzert (2020) rekonstruiert, sind unter diesen Bedingungen in der schulischen Bildungsinstitution nicht ohne Weiteres anerkennbar. Im Gegenteil wäre diese Orientierung der Schule an institutionalisierten Normalvorstellungen von ›guter‹ Bildung eine Erklärung für die Prekarität schulischer Integration, wie sie oben am Beispiel der Jugendlichen aus Ganzerts Studie rekonstruiert worden ist.

Auf der anderen Seite finden sich im Sample der Studie von Hertel (2020) aber auch immer wieder solche Orientierungsfiguren, die Räume der Anerkennbarkeit individueller Lebenslagen eröffnen. Dies (und wie sich an diesen Prozess spezifische, Anerkennung ermöglichende Anschlusspraktiken anlagern) lässt sich exemplarisch an folgendem Auszug aus einer Gruppendiskussion mit dem ›Migrationsklassen-Team‹ der Fallschule III zeigen. Dort wird über die prekären Lebenssituationen der neu zugewanderten Kinder und Jugendlichen gesprochen:

> Ew: Also ich muss jetzt äh noch an ganz spezielle Situationen denken wo die ich jetzt im Moment in meiner Klasse weil ich die noch nicht so lang hab noch nicht so festgestellt habe, aber die jetzt aus deiner Klasse da kamen (.) äh dass Kinder da manchmal in Lebenswelten leben die wir uns gar nicht vorstellen können und auch nicht vermögen, also dass zum Beispiel Kinder von dir nicht wissen ob sie in der Wohnung bleiben können oder nich […] dass die dann auf einmal nicht erscheinen äh äh und man dann irgendwelche (.) ich hab dich heut am @Telefon gehört@ (.) Nachforschungs- äh -telefonate führt wo die denn jetzt geblieben sind was mit denen passiert ist und solche Dinge also das geht ja dann über diese normale äh Schulsozialisation die man hier neben dem reinen Fremdsprachen (.) äh also neben der reinen Fremdsprachenvermittlung äh (.) also Deutsch als Fremdsprache führt (.) äh dann noch weiter hinaus irgendwie […] äh abgesehen von Irgendwelchen (.) Kindern die dann irgendwelche Verhaltensauffälligkeiten zeigen und man dann auch nachforschen muss woher kommt das äh ei- irgendwie […] ist da irgendwas in der Familie ähm übernehmen die auch Aufgaben die man in dem Alter eigentlich nem Kind noch gar nicht zumuten kann […] oder leben die in irgend'ner Situation (.) die man eigentlich nem Kind oder (.) auch nem (Dw: °(nicht zumuten kann)°) Erwachsenen nicht zumuten kann (.)
> (FS III, GD Migrationsklassen-Team, Z. 132–158, gekürzt und geglättet)

Die Lehrerin *Ew* steigt hier mit einer Markierung von ›speziellen Situationen‹ ein, die im weiteren Verlauf zu einer Besonderung der »*Lebenswelten*« der Kinder wird. Anders als in der oben rekonstruierten, defizitären Orientierungsfigur wird hier zunächst lediglich die Fremdheit dieser Lebenswelten markiert. In dieser Figur dokumentiert sich ebenfalls eine habituelle, milieubezogene Differenz zwischen Lehrkräften und Schüler*innen, die aber nun nicht pathologisiert, sondern als Alteritätserfahrung erscheint: Die Lehrkräfte sind aufgrund ihrer eigenen Standortgebundenheit nicht in der Lage, die Lebenswelten der Jugendlichen ad hoc zu verstehen, sondern müssen diese interpretativ aufschließen. Gleichsam dokumentiert sich in dieser Perspektive auf Lebenswelt dann aber auch eine grundlegende Orientierung, diesen Prozess des (sukzessiven) Interpretierens und Verstehens des ›Anderen‹ in Praxis zu übersetzen. Nachdem Beispiele für die Eigenschaften besagter Lebenswelten gebracht werden – drohende Wohnungsnot, unerklärtes Fernbleiben von der Schule –, werden solche Praktiken beschrieben. Das ›Nachforschen‹ (»*Nachforschungs- äh -telefonate*«) steht dabei szenisch-metaphorisch für ein Bemühen um das Verstehen lebensweltlicher Belastungen, das zwangsläufig eine Ausweitung pädagogischer Praxis über Vermittlungsaufgaben hinaus mit sich bringt. Damit wird ein ›analytisch-reflexiver Blick‹ (Hertel, 2020, Kap. 7.2.2) performiert, der induktiv orientiert ist und nach einer Erklärung für die Genese von Verhaltensweisen sucht.

Diese Orientierung steht damit im Kontrast zu den weiter oben rekonstruierten Mustern. Die analytisch-reflexive Blickpraxis ist nicht ›protonormalistisch‹ ausgerichtet, sondern steht eher dem flexiblen Normalismus (Link, 1999) nahe. Sie schließt zweitens an bereits aus der Forschung bekannte Perspektiven an, wonach Schule angesichts wahrgenommenen ›häuslichen Elends‹ eine kompensatorische Position für sich reklamieren kann (Fritzsche & Rabenstein, 2009). Damit einher geht nun aber erstens eine mithin diffuse Ausweitung von Handlungsanforderungen an Lehrkräfte und Schule (vgl. ebd., S. 195 f.), zweitens droht vor dem Hintergrund zwangsläufiger Defizitzuschreibungen gegenüber den Familien unter Umständen auch eine Gefährdung des ohnehin prekären Arbeitsbündnisses mit der Schule (vgl. ebd., S. 196). Und so dokumentiert sich in dieser Orientierungsfigur das grundlegende Potenzial einer Öffnung von Räumen der Anerkennung gegenüber den Lebenslagen der Schüler*innen, die eng mit einer Einklammerung normativer Setzungen verbunden ist (Helsper, 2006). Dies zeigt sich in der hier zitierten Gruppendiskussion auch als eine advokatorische Inschutznahme der Kinder und ihrer Herkunftsmilieus gegenüber gesellschaftlichen Defizitzuschreibungen. Zugleich ist in diesen positiv-anerkennenden Bezugnahmen das subtile Potenzial von Verkennung weiterhin angelegt. Denn auch hier bildet der ›normale‹ – mittelschichtsorientiert-bürgerliche – Lebenswandel den positiven Gegenhorizont, gewissermaßen also die Norm, vor der Anerkennung immer schon stattfindet, die also Subjekte allererst anerkennbar macht (Balzer & Ricken, 2010). Das Machtdifferenzial zwischen Schule und Familie kann sich ferner durch das Hineinragen des ›nachforschenden‹ und damit potenziell auch kontrollierenden und beurteilenden Blicks in den familiären Raum weiter zugunsten der Schule verschieben. Defizitwahrnehmungen werden so zwar eingeklammert, aber nicht aufgelöst. Sie bilden vielmehr weiterhin den Bezugspunkt anerkennender Orientierungen. Diese pädagogischen Praktiken eröffnen damit einen Raum für soziale Wertschätzung als Bestandteil pädagogischer Routinen, der Anerkennungsgerechtigkeit ermöglichen kann (Stojanov, 2013). Gleichsam ist es aber der kulturell stabile, normative Bezugspunkt dieser Anerkennungsgerechtigkeit selbst, der sie subtil zu destabilisieren droht.

5.4.3 Ghettoisierung ist tödlich? Sozial- und stadtpolitische Perspektiven auf räumliche Marginalität

Eine Fallstudie zur Organisation von lokalen Bildungssystemen in einem segregierten Stadtteil einer deutschen Großstadt realisiert Wittich (i.V.[2]). Dabei wird das Quartierswissen von Akteur*innen und Organisationen der Kommunalpolitik, Bildungsverwaltung sowie innerhalb von Bildungsorganisationen fokussiert. Die

---

2 Die Arbeit befindet sich im Abschluss, so möglich werden im Rahmen der Überarbeitung oder Druckfahne Seitenzahlen oder Kapitelnummern eingefügt.

Untersuchung zielt auf die Rekonstruktion der Entstehung und Entwicklung lokaler Bildungssysteme auf der Grundlage der Wissensbestände und Erfahrungen gestaltender Akteur*innen in Entscheidungszusammenhängen vor Ort. Als Quartierswissen fasst die Studie explizites wie implizites Wissen über einen Stadtteil, in dem gesellschaftliche Verhältnisse und räumliche Praxis im Quartier repräsentiert werden.

Die empirische Grundlage der Analysen bilden Walking Interviews durch den Stadtteil mit neun Bildungsakteur*innen.[3] Diesen ist gemeinsam, dass sie der deutschen Mittelschicht angehören, studiert haben und dem Stadtteil durch meist langjährige Tätigkeiten in lokalen Organisationen verbunden sind. Die Akteur*innen vertreten dabei ein Bild des Stadtteils, das durch eine Wahrnehmung als ›bildungsarmer‹ Raum (ebd.) geprägt ist. Dies zeigt sich unter anderem in folgendem Interviewauszug einer Sozialpädagogin:

> »also es ist nicht so dass hier Bildung an jeder Haustür steht und an den Wänden das man sagt ::ja super hier wohn ich und hier komm ich weiter:: also der Stadtteil wirkt oft ganz schön runterziehend und depressiv ich vergleich das einfach mal mit so 'ner Gefühlswelt ähm und wenn man hier wohnt muss man schon auch selber für sich kämpfen dass man sagt hier will ich mal weiterkommen und ich möchte mal hier raus«
> (Walking Interview mit Frau Graber, Leiterin eines Mädchenclubs, Z. 180–185)

Die Akteurin konstruiert den segregierten Sozialraum hier als entwicklungshemmend, wobei die Nutzung emotionaler Metaphorik dominant steht. Dem Sozialraum wird eine eigenständige Dynamik der Erschwerung formalen Bildungsaufstiegs attestiert, der zudem emotionale Zumutungen (»*runterziehend und depressiv*«) inhärent sind. Diesen räumlichen Dynamiken sind die Subjekte entlang dieser Orientierung einseitig ausgeliefert. Weitgehend übereinstimmend mit anderen Akteur*innen aus dem Sample bilden sozio-ökonomisch besser gestellte und nicht durch Migration geprägte Stadtteile dabei einen impliziten positiven Gegenhorizont, der für das Gelingen formalisierter Bildung im Sinne bürgerlicher ›Hochkultur‹ steht. Strukturhomolog zu den oben rekonstruierten Orientierungen der Lehrkräfte zeigt sich also auch hier die Wirkmacht des Diskurses um Bildungsnähe und -ferne (Wiezorek, 2009). Aus dieser Milieudistanz zwischen Bildungsakteur*in und dem Sozialraum als Wirkungskreis wird das Untersuchungsquartier zur Barriere gegen Bildung und in der Aussage der Sozialpädagogin gar zur Arena eines Kampfes für sich selbst. Diese Arena gilt es zu überwinden, die Subjekte des Raumes sind in der Konsequenz dazu aufgerufen, aktiv danach zu streben, den Raum zu verlassen. Letzterer erscheint damit erstens gerade nicht als potenzieller Bildungsraum im Sinne eines Ortes, in dem und durch den Bildungsprozesse ausgelöst werden können. Zweitens spart diese Orientierung aber auch Praktiken der Veränderung und Aneignung des Raumes im Sinne der Akteur*innen aus.

---

3 Darunter eine Bürgermeisterin, die Leiterin eines Mädchenclubs, der Leiter eines Generationentreffpunkts, ein Öffentlichkeitsreferent eines sozialen Trägers, Sozialarbeiter*innen, Verwaltungsangestellte sowie ein Lernförderer

In struktureller Homologie hierzu entwerfen die Professionellen lokale Bildungsinstitutionen dann auch nicht als Orte der Ermöglichung von sozialem Aufstieg. Dies zeigt sich etwa in der Beschreibung einer im Stadtteil ansässigen Gesamtschule durch einen Lernförderer und lokalpolitischen Akteur:

> »das is jetz hier wie gesacht die Gesamtschule am Rosenweg die weil sie in Neuntal liegt ähm diesen diesen schlechten Ruf eigentlich übernommen hat muss man dazu sagen wobei (.) [...] ursprünglich 'ne absolute Elitegesamtschule muss man sagen also die Leute haben teilweise ähm da gab es Warteschlangen bis zu vierhundert Schülern (Yw: oho ok) ähm das vom Bewusstsein der Schüler ist es leider nicht so (Yw: ja) die sehen sich eher als schlecht«
> (Walking Interview mit Herrn Keupert, 487–493, gekürzt)

Die Darstellung der Schule evoziert hier eine schicksalhafte Verbindung zur Entwicklung des Stadtteils, welche als eine Verfallsgeschichte konstruiert wird. In ihrem Abstieg erscheint die Schule äquivalent zum Sozialraum, dessen fortschreitende Deprivation ebenso wie in anderen, strukturell ähnlichen Quartieren auch eine Folge der Deindustrialisierung darstellt (hierzu vgl. auch El-Mafaalani & Strohmeier, 2015). So verbürgte die in der Ära der ›deutschen Bildungsoffensive‹ gegründete Gesamtschule das Projekt des sozialen Aufstiegs durch Bildung. Sie war vor diesem Hintergrund eine begehrte Schule, die aber ihr gesellschaftliches Aufstiegsversprechen nicht halten konnte und stattdessen selbst zum Opfer struktureller Abstiegsdynamiken geworden ist. Kronzeugen des Niedergangs sind in der Narration nun die Schüler*innen, welche die Schule selbst »*eher als schlecht*« beurteilten. Die Erfahrung von Deprivation und Marginalisierung verbindet in diesem Bild die Schule mit ihren Schüler*innen.

Bis zu diesem Punkt wird also deutlich, wie Akteur*innen aus der lokalen Bildungspraxis den Stadtteil als einen Raum der sozialen Entwertung und des strukturellen Niedergangs entwerfen. Anerkennungsverhältnisse werden als strukturell prekär konstruiert, wobei Institutionen, soziale Struktur und die diskursive Konstruktion des Raumes in ein Wechselverhältnis treten. Neben der Kritik an den Institutionen und Strukturen ist die Repräsentation des Stadtteils dabei aber auch an die Struktur der Bevölkerung selbst gebunden. Dies zeigt sich etwa im Bemühen um Desegregation auf der Ebene der lokalen Wohnungspolitik:

> »das Ziel war hier ein gemischtes Wohnklientel entstehen zu lassen (Yw: mhm) bis jetzt is es gelungen (.) es sind Leute mit einem höheren Einkommen dort eingezogen (.) sehr viele Akademiker (Yw: mhm) was man für Neuntal auch gesucht hat (Yw: mhm) ich äh auch man braucht den Hartz-Vier-Empfänger und den Akademiker (Yw: hm) in einem Stadtteil das ist das wo wir eigentlich hin (.) wollen (Yw: mhm) sollten (Yw: ja) und nicht da wohnen die da wohnen die diese Ghettoisierung ist doch tödlich (.) und jetzt muss man abwarten wie sich das entwickelt ob man's halten kann«
> (Walking Interview mit Frau Oberndorfer, Z. 234–242)

Die sich hier dokumentierende Orientierungsfigur zitiert im konstruierten Gegensatz zwischen »*Hartz-Vier-Empfänger*« und »*Akademiker*« implizit das in stadtentwicklerischen Diskursen oft bemühte, in stadtsoziologischer Perspektive aber auch kritisierte Mischungsideal (Stošić, 2015, S. 39 ff.). In dieser Orientierung erscheint soziale Klassendifferenz zudem als sozial gesetzt, als quasi-natürliche Tatsache der Gesellschaft. Die Formulierung, man brauche beide, essentialisiert diese Differenz und legitimiert sie implizit. Das Bild von den ungebildeten Bewohner*innen wird dabei nun insofern reifiziert, als der »*Hartz-Vier-Empfänger*« dem »*Akademiker*« entgegengesetzt wird. Armut und Bildung werden damit in der Logik der Territorialisierung von Statuskämpfen (Kessl & Reutlinger, 2007) an den Wohnort gekoppelt – was sich nicht zuletzt im Begriff der Ghettoisierung dokumentiert. Damit sind die Diskurse der Professionellen von einer Remoralisierung und Kulturalisierung von Armut gekennzeichnet, die strukturelle Bedingungen von räumlicher Segregation dethematisiert und Verantwortung individualisiert (z. B. Kronauer, 2018). Der Ghettodiskurs und seine räumlichen Stigmatisierungen werden so ihrerseits gestützt (Wacquant, 2004, 2007).

Anerkennung bleibt damit auch in diesen Orientierungen prekär und ambivalent. Prekär deshalb, weil Defizitorientierungen auf den Stadtteil dominieren, die mit tradierten Figuren territorialer Stigmatisierung (Wacquant, 2007) verwoben sind. In den hier rekonstruierten Orientierungen werden Möglichkeiten des Defizitabbaus nun lediglich über zwei Wege entworfen: Der erste liegt in der individualisierenden Anrufung der Bewohner*innen zur eigenständigen Überwindung des ›ghettoisierten‹ Raumes. In dieser Figur ist Anerkennung nur über den Preis eigenständiger Bemühung um die Akkumulation kulturellen Kapitals (Bourdieu, 1983) in formalisierten Bildungskontexten sowie räumliche Distanzierung zu haben. Der zweite Weg liegt in der Veränderung der sozialen Zusammensetzung des Raumes selbst. Hier ist Anerkennung im bzw. des Sozialraums dann an Gentrifizierungsprozesse (Holm, 2012) und damit letztlich an die drohende Verdrängung der Marginalisierten selbst gekoppelt.

Ambivalent bleibt Anerkennung indes, weil neben den abwertenden Zuschreibungen an Raum und Bewohner*innen letztere immer auch als urteilende, von Ungleichheit betroffene in Erscheinung treten. Hierin wird eine Deutungsfigur eröffnet, die erstens die Tatsache der Verteilungs(un)gerechtigkeit mindestens implizit als anerkennungsrelevante Größe mitführt (Fraser, 2009). Zweitens ist in sie – wiederum implizit – eine Konstruktion der Bewohner*innen als deutungsmächtige Akteur*innen eingelagert. Dieser Orientierungsgehalt eröffnet Potenziale der Integration ihrer Erfahrungen und Perspektiven in Prozesse der Gestaltung des Sozialraums, die aber, um Wirksamkeit zu entfalten, auch strukturell ermöglicht werden müssten.

5.5 Fazit

Ausgehend von der Markierung segregierter Quartiere als Räume der Reproduktion von Bildungsbenachteiligungen wurde in diesem Beitrag gezeigt, wie sich diese Räume als solche der prekären Anerkennung verstehen lassen. In der Reflexion des Forschungsstandes wurde bereits deutlich, dass Anerkennung in diesen Räumen mehrdimensional prekär ist: Marginalisierte Stadtquartiere sind Manifestationsorte sozialer Asymmetrien, die sich in der sozialen Lage ihrer Bewohner*innen ebenso zeigen, wie in den stigma-diskursiven Konstruktionen dieser Räume als Orte des sozialen Verfalls und im Zusammentreffen dieser Dynamiken in den dort ansässigen Institutionen der Bildung (▶ Kap. 5.2).

Die hier präsentierten Analysen haben nun danach gefragt, ob und wie sich unter diesen widrigen Bedingungen Potenziale von Anerkennung eröffnen und wie sie im Spannungsfeld jugendlicher Peergroups, schulischer Praktiken und bildungsräumlichen Quartierswissens ausgeformt, gerahmt, ausgeweitet und begrenzt werden. Die Analysen zeigen dabei übereinstimmend, wie segregierte Sozialräume dominant als entwertete Räume konstruiert und erfahren werden. Für die Jugendlichen konnte gezeigt werden, wie im Sozialraum und in der Peerpraxis eröffnende Bildungs- und Integrationserfahrungen systematisch begrenzt werden. Hierbei erweisen sich stigmatisierende Zuschreibungen an den Sozialraum – und die Jugendlichen selbst als dessen Subjekte – als gemeinsam geteilte Erfahrung, die den nach innen als integrativ erlebten sozialen Raum von außen abwerten. In den formalen Bildungsangeboten, insbesondere der Schule, spiegelt sich für die Jugendlichen ebendiese Ausschlusserfahrung und manifestiert sich dort in einer Diskrepanz zwischen schulischen, institutionell-normativen Anforderungen einerseits und den sozialisatorisch erworbenen habituellen Orientierungen andererseits. Die Rekonstruktionen zur schulischen Ebene zeigen nun, wie sich der historisch gewachsene ›Mittelschichtshabitus‹ der Institution auch dort, wo in pädagogischen Orientierungen anerkennende Bezugnahmen gegenüber marginalisierten Schüler*innen angelegt sind, als Hemmnis ebendieser Bezugnahmen selbst erweist. Als ähnlich ambivalent präsentieren sich Anerkennungsverhältnisse schließlich in der sozialräumlichen Praxis lokaler Bildungsakteur*innen. Hier konnte gezeigt werden, wie Anerkennung an die Bedingung individuellen Aufstiegsstrebens oder aber sozialräumlicher Durchmischungs- und damit Verdrängungsprozesse geknüpft bleibt. Und ferner konstituiert gerade auch die wechselseitige Bezugnahme der untersuchten Arenen Brüche in bereits bestehenden Anerkennungsverhältnissen: etwa dann, wenn in der Schule informelle Bildungspraktiken strukturell ebenso verkannt werden wie die Qualifizierungsleistungen lokal ansässiger Schulen in der Jugendarbeit. Auch wenn sich in Schule, Jugendarbeit sowie in informellen Peerzusammenhängen Anerkennungschancen eröffnen, werden diese durch geltende normative Bezüge – etwa in Gestalt des implizit verbürgten Ideals formaler, bürgerlicher Bildung und in individualisierenden Logiken der Zumutung von formalen Bildungs- und Aufstiegsanstrengungen – letzthin eingeschränkt und infrage gestellt. Über die gesamten Analysen hinweg deuten sich damit spannungsvolle Dynamiken im Zusammenspiel lokaler Bildungsinstitutionen in segregierten Quartieren an, die es künftig empirisch stärker auszuarbeiten gilt. Dabei sind jene gesellschaftlich verbürgten und diskursiv vermittelten Legitimationszusammenhänge im Blick zu behalten, die Anerkennungsverhältnisse konturieren. Im Kontext segregierter Quartiere verweisen die vorliegenden Analysen dabei vor allem auf die Bedeutung der Norm des Lebenslaufs und des bürgerlichen Bildungsstrebens.

Hinsichtlich der Frage nach der *räumlichen* Konstitution von Anerkennungsverhältnissen lässt sich hieraus nun erstens schließen, dass Anerkennung vor allem über die symbolische Dimension räumlicher ›(An-)Ordnungen‹ (Löw, 2007) vermittelt ist. Es sind insbesondere die ›Syntheseleistungen‹ stigmatisierender Raumdiskurse, die in den hier rekonstruierten Orientierungen hoch wirkmächtig sind. Sie zeigen sich in der gesamten Breite der Rekonstruktionen und erweisen sich insofern als hochgradig stabil, als sie in die habituellen Orientierungen der Akteur*innen eingelassen sind: Räumlich-territoriale Stigmatisierungsfiguren sind Teil des konjunktiven Wissens (Bohnsack, 2017) sozialräumlicher Marginalisierung. Sie werden in den Selbstzuschreibungen der Jugendlichen ebenso wirksam wie in den ›pädagogischen Blicken‹ und im ›Quartierswissen‹ sozialräumlicher Akteur*innen der Bildung, sie zeigen sich in den materiell-strukturellen Rahmungen der Quartiere ebenso wie in den Mikropraktiken der Selbst- und Fremddeutung. Damit zeigen sich marginalisierte Räume hier weniger als Felder der Auseinandersetzung und des Kampfes um Anerkennung (Löw & Sturm, 2019, S. 18), als dass ebendiese Kämpfe in ihnen und ihren materiellen wie diskursiven Strukturen bereits vorentschieden zu sein scheinen.

Literatur

Balzer, N. & Ricken, N. (2010): Anerkennung als pädagogisches Problem. Markierungen im erziehungswissenschaftlichen Diskurs. In: A. Schäfer & C. Thompson (Hrsg.): *Anerkennung* (S. 35–87). Paderborn: Schöningh.

Baur, C. (2013): *Schule, Stadtteil, Bildungschancen. Wie ethnische und soziale Segregation Schüler/-innen mit Migrationshintergrund benachteiligt*. Bielefeld: transcript.

Baur, C. & Häussermann, H. (2009): Ethnische Segregation in deutschen Schulen. *Leviathan*, 37(3), 353–366.

Baxter, V. K. & Marina, P. (2008): Cultural meaning and hip-hop fashion in the African-American male youth subculture of New Orleans. *Journal of Youth studies*, 11(2), 93–113.

Beach, D. & Sernhede, O. (2011): From learning to labour to learning for marginality: school segregation and marginalization in Swedish suburbs. *British Journal of Sociology of Education*, 32(2), 257–274.

Becker, R. & Lauterbach, W. (2010): Bildung als Privileg – Ursachen, Mechanismen, Prozesse und Wirkungen. In: R. Becker & W. Lauterbach (Hrsg.): *Bildung als Privileg. Erklärungen und Befunde zu den Ursachen der Bildungsungleichheit* (S. 11–49). Wiesbaden: Springer VS.

Bellmann, J. (2008): Choice Policies — Selektion, Segregation und Distinktion im Rahmen von Bildungsmärkten. In: H. Ullrich & S. Strunck (Hrsg.): *Begabtenförderung an Gymnasien. Entwicklungen, Befunde, Perspektiven* (S. 249–270). Wiesbaden: VS Verlag für Sozialwissenschaften.

Bellmann, J. & Weiß, M. (2009): Risiken und Nebenwirkungen Neuer Steuerung im Schulsystem. Theoretische Konzeptualisierung und Erklärungsmodelle. *Zeitschrift für Pädagogik, 55*, 286–308.

Bohnsack, R. (2010): *Rekonstruktive Sozialforschung. Einführung in qualitative Methoden* (8. Auflage). Opladen/Farmington Hills: Budrich.

Bohnsack, R. (2017): *Praxeologische Wissenssoziologie*. Opladen/Toronto: Barbara Budrich/utb.

Bourdieu, P. (1983): Ökonomisches Kapital, kulturelles Kapital, soziales Kapital. In: R. Kreckel (Hrsg.): *Soziale Ungleichheiten (Soziale Welt, Sonderband 2)* (S. 183–198). Göttingen: Schwartz.

Bremer, H. & Pfaff, N. (2021): Ungebrochene Institutionalisierung? Prozesse der (De-)Institutionalisierung am Übergang von der Jugend ins Erwachsenenalter. *Zeitschrift für Soziologie der Erziehung und Sozialisation, 41*(1), 41–57.

Ditton, H. (2013): Kontexteffekte und Bildungsungleichheit: Mechanismen und Erklärungsmuster. In: R. Becker & A. Schulze (Hrsg.): *Bildungskontexte. Strukturelle Voraussetzungen und Ursachen ungleicher Bildungschancen* (S. 173–206). Wiesbaden: Springer VS.

Eksner, H. J. (2013): Revisiting the ›ghetto‹ in the New Berlin Republic: immigrant youths, territorial stigmatisation and the devaluation of local educational capital, 1999–2010. *Social Anthropology, 21*(3), 336–355.

El-Mafaalani, A. & Strohmeier, K. P. (2015): Segregation und Lebenswelt. Die räumliche Dimension sozialer Ungleichheit. In: A. El-Mafaalani, S. Kurtenbach & K. P. Strohmeier (Hrsg.): *Auf die Adresse kommt es an... Segregierte Stadtteile als Problem- und Möglichkeitsräume* (S. 18–42). Weinheim: Beltz-Juventa.

Farwick, A. (2012): Segregation. In: F. Eckardt (Hrsg.): *Handbuch Stadtsoziologie* (S. 381–419). Wiesbaden: Springer VS.

Fölker, L. & Hertel, T. (2015): Differenz und Defizit. Rekonstruktionen zu pädagogischen Orientierungen und Praktiken der Klientelkonstruktion an zwei segregierten Großstadtschulen. In: L. Fölker, T. Hertel & N. Pfaff (Hrsg.): *Brennpunkt(-)Schule. Zum Verhältnis von Schule, Bildung und urbaner Segregation* (S. 105–122). Opladen [u. a.]: Verlag Barbara Budrich.

Fölker, L., Hertel, T. & Pfaff, N. (2015): Aberkennung von Erziehungsfähigkeit – Klientelkonstrukte als Ausdruck lokaler Bildungskulturen? In: A. El-Mafaalani, S. Kurtenbach & K. P. Strohmeier (Hrsg.): *Auf die Adresse kommt es an... Segregierte Stadtteile als Problem- und Möglichkeitsräume* (S. 188–206). Weinheim: Beltz-Juventa.

Fraser, N. (2009): Zur Neubestimmung von Anerkennung. In: H.-C. Schmidt am Busch & C. E. Zurn (Hrsg.): *Anerkennung* (S. 201–212). Berlin: Akademie Verlag.

Fritzsche, B. & Rabenstein, K. (2009): »Häusliches Elend« und »Familienersatz«: Symbolische Konstruktionen in Legitimationsdiskursen von Ganztagsschulen in der Gegenwart. In: J. Ecarius, C. Groppe & H. Malmede (Hrsg.): *Familie und öffentliche Erziehung. Theoretische Konzeptionen, historische und aktuelle Analysen* (S. 183–200). Wiesbaden: VS Verlag für Sozialwissenschaften.

Ganzert, D. (2020): *Communities of Hustling. Die Bewältigung urbaner Marginalisierung als Kunst sich zu arrangieren*. Wiesbaden: Springer VS.

Geißler, R. (2005): Die Metamorphose der Arbeitertochter zum Migrantensohn. Zum Wandel der Chancenstruktur im Bildungssystem nach Schicht, Geschlecht, Ethnie und deren Verknüpfungen. In: P. A. Berger & H. Kahlert (Hrsg.): *Institutionalisierte Ungleichheiten. Wie das Bildungswesen Chancen blockiert* (S. 71–100). Weinheim/München: Juventa.

Glasze, G. & Weber, F. (2014): Die Stigmatisierung der banlieues in Frankreich seit den 1980er Jahren als Verräumlichung und Ethnisierung gesellschaftlicher Krisen. *Europa Regional, 20*(2–3), 63–75.

Gomolla, M. & Radtke, F.-O. (2009): *Institutionelle Diskriminierung. Die Herstellung ethnischer Differenz in der Schule* (3. Auflage). Wiesbaden: VS Verlag für Sozialwissenschaften

Häußermann, H. (2008): Wohnen und Quartier: Ursachen sozialräumlicher Segregation. In: E.-U. Huster, J. Boeckh & H. Mogge-Grotjahn (Hrsg.): *Handbuch Armut und soziale Ausgrenzung* (S. 335–349). Wiesbaden: VS Verlag für Sozialwissenschaften.

Helsper, W. (2006): Zwischen Gemeinschaft und Ausschluss – die schulischen Integrations- und Anerkennungsräume im Kontrast. In: W. Helsper, H.-H. Krüger, S. Fritzsche, S. Sandring, C. Wiezorek, O. Böhm-Kasper & N. Pfaff (Hrsg.): *Unpolitische Jugend? Eine*

Studie zum Verhältnis von Schule, Anerkennung und Politik (S. 293–317). Wiesbaden: VS Verlag für Sozialwissenschaften.
Hertel, T. (2020): *Entziffern und Strafen. Schulische Disziplin zwischen Macht und Marginalisierung.* Bielefeld: transcript.
Holm, A. (2012): Gentrification. In: F. Eckardt (Hrsg.): *Handbuch Stadtsoziologie* (S. 661–687). Wiesbaden: Springer VS.
Honneth, A. (1992): *Kampf um Anerkennung. Zur moralischen Grammatik sozialer Konflikte.* Frankfurt/Main: Suhrkamp.
Honneth, A. (1997): Anerkennung und moralische Verpflichtung. *Zeitschrift für philosophische Forschung*, 51(1), 25–41.
Hummrich, M. (2017a): Diskriminierung im Erziehungssystem. In: A. Scherr, A. El-Mafaalani & G. Yüksel (Hrsg.): *Handbuch Diskriminierung* (S. 337–352). Wiesbaden: Springer VS.
Hummrich, M. (2017b): Inklusion und Exklusion. In: A. Kraus, J. Budde, M. C. Hietzge & C. Wulf (Hrsg.): *Handbuch schweigendes Wissen. Erziehung, Bildung, Sozialisation und Lernen* (S. 261–274). Weinheim/Basel: Beltz Juventa.
Hummrich, M. (2021): Anerkennung. Erziehungswissenschaftliche Betrachtungen einer ambivalenten Kategorie. *Zeitschrift für Schul- und Professionsentwicklung*, 3(2), 34–47.
Hummrich, M., Hebenstreit, A. & Hinrichsen, M. (2017): Möglichkeitsräume und Teilhabechancen in Bildungsprozessen. In: I. Miethe, A. Tervooren & N. Ricken (Hrsg.): *Bildung und Teilhabe* (S. 279–303). Wiesbaden: Springer VS.
Iser, M. (2006): Anerkennung. In: G. Göhler, M. Iser & I. Kerner (Hrsg.): *Politische Theorie. 22 umkämpfte Begriffe zur Einführung* (unveränderter Nachdruck der 1. Auflage). Wiesbaden: Springer Fachmedien.
Jurczok, A. (2019): *Schulwahl unter »gleichwertigen« Einzelschulen. Elterliche Übergangsentscheidungen im zweigliedrigen Sekundarschulsystem.* Wiesbaden: Springer VS.
Jurczok, A. & Lauterbach, W. (2014): Schulwahl von Eltern: Zur Geografie von Bildungschancen in benachteiligten städtischen Bildungsräumen. In: P. A. Berger, C. Keller, A. Klärner & R. Neef (Hrsg.): *Urbane Ungleichheiten. Neue Entwicklungen zwischen Zentrum und Peripherie* (S. 135–155). Wiesbaden: Springer VS.
Kessl, F. & Reutlinger, C. (2007): »Sozialhilfeadel oder Unterschicht?« Sieben Einwände gegen die territoriale Manifestation einer »neuen Unterschicht«. In: F. Kessl, C. Reutlinger & H. Ziegler (Hrsg.): *Erziehung zur Armut? Soziale Arbeit und die neue ›Unterschicht‹* (S. 97–101). Wiesbaden: VS Verlag für Sozialwissenschaften.
Kollender, E. (2020): *Eltern – Schule – Migrationsgesellschaft. Neuformation von rassistischen Ein- und Ausschlüssen in Zeiten neoliberaler Staatlichkeit.* Bielefeld: transcript.
Kronauer, M. (2018): Armut im politischen Diskurs. In: P. Böhnke, J. Dittmann & J. Göbel (Hrsg.): *Handbuch Armut. Ursachen, Trends, Maßnahmen* (S. 45–55). Opladen/Toronto: Verlag Barbara Budrich.
Langer, R. (2014): Ungewollt unfairer Unterricht. Wie Lehrer/innen im schulischen Arbeitsalltag soziale Ungleichheit reproduzieren, ohne es zu bemerken. *Erziehung und Unterricht*, 166 (März/April 3–4), 301–312.
Link, J. (1999): Wie das Kügelchen fällt und das Auto rollt. Zum Anteil des Normalismus an der Identitätsproblematik der Moderne. In: H. Willems & A. Hahn (Hrsg.): *Identität und Moderne* (S. 164–179). Frankfurt/Main: Suhrkamp.
Löw, M. (2001): *Raumsoziologie.* Frankfurt/Main: Suhrkamp.
Löw, M. (2007): Zwischen Handeln und Struktur. Grundlagen einer Soziologie des Raums. In: F. Kessl & H.-U. Otto (Hrsg.): *Territorialisierung des Sozialen. Regieren über soziale Nahräume* (S. 80–100). Opladen [u. a.]: Verlag Barbara Budrich.
Löw, M. & Sturm, G. (2019): Raumsoziologie. Eine disziplinäre Positionierung zum Sozialraum. In: F. Kessl & C. Reutlinger (Hrsg.): *Handbuch Sozialraum. Grundlagen für den Bildungs- und Sozialbereich* (2. Auflage, S. 3–21). Wiesbaden: Springer VS.
Lütkens, C. (1971): Die Schule als Mittelklassen-Institution. In: P. Heintz (Hrsg.): *Soziologie der Schule. Sonderheft der Kölner Zeitschrift für Soziologie und Sozialpsychologie* (9. Auflage, S. 22–39). Opladen: Westdeutscher Verlag.

Mayer, T. & Koinzer, T. (2019): Schulwahl und Bildungsungleichheit – Ein holistisches Modell zur Erklärung von Segregation und Bildungsdisparitäten bei der Einzelschulwahl. *Pädagogische Rundschau, 73*(3), 265–279.
Musterd, S., Marcińczak, S., van Ham, M.& Tammaru, T. (2017): Socioeconomic segregation in European capital cities. Increasing separation between poor and rich. *Urban Geography, 38*(7), 1062–1083.
Oester, K., Brunner, B. & Fiechter, U. (2015): Selektionskulturen – Die Strategien dreier Berner Schulen im Umgang mit residenzieller Segregation. In: L. Fölker, T. Hertel & N. Pfaff (Hrsg.): *Brennpunkt(-)Schule. Zum Verhältnis von Schule, Bildung und urbaner Segregation* (S. 87–102). Opladen [u. a.]: Barbara Budrich.
Picker, G. (2017): *Racial cities: Governance and the segregation of Romani people in urban Europe.* London: Routledge.
Rabenstein, K. (2016): Individualisierung im empirischen Diskurs der Schulpädagogik. Steigerungsformel für Leistung und Ungleichheiten in Eigenverantwortung. In: N. Ricken, R. Casale & C. Thompson (Hrsg.): *Die Sozialität der Individualisierung* (S. 197–213). Paderborn: Ferdinand Schöningh.
Radtke, F.-O. & Stošić, P. (2009): Lokale Bildungsräume: Ansatzpunkte für eine integrative Schulentwicklung. *Geographische Revue, 11*(1), 34–51.
Redecker, A. (2016): Die Anerkennung des Anderen im Kontext der Inklusion. Ein pädagogischer Ansatz. *Vierteljahrsschrift für wissenschaftliche Pädagogik, 92*(1), 57–85.
Richter, E. & Pfaff, N. (2014): (Schulische) Bildung in ethnisch segregierten Stadtteilen – quantitative und qualitative Befunde im Zusammenhang. In: W. Baros & W. Kempf (Hrsg.): *Erkenntnisinteresse, Methodologie und Methoden interkultureller Bildungsforschung* (S. 209–223). Berlin: Regener.
Schroer, M. (2009): »Bringing Space Back in« – Zur Relevanz des Raumes als soziologische Kategorie. In: J. Döring & T. Thielmann (Hrsg.): *Spatial Turn. Das Raumparadigma in den Kultur- und Sozialwissenschaften* (S. 125–148). Bielefeld: transcript.
Sernhede, O. (2011): School, Youth Culture and Territorial Stigmatization in Swedish Metropolitan Districts. *Young, 19*(2), 159–180.
Slater, T. & Anderson, N. (2012): The reputational ghetto: territorial stigmatisation in St Paul's, Bristol. *Transactions of the Institute of British Geographers, 37,* 530–546.
Solga, H. & Wagner, S. (2010): Die Zurückgelassenen – die soziale Verarmung der Lernumwelt von Hauptschülerinnen und Hauptschülern. In: R. Becker & W. Lauterbach (Hrsg.): *Bildung als Privileg? Erklärungen und Befunde zu den Ursachen der Bildungsungleichheit.* (4., aktualisierte Auflage, S. 191–219). Wiesbaden: VS Verlag für Sozialwissenschaften.
Stojanov, K. (2013): Bildungsgerechtigkeit als Anerkennungsgerechtigkeit. In: F. Dietrich, M. Heinrich & N. Thieme (Hrsg.): *Bildungsgerechtigkeit jenseits von Chancengleichheit. Theoretische und empirische Ergänzungen und Alternativen zu ›PISA‹* (S. 57–69). Wiesbaden: Springer VS.
Stošić, P. (2011): »MachtRäume« und »RaumMächte«. Ein theoretisches Modell zur Analyse lokaler Bildungsräume. In: S. K. Amos, W. Meseth & M. Proske (Hrsg.): *Öffentliche Erziehung revisited. Erziehung, Politik und Gesellschaft im Diskurs* (S. 275–300). Wiesbaden: VS Verlag für Sozialwissenschaften.
Stošić, P. (2015): Horizontale Segregation im deutschen Schulsystem. In: L. Fölker, T. Hertel & N. Pfaff (Hrsg.): *Brennpunkt(-)Schule. Zum Verhältnis von Schule, Bildung und urbaner Segregation* (S. 29–48). Opladen/Berlin/Toronto: Verlag Barbara Budrich.
Sundsbø, A. (2015): Warum benachteiligt schulische Segregation die ›Bildungsfernen‹? In: L. Fölker, T. Hertel & N. Pfaff (Hrsg.): *Brennpunkt(-)Schule. Zum Verhältnis von Schule, Bildung und urbaner Segregation* (S. 49–66). Opladen [u. a.]: Verlag Barbara Budrich.
Taylor, C. (1993): *Die Politik der Anerkennung. In: Charles Taylor. Multikulturalismus und die Politik der Anerkennung.* Hrsg. v. A. Gutmann (S. 13–78). Frankfurt/Main: Fischer.
Völcker, M. (2014): *»Und dann bin ich auch noch Hauptschule gekommen…«: Über die identitären Folgen der Hauptschulzugehörigkeit.* Konstanz: Universitätsverlag Konstanz.
Wacquant, L. (2004): Was ist ein Ghetto? Konstruktion eines soziologischen Konzepts. *PROKLA, 34,* 133–147.

Wacquant, L. (2007): Territorial Stigmatization in the Age of Advanced Marginality. *Thesis Eleven*, *91*(1), 66–77.
Wacquant, L. (2008): *Urban outcasts: a comparative sociology of advanced marginality*. Cambridge; Malden, MA: Polity.
Wellgraf, S. (2012): *Hauptschüler. Zur gesellschaftlichen Produktion von Verachtung*. Bielefeld: transcript.
Wellgraf, S. (2018): *Schule der Gefühle. Zur emotionalen Erfahrung von Minderwertigkeit in neoliberalen Zeiten*. Bielefeld: transcript.
Wiezorek, C. (2009): Bildungsferne Jugendliche? Zur Problematik einer Standard gewordenen wissenschaftlichen und gesellschaftlichen Perspektive auf Hauptschüler. In: J. Billstein & J. Ecarius (Hrsg.): *Standardisierung – Kanonisierung. Erziehungswissenschaftliche Reflexionen* (S. 181–195). Wiesbaden: VS Verlag für Sozialwissenschaften.
Willis, P. E. (1977): *Learning to Labour. How Working Class Kids Get Working Class Jobs*. Oxon/ New York: Routledge.
Yıldız, M. & Preissing, S. (2017): »Ghetto im Kopf?« Verortungspraxen Jugendlicher in marginalisierten Stadtteilen. In: T. Geisen, C. Riegel & E. Yıldız (Hrsg.): *Migration, Stadt und Urbanität. Perspektiven auf die Heterogenität migrantischer Lebenswelten* (S. 157–173). Wiesbaden: Springer VS.

6 Räume elterlichen Handelns. *Displaying good motherhood* im Kontext von schulischer Inklusion, Ableismus und intersektionalen Machtverhältnissen

Lalitha Chamakalayil, Isabel Dean & Oxana Ivanova-Chessex

Abstract

Das Verhältnis von Eltern und Schule ist durchdrungen von vielfältigen gesellschaftlichen Machtverhältnissen, in denen Normalitätsanforderungen an Eltern als sich aktiv einbringende, engagierte Bildungsverantwortliche eingelagert sind. Diese individuell responsibilisierenden Anrufungen beinhalten spezifische (und teils gegenderte) Erwartungen an Eltern als sich sorgende, den Bildungsverlauf ihrer Kinder aktiv gestaltende Bildungspartner*innen von Schule. Im Zentrum des vorliegenden Beitrags stehen empirische Analysen zu Handlungsspielräumen von Müttern, deren Kinder Erfahrungen mit schulisch wirksamem Ableismus machen. Für diese Mütter kann das displaying good motherhood einen spezifischen Raum elterlichen Handelns im Kontext von schulischer Inklusion, Ableismus und intersektionalen Machtverhältnissen darstellen.

6.1 Einleitung

Das Verhältnis von Elternhaus und Schule ist durchdrungen von vielfältigen gesellschaftlichen Machtverhältnissen, in denen Normalitätsanforderungen an Eltern als sich aktiv einbringende, engagierte Bildungsverantwortliche eingelagert sind (Jergus 2019; Kollender 2020; Oelkers 2015). Diese individuell responsibilisierenden Anrufungen beinhalten spezifische (und teils gegenderte) Erwartungen an Eltern als (sich) sorgende, den Bildungsverlauf ihrer Kinder aktiv mitgestaltende Bildungspartner*innen von Schule. Die Norm einer bildungsverantwortlichen, in Bildungskontexten ›angemessenen‹, ›guten‹ elterlichen Leistung wird dabei zumeist implizit bedeutsam, indem sie positionierend wirkt und hierdurch Spielräume und Modi elterlicher Handlungsfähigkeit strukturierend mit beeinflusst (Chamakalayil, Ivanova-Chessex, Leutwyler & Scharathow 2021a). Hierdurch werden viele derjenigen Eltern verandert[1], die die an sie gerichteten Normalitätsanforderungen aus

---

[1] Das im Kontext der Postcolonial Studies entstandene Konzept des Othering (Said 1978; Spivak 1985) – bzw. der Veranderung – bezeichnet die Konstruktion des inferioren ›Anderen‹ in und durch hierarchische/n und asymmetrische/n Differenzordnungen (Riegel 2016, S. 52).

unterschiedlichen Gründen und aufgrund komplexer und zum Teil ambivalenter, widersprüchlicher Positionierungen nicht im erwarteten Ausmaß erfüllen können. Für sie ergibt sich eine Notwendigkeit, sich zum institutionalisierten Othering zu verhalten, ein komplexes *impression management* (Goffman 1959) zu betreiben oder das Othering abzuwenden, indem sie viel in ihr Bild als (besonders) ›gute‹, den normalisierten Vorstellungen entsprechende Eltern investieren. Die Räume des Sich-Verhaltens sind dabei durch vielfältig verschränkte, in unterschiedlichen Kontexten verschieden durchgreifende Machtverhältnisse (beispielsweise Rassismus, Klassismus, Sexismus, Ableismus[2]) vorstrukturiert, wobei sich auch Privilegien mit Benachteiligungen verzahnen.

Diese Räume des elterlichen Handelns im Kontext von schulischer Inklusion, Ableismus und intersektionalen Machtverhältnissen stehen im Fokus des vorliegenden Beitrags. Zwei Fragen leiten die nachfolgenden Analysen ein: Welche gesellschaftlichen Anrufungen werden für Eltern von Kindern, die im Schulkontext Erfahrungen mit dem Ableismus machen, in welcher Weise bedeutsam? In welche Positionierungszwänge werden sie eingebunden und wie entwickelt und entfaltet sich ihre Handlungsfähigkeit als schulischerseits spezifisch adressierte Eltern im Kontext einschränkender und ermöglichender gesellschaftlicher Verhältnisse? Die hier aufgeworfenen Fragen bearbeiten wir anhand von Material aus zwei unterschiedlichen qualitativ-empirischen, interviewbasierten Studien, die mit leicht unterschiedlichen Akzentuierungen unter anderem elterliches Handeln im Schulkontext – vor dem Hintergrund der je spezifischen Bedingungszusammenhänge – fokussieren. Die Studie »Bildung – Heterogenität – Sprache. Rassistische Differenz- und Diskriminierungsverhältnisse in Kita und Grundschule« (Dean 2020) ist zwischen Kulturanthropologie und Erziehungswissenschaft verortet. Im Mittelpunkt standen »neuralgische Punkte« des Übergangs von der Kindertagesstätte (Kita) zur Grundschule in Berliner Innenstadtbezirken, an denen Differenz hergestellt wird und an denen sich darauf aufbauend rassistische und (mehrfach-)diskriminierende Praktiken, Routinen und Diskurse ereignen können. Im Rahmen der ethnografischen Studie wurden – neben teilnehmenden Beobachtungen in unterschiedlichen Settings – 36 qualitative, halbstrukturierte Interviews mit – insbesondere hinsichtlich Rassismus und Klassismus – unterschiedlich positionierten Eltern, Erzieher*innen, Schulleitungen, Lokalpolitiker*innen sowie mit Jurist*innen und Aktivist*innen aus dem Antidiskriminierungsbereich geführt. Die Interviews wurden mittels des integrativen Ansatzes nach Kruse (2015) rekonstruktiv ausgewertet.

Die vom Schweizerischen Nationalfonds geförderte Studie »Eltern und Schule im Kontext gesellschaftlicher Ungleichheitsverhältnisse« (Nr. 175816) fokussierte auf das Handeln von Eltern im Kontext Schule (Chamakalayil, Ivanova-Chessex, Leutwyler et al. 2021). Im Fokus der biographie- und subjektivierungstheoretischen

---

2 Von Ableismus sprechen wir, »wenn es um die zahlreichen Facetten der Ausgrenzung und ›Andersbehandlung‹ von als behindert geltenden Menschen sowie die dahinter stehenden Denkweisen und Einstellungen geht« (Köbsell 2015, S. 25). Es »handelt sich um eine phantasmatische Idealisierung von Leistungsfähigkeit, die eng verknüpft ist mit Vorstellungen einer optimalen Verwertbarkeit des ›Humankapitals‹ einer Person innerhalb eines spezifischen kapitalistischen Produktionsregimes« (Pieper 2016, S. 98).

Analyse stand elterliche Handlungsfähigkeit unter Bedingung des schulischen Otherings sowie biographische und diskursive Verortung elterlicher Positionierungen in diesem Kontext. Die Grundlage der Analyse stellten über 20 biografisch-narrative Interviews (Schütze 1983) mit Müttern und Vätern in der amtlich deutschsprachigen Schweiz dar, die mittels der biografischen Fallrekonstruktion (Rosenthal 1995) unter Anwendung subjektivierungsanalytischer Heuristik (Rose 2019) ausgewertet wurden.

Im Zentrum des Interesses stehen im vorliegenden Beitrag exemplarisch die auf Schule bezogenen Handlungsspielräume von Müttern, deren Kinder Erfahrungen mit schulisch wirksamem Ableismus machen. Der Beitrag ist wie folgt strukturiert: Zunächst legen wir die grundlegenden raum- und subjektivierungstheoretischen Verortungen unserer Analyse dar und erläutern dabei das relationale Raumverständnis als eine für den Beitrag leitende theoretische Rahmung. Diese verstehen wir als eine fruchtbare Ergänzung von der im vorliegenden Sammelband überwiegend vertretenen stadtsoziologischen Perspektive auf den Sozialraum[3] (▶ Kap. 6.2). Anschließend gehen wir näher auf die beiden Fallbeispiele »Monika Kowaletzki« und »Johanna Nikolaidis«[4] ein (▶ Kap. 6.3), indem wir auf elterliche Positionierungen im Kontext von Inklusion und Ableismus fokussieren. Abschließend fassen wir unsere Befunde in einem Fazit und einem kurzen Ausblick zusammen (▶ Kap. 6.4), indem wir über das *displaying good motherhood* als ein spezifischer Raum elterlichen Handelns im Kontext von schulischer Inklusion, Ableismus und intersektionalen Machtverhältnissen nachdenken.

6.2 Elterliche Handlungs(spiel)räume im Schulkontext – raum- und subjektivierungstheoretische Verortungen

Die Räume elterlichen Handelns verstehen wir im Sinne eines *relationalen Raumverständnisses* (Kessl & Reutlinger 2010) nicht materialistisch und/oder allein auf statistische Strukturdaten hin gedacht (Stošić 2012). Vielmehr betrachten wir Räume als Ergebnis von Handlungen und Praxis (Löw, Steets & Stoetzer 2007) und schließen dabei an

> »eine radikale Perspektivenumkehr [an], die darin besteht, nicht mehr Soziales als in absoluten Räumen platziert oder als durch Räume umgeben und gerahmt zu denken, sondern

---

[3] Eine stärker stadtsoziologisch argumentierende Perspektive auf den Sozialraum, welche die »Dualität von Raum« (Löw, Steets & Stoetzer 2007, S. 65) als ein sich wechselseitig beeinflussendes Verhältnis von Struktur und Handlung beinhaltet, wird u. a. auch vertreten in Dean (2020; 2021).

[4] Zum Schutz der Befragten haben wir allen Interviewten sowie den beforschten Einrichtungen ein Pseudonym gegeben.

umgekehrt: Grenzen, Orte und Räume als Bestandteil und Produkt von Handlungen, Kommunikationen, Diskursen und sozialen Beziehungen zu begreifen« (Pott 2015, S. 192).

In diesem Sinne wird der Raum »nicht lediglich als Umgebung des sozialen Handelns, sondern als geordnete und ordnende Struktur verstanden, die handelnd (dynamisch) hervorgebracht wird« (Hummrich et al. 2017, S. 77). Diese raumtheoretische Verortung bedeutet für uns, Räume nicht als eine ontologische Kategorie zu denken, sondern die Situiertheit und Performativität bei der Hervorbringung der Räume zu berücksichtigen. Raum wird also nicht als etwas Absolutes greifbar, sondern in seiner relationalen ›Beschaffenheit‹ und Be- und Umdeutung verstehbar.

Auf der Grundlage dieses relationalen Raumverständnisses kann beispielsweise Schule als ein Raum elterlichen Handelns gelesen werden, der als eine »Anordnungsstruktur [erscheint], die mit gesellschaftlichen Normalitätserwartungen konfrontiert ist, in denen das Handeln auf spezifische Möglichkeitskonstellationen trifft« (Hummrich et al. 2017, S. 279f.). In diesem Sinne wird Schule zu einem »relationale[n] Anordnungsgefüge, das Handeln bedingt und rahmt« (ebd., S. 280) und Möglichkeitsräume[5] von Eltern mit je spezifischen Grenzen des Handelns konturiert. Die Frage nach den hierbei bestehenden Teilhabechancen ist dabei immer auch eine der (räumlichen) Möglichkeitsstrukturen auf verschiedenen Ebenen (Gesellschaft, Institution, Interaktion, Individuum) und der damit verbundenen Prozesse der Inklusion und Exklusion (ebd.). Möglichkeitsräume beschreiben dabei jene Relationierung, »in der einerseits die Bedingungen des Handelns eingehen, sich andererseits die eigenen Verortungsaktivitäten einschreiben« (ebd., S. 297).

Auf schulische Belange bezogenes elterliches Handeln verstehen wir als ein komplexes Subjektivierungsgeschehen in spezifischen Kontexten. Schule wird demzufolge auch als ein Raum aufgefasst, an dem Eltern als Erziehungs- und Bildungsverantwortliche (Jergus 2018) wiederholt hervorgebracht werden und sich als solche immer wieder erzeugen und bewähren müssen. Diese Räume sind nicht neutral, sondern durchzogen von hegemonialen Normen eines im Bildungskontext ›angemessenen‹ elterlichen Handelns einerseits (Fitz-Klausner et al. 2021) und den intersektional verschränkt wirksamen gesellschaftlichen Machtverhältnissen andererseits (Riegel 2016). Normen und Machtverhältnisse können in dieser Logik als Kontexte des Subjektivierungsgeschehens und machtvolle Mechanismen konzeptualisiert werden, die »dem Sozialen ein Gitter der Lesbarkeit auf[erlegen] und Parameter dessen [definieren], was innerhalb des Bereichs des Sozialen erscheinen wird und was nicht« (Butler 2009, S. 73). Es handelt sich also um jene sozialen Zusammenhänge, in Bezug zu denen jemand erst als ein Jemand (beispielsweise ein*e schulische*r Akteur*in) sozial lesbar wird und an denen entlang über die

---

5 Räume können auch mit Holzkamps subjektwissenschaftlicher Perspektive (Holzkamp 1983) als symbolische Möglichkeitsräume verstanden werden. Der subjektive Möglichkeitsraum wird hier als das beschrieben, was die Einzelnen als ihre Handlungsspielräume oder auch Einschränkungen wahrnehmen und deuten. Hierbei geht es auch darum, wie gesellschaftliche Verhältnisse interpretiert werden und entsprechend sowohl aktuelle als auch zukünftige Handlungsoptionen gesehen werden (Gillieron, Can Güneş & Riegel 2018).

Legitimität – beispielsweise elterlichen – Handelns mit privilegierenden oder auch benachteiligenden Folgen subtil befunden wird.

Die elterlichen Handlungsspielräume, auf solche normengeleiteten diskursiven Ansprachen, Erwartungen und Responsibilisierungen im Kontext der Schule einzugehen, unterscheiden sich abhängig von ihren komplexen und häufig situativ Bedeutung erlangenden sozialen Positionierungen. Insbesondere für Eltern, deren Positionen in so konstituierten Machtkontexten fragil und othering-anfällig sind, kann es eine Umgangsweise sein, in eine ›Normkonformität‹ zu investieren, dies kann sogar als eine Notwendigkeit empfunden werden. An diesem Moment des notwendigen, sich zu den hegemonialen familienbezogenen Normen Verhalten-Müssens verortet Finch (2007) das Konzept von *displaying family*. Aufbauend auf der Idee von Familie als *family practices* (Morgan 1996), bei der Familie als das theoretisiert wird, was Mitglieder aktiv als Familie herstellen, erweitert Finch (2007) dies um den Aspekt, dass es nicht genügt, sich gegenseitig des Familie-Seins zu vergewissern und sich als eine solche hervorzubringen. Viel mehr gehen diese Praktiken mit einer Demonstration dieser Familienbeziehung für das Umfeld, das Außen, einher – was nur geht, wenn damit etablierte Ideen zu Familien referenziert werden. Mit Bezug auf das Verhältnis von Eltern zu Schule kontextualisiert, handelt es sich bei dem *displaying family* also um eine positionierende Bezugnahme auf normative Konstrukte von in Schulkontexten wirksamen Vorstellungen und Bildern des angemessenen Erziehungshandelns. Eine Nicht-Erfüllung von Normalitätsanforderungen wirkt sich auf Eltern (und ihr Verhältnis zur Schule der Kinder) aus; vielfach veranlasst es diese zum Handeln bzw. vielmehr zu einem spezifischen Handeln, durch das Anerkennungsrisiken für sich und ihre Kinder minimiert werden sollen.

Von schulischen Norm(alitäts)erwartungen sind in spezifischerweise Eltern von Kindern betroffen, die im Kontext von Schule ableistisch adressiert werden. Der in kapitalistischen Verhältnissen unabdingbare, ableistisch geformte Fähigkeitsimperativ (Maskos 2015) strukturiert schulische Vorgänge in einem besonderen Maße, denn hier gilt es für Kinder, genauso wie auch deren Eltern, schulischerseits anerkannte Leistung zu erbringen. Wird die Leistungsfähigkeit als eingeschränkt gelesen, steigt der Handlungsdruck auf Familien. Oft ist es dann notwendig, sich erst als ›Andere‹ zu verorten, um handlungsfähig zu werden und unterstützende Maßnahmen in Anspruch nehmen zu dürfen (vgl. ebd.). Wie sich diese elterlichen Subjektivierungsprozesse im Kontext von Ableismus und Anrufungen als Bildungsverantwortliche vollziehen, ist Gegenstand der nachfolgenden Analysen.

6.3 Elterliche Positionierungen im Kontext von schulischer Inklusion und Ableismus – empirische Beispiele

Nachfolgend zeigen wir durch die Zusammenschau von Daten aus den beiden genannten Forschungsprojekten (▶ Kap. 6.1) auf, wie Adressierungen in Bezug auf Eltern und ihre von Ableismus betroffenen Kinder im Schulkontext wirksam werden, wie die elterlichen Antworten darauf sind und wie elterliche Handlungs(spiel)räume durch gesellschaftliche, an Schulen wirksame Ordnungen strukturiert werden. Wir befassen uns mit diesen Thematiken anhand von Fallbeispielen zweier Mütter und ihrer Kinder. Die eine Mutter (»Monika Kowaletzki«) ist mit der Suche nach einer geeigneten (Regel-)Schule befasst und die andere Mutter (»Johanna Nikolaidis«) bringt sich aktiv in schulischen Inklusionsprozesse ein. Beide verhalten sich auf eine je spezifische Art und Weise zu ableistischen Normen, die das Bildungshandeln von ihnen und ihren Kindern rahmen.

6.3.1 »Das ist *schon* die Frage, wo er hingeht auch!« – Frau Kowaletzkis Suche nach der besten Schule für ihren Sohn

Monika Kowaletzki lebt mit ihrem Partner und den beiden gemeinsamen Kindern in einem Teilbezirk einer bundesdeutschen Großstadt, der traditionell migrantisch und durch Arbeiter*innen, zugleich aber auch durch starke Gentrifizierungsbewegungen geprägt ist. Zum Zeitpunkt des Interviews schreibt Monika Kowaletzki gerade ihre Masterarbeit, jedoch ist ihre Bildungslaufbahn bis zum nunmehr kurz bevorstehenden Abschluss ihres Studiums der Erziehungswissenschaft keineswegs linear oder frei von Hindernissen verlaufen: In einer ostdeutschen Mittelstadt aufgewachsen und sozialisiert, machte sie zunächst eine Ausbildung als Krankenpflegerin, erwarb dann das Abitur auf dem zweiten Bildungsweg und arbeitete wiederum einige Jahre als Krankenpflegerin. Mit Ende Zwanzig entschließt sie sich, »noch mal ein bisschen was für das Köpfchen zu tun und anzufangen zu studieren« (Interview Monika Kowaletzki, Z. 610–611). Zu diesem Zweck zieht sie in die Großstadt, in der sie seither wohnt, und bekommt während ihres Studiums ihre beiden Kinder, Anton und Tomke. Nach der Geburt des ersten Sohnes Anton leben sie und ihr Partner noch einige Jahre in getrennten WGs und übernehmen die Sorgetätigkeit zum Teil unabhängig voneinander. Erst die geplante Geburt des zweiten Kindes veranlasst die beiden schließlich zusammenzuziehen.

Als angehende Akademikerin befasst sich Monika Kowaletzki intensiv mit der Frage, auf welche Schule ihre Kinder gehen sollen. Für ihren älteren Sohn Anton, der zum Zeitpunkt des Interviews acht Jahre alt ist, hat sie bereits eine ›gute Schule‹ – in einem anderen als dem ihr eigentlich zugeordneten Schuleinzugsgebiet – gefunden und auch erreicht, dass dieser die Schule – trotz der prinzipiell geltenden

Sprengelregelung[6] – besuchen kann (Krüger/Roch/Dean 2016, S. 699f.; Dean 2020, S. 195f.). Mit ihrer Praxis der Schulwahl setzt sie voraus, dass geltende Regeln übergangen werden können, oder vielmehr, dass für sie auch Ausnahmen zu den geltenden Regeln gemacht werden. Hier manifestiert sich eine Anspruchshaltung, die sie erfolgreich gegenüber der Schule durchsetzen kann, während eine solche Haltung von vielen anderen Eltern, die schulbezogene Regeln nicht hinterfragen und der Schule mit einem von dieser als defizitär gerahmten Habitus entgegentreten, nicht im selben Maße eingenommen wird oder werden kann.

Die sich durch Monika Kowaletzkis Handeln für sie ergebenden spezifischen Möglichkeitskonstellationen sind für sie auch dann prägend, wenn es um ihren jüngeren Sohn Tomke geht. Für Tomke, zum Zeitpunkt des Interviews viereinhalb Jahre alt, erachtet sie aufgrund dessen geistiger Behinderung die Schule des älteren Sohnes als weniger gut geeignet. Dabei macht sie deutlich, dass trotz oder gerade aufgrund der Behinderung Tomkes die Frage, auf welche Grundschule er zukünftig gehen wird, für sie eine große Relevanz besitzt: »Das ist *schon* die Frage, wo er hingeht auch. Und das wird auch schwierig werden, ihn auf die Schule zu kriegen, die ich gerne hätte für ihn.« (Interview Monika Kowaletzki, Z. 168–169). Sie weiß also genau, auf *welche* andere Schule ihr Sohn gehen soll und ebenso, *wie* eine gute Schule für ihn aussieht. Die Wahl der Schule ist somit keine Selbstverständlichkeit, sondern eine Entscheidung – wenn auch keine einfache Entscheidung, sondern eine, mit der sie ringt und die durchdacht werden muss. Jedoch zeigt sich hier auch, dass Monika Kowaletzki bereits antizipiert, dass es unter Umständen schwierig werden wird, ihren Sohn auf genau diese, außerhalb des vorgesehenen Einzugsgebiets und in einem anderen Bezirk gelegene Schule zu schicken. Es deutet sich somit ein potenzieller Konflikt an, den sie nichtsdestotrotz in Kauf zu nehmen bereit ist, um Tomke den Zugang zu dieser Schule zu ermöglichen.

Monika Kowaletzki ist eine Mutter, die sich souverän im Diskurs um Schulwahl bewegt und die entsprechenden Fachtermini – »Dezemberkind« (Interview Monika Kowaletzki, Z. 171), »*Kann*-Bestimmung« (Interview Monika Kowaletzki, Z. 174) – kennt. Demgemäß möchte sie ihren Sohn um mindestens ein Jahr von der Schulpflicht zurückstellen lassen. Auch wenn der Zeitpunkt der Einschulung eigentlich gesetzt ist, weiß sie um die Möglichkeiten der Zurückstellung und nimmt für sich die Entscheidungsmacht über den geeigneten Zeitpunkt der Einschulung in Anspruch. Zugleich kann sie so auch die endgültige Entscheidung, welche Schule ihr Kind besuchen wird, zeitlich nach hinten verschieben. Eine Zurückstellung um ein zusätzliches weiteres Jahr möchte sie nicht ausschließen und macht dies von der von ihr antizipierten zukünftigen Entwicklung des Sohnes abhängig. Sie sieht sich hierbei als Expertin, diesen Zeitpunkt entsprechend der beobachteten Entwicklungsfortschritte selbst zu bestimmen. Die Festlegung des Einschulungszeitpunkts

---

6 Der Zugang zu öffentlichen Grundschulen erfolgt im Kontext der BRD formalgesetzlich unabhängig von den jeweiligen Bildungsvoraussetzungen. Erst mit Beginn der Sekundarstufe wird in unterschiedliche Bildungsgänge differenziert. Im betroffenen Bundesland sind daher einzelne Straßenzüge festgelegten Schuleinzugsgebieten zugeordnet, wodurch der Wohnort entscheidend ist für die Zuordnung zu einer Grundschule (Breidenstein, Krüger & Roch 2014, S. 166).

6.3 Elterliche Positionierungen

stellt sie als einen Akt ihres eigenen, alleinigen Handelns dar, ohne andere an dieser Entscheidung beteiligte Institutionen oder Akteur*innen, wie beispielsweise die Schuleingangsuntersuchung oder die Kita, zu benennen. Auch ihren Lebenspartner nennt sie in Bezug auf diese sowie auch andere, die Bildungsbiografie Tomkes betreffende Entscheidungen nicht.

Als Expertin für die Entwicklung ihres Sohnes definiert sie bestimmte Voraussetzungen, die ihr Sohn für den Besuch einer (Regel-)Schule notwendigerweise erfüllen solle:

> »Und deswegen will ich, dass er erst in die Schule geht, wenn ich das Gefühl habe, dass er jetzt da auch nicht einfach dann nur zu den Regalen robbt und die alle ausräumt (°@°). Sondern dass da halt entweder er auch es kann, sich *alleine* mit etwas zu beschäftigen, dass er das schon kann. Oder ich muss die Gewissheit haben, dass die Schule das *übernimmt*, ihn wirklich dann in der Zeit auch zu betreuen. Dass ist halt auch so ein bisschen was, was ich schon seit, naja, eigentlich seit einem *Jahr* immer so hin und her überlege. Sonderschule oder Regelschule? Also weil eigentlich bin ich eher für Inklusion, als @Erziehungswissenschaftlerin@ sowieso.« (Interview Monika Kowaletzki, Z. 183–191)

Monika Kowaletzki drückt den deutlichen Wunsch auf privater und quasi fachlicher Ebene – als Mutter und als angehende Erziehungswissenschaftlerin – aus, dass Tomke eine Regelschule besucht. Sie verortet dabei Tomke selbst in einer Zeitlichkeit, in der dieser momentan noch nicht von einem Regelschulumgang profitieren könne. Als Bedingung hierfür benennt sie verschiedene Entwicklungsschritte, die Tomke erreicht haben solle: sich alleine beschäftigen können, nicht mehr robben, keine Regale ausräumen. Auf diese Weise stellt sie die »Schulreife« des Sohns diskursiv her und verortet seinen derzeitigen Entwicklungsstand zeitlich vor dieser Phase. Ihre auf Leistung und klar definierbare Entwicklungsschritte eines Kindes bezogenen Vorstellungen basieren jedoch vor allem auf einem Verhalten, das sie selbst als »schulreif« definiert. Inwiefern ein solches Verständnis auch von sich als inklusiv verstehenden Regelschulen auf Kinder mit Ableismuserfahrungen angelegt wird, bleibt dabei offen.

Nichtsdestotrotz ist ihre Vision die einer Regelschule, einer, die sie sich zudem bereits angesehen und sich daraufhin für diese entschieden hat: »Und ich habe die mir auch schon mal angeguckt und ich habe da auch ähm schon mit einer, mit mehreren Lehrern geredet, bei so einem ›Tag der offenen Tür‹. Und (.) ich habe da ein ganz gutes Gefühl.« (Interview Monika Kowaletzki, Z. 238–240). Monika Kowaletzki nutzt den »Tag der offenen Tür«, um einen Eindruck von der Schule zu bekommen und zugleich auch mit den dortigen Lehrkräften in Kontakt zu treten. Indem sie auf diese Weise die Lehrkräfte strategisch adressiert und sich ihnen gegenüber als Mutter eines zukünftigen Schulkindes einführt, dreht sie das ›klassische‹ Verhältnis von Schule und Elternhaus um, das darin besteht, dass Eltern von der Schule zu spezifischen Anlässen ›herbei zitiert‹ werden.

Tomke den Zugang zu dieser Schule zu ermöglichen, erscheint ihr neben der Unberechenbarkeit der Entwicklung ihres Sohnes jedoch auch durch deren räumliche Lage im angrenzenden Bezirk nicht selbstverständlich realisierbar zu sein. Aus diesem Grund muss sie sich auch mit den anderen sich bietenden Optionen – beispielsweise den Sonderschulen oder auch anderen Regelschulen in ihrem Bezirk – beschäftigen. Für sie unterbricht ein Kind mit Behinderung den Regelfluss einer ›normalen‹ Kindheitsstruktur: Die Abwägung verschiedener Optionen, die Entwicklung von Szenarien und Überlegungen bezüglich der antizipierten Zukunft des eigenen Kindes werden hierbei zunehmend relevant. Sobald die Entwicklungsverzögerungen Tomkes immer deutlicher werden, werden Alternativszenarien für Monika Kowaletzki Teil ihres Lebens. Sie übernimmt Verantwortung, befasst sich intensiv mit den Unterstützungsstrukturen und versucht, nichts bezüglich der Bildungsbiografie des Sohnes dem Zufall zu überlassen.

Aus ihrer Positionierung als Mutter und als angehende Erziehungswissenschaftlerin heraus wird sie aus beiden Perspektiven heraus zu einer Expertin. Aus dieser doppelten Rolle heraus formuliert sie zudem ein weiteres Spannungsfeld der inklusiven Regelschulen in für sie erreichbarer Nähe, das sich auf die Frage danach bezieht, wie viel Erfahrung und professionelles Wissen diese Einrichtungen mit der inklusiven Beschulung von Kindern haben:

> »Also ich würde Tomke natürlich *nur* auf eine Schule geben, die Erfahrung damit hat. Also er soll nicht das Experimentierkind für, ja, also, ich meine, das klingt total *blöd*, aber es ist halt ganz oft so, man will, so eine Schule, die *kann* ja auch nur *lernen*, wenn sie/, also das ganze Kollegium kann ja nur lernen, wenn sie sich öffnen für Kinder mit geistiger Behinderung, wenn sie dann auch welche *aufnehmen*. Es ist natürlich immer *ein* Kind das *erste* Kind, aber ich möchte nicht, dass Tomke (@) das erste Kind ist. Ich mache vieles mit, aber das wäre mir dann zu viel.« (Interview Monika Kowaletzki, Z. 193–199)

Monika Kowaletzki erachtet auf einer allgemeinen, universalistischen Ebene schulische Inklusion sowie damit verbundene Schulentwicklungsprozesse als überaus zentral. Dieses universalistische Interesse wiegt sie gegenüber ihrem eigenen spezifischen Partikularinteresse intensiv ab (vgl. zu vergleichbaren Abwägungsprozessen Trumpa 2010, S. 12). Letzteres beinhaltet ihren Wunsch, ihr Sohn möge nicht das erste Kind sein, das an der zukünftigen Schule inklusiv beschult wird. Das organisationale Lernen der Institution Schule soll somit aus ihrer Perspektive zwar stattfinden, jedoch nicht an ihrem eigenen Kind erfolgen. Hierauf verweist auch ihre Aussage, sie »mache vieles mit«; dies mag sich auf ihr Kind, auf ihr Engagement bei der Suche nach der besten Schule oder auf ihren Wunsch nach Mitbestimmung bezüglich der Wahl der zukünftigen Schule beziehen. Als ein »zu viel« erscheint es dagegen für sie, zusätzlich dazu auch noch Schulentwicklung betreiben zu sollen. Vielmehr möchte sie wenigstens in diesem Bereich von bereits angestoßenen Veränderungsprozessen an der zukünftigen Schule ihres Sohnes profitieren. Somit wird die Erfahrung der Schule mit Inklusion für sie zu einem zentralen Kriterium für die Auswahl der Schule und bestärkt sie in ihrem Wunsch, Tomke auf die Schule im angrenzenden Bezirk zu schicken. Szenarien zu entwickeln, wie sie ihr Kind auf diese eine konkrete Schule schicken kann, stellt für Monika Kowaletzki offenbar eine schulbezogene Aktivität dar, die sie steuern kann, bei der sie selbst die Entscheidungen fällen und darauf hinarbeiten kann, diese umzusetzen. Demgegenüber bleibt die Entwicklung Tomkes etwas, was sich ihren Planungen zu einem guten Teil entzieht.

Als belastend erlebt sie es daher auch, dass Ärzt*innen und Therapeut*innen ihr gegenüber keine Prognosen in Bezug auf zukünftige Entwicklungsschritte Tomkes aussprechen wollen – ein inzwischen übliches Vorgehen angesichts von Unwägbarkeiten mit Blick auf kindliche Entwicklungen. Um die damit verbundene Unsicherheit abzumildern, erachtet sie es als notwendig, sich eigenständig diesbezügliches Fachwissen anzueignen. Sie beschäftigt sich eingehend mit dem Grad der Behinderung Tomkes und findet in – veralteten – Fachbüchern das, was sie sich wünscht, nämlich vermeintlich klares Wissen, das sich über Skalen, Kriterien und messbare Grade der Behinderung vermittelt. Hierdurch steht für sie fest, dass sie nun ihren Sohn kategorisieren und einordnen kann – und sie sich an der Idee der Einordnung ihres Sohns zwischen einer mittelschweren und einer schweren geistigen Behinderung – mit den dazugehörigen Prognosen und Entwicklungsschritten – festhält:

> »Und ein Kind mit schwerer geistiger Behinderung in einer Regelschule, das ist, *selbst* wenn ich Erziehungswissenschaften studiere und vielleicht mehr Einblick habe von Schule als andere Eltern, ist das was, was man sich halt nicht so gut vorstellen kann: Was *macht* dieses Kind da? Das fragt sich jeder? Was so, was macht das Kind da? Was soll das da lernen? Es wird nicht rechnen und nicht lesen und nicht schreiben lernen.« (Interview Monika Kowaletzki, Z. 211–216)

Mit ihrer Einschätzung, Tomke werde die schulischerseits geforderten Basiskompetenzen Lesen, Schreiben und Rechnen nicht erlernen, positioniert sich Monika Kowaletzki in einem gesellschaftlichen Diskurs, dem zufolge es sich nicht ›lohne‹, einem ›behinderten‹ Kind schulische Bildung zukommen zu lassen. Vielmehr sei es wichtig, dem Kind angemessene Lernziele und ein gutes Leben innerhalb eines (sonderpädagogischen) Schutzraumes zu gewähren. Auffallend ist, dass Monika Kowaletzki selbst diese pessimistische Perspektive aufmacht. Ihre eigene verinnerlichte Normativität zu Schule lässt es daher für sie fast unmöglich erscheinen, dass ihr Sohn von einem Regelschulbesuch profitieren könne.

Monika Kowaletzki sieht daher alle Vorteile, die eine Sonderschule für die gezielte Förderung eines Kindes mit mittelschwerer bis schwerer geistiger Behinderung mit sich bringt. Trotzdem verbindet sie mit einer *guten* Regelschule die Hoffnung, dass diese auch all das leisten kann, was eine Sonderschule auszeichnet, und die vielleicht sogar besser sein könnte als eine Sonderschule: »Aber ich möchte halt trotzdem, wenn ich das Gefühl habe, dass die Schule *gut* ist, möchte ich, dass Tomke auf eine Regelschule geht. Und hoffe, dass er dann trotzdem das dann alles lernt.« (Interview Monika Kowaletzki, Z. 220–223).

Doch was konkret zeichnet hier die Regelschule für Monika Kowaletzki aus, dass diese als ›besser‹ erscheint? In Bezug auf ihren Status als sorgende und zugleich kompetente Mutter kann die Regelschule auch als eine Art Auszeichnung und als ein Mehr an ›Normalität‹ verstanden werden: als Anerkennung der guten Förderung durch das Elternhaus, die es Tomke ermöglicht, eine Regelschule zu besuchen. Der Grad der Behinderung, gekoppelt an den Besuch einer Regelschule, wird hierdurch zum Messkriterium der erzieherischen Leistung der Mutter.

6.3.2 »…die Mutter ist ja gar nicht so schräg« – Frau Nikolaidis' Engagement für die Bildung ihrer Kinder

Johanna Nikolaidis[7] lebt mit ihrem Partner und ihren beiden Kindern, Philipp und Helena, aus der vorherigen Beziehung in einer Schweizer Großstadt. Ihr Bildungsstatus ist hart erkämpft: Nach sorgearbeitsbezogenen Unterbrechungen und Umwegen, Auseinandersetzungen mit ihrer Familie und dem damaligen Ehemann sowie klassenbezogenen Ausgrenzungen schließt sie im Erwachsenenalter ein geisteswissenschaftliches Universitätsstudium ab. Nach ihrer Weiterbildung im Coachingbereich ist sie aktuell dabei, sich als Beraterin selbstständig zu machen. Ihre Kinder besuchen beide die gleiche Schule: Ihr Sohn Philipp ist zum Zeitpunkt des Interviews 15 Jahre alt und wird mit einer Diagnose aus dem Autismusspektrum integrativ beschult. Ihre Tochter Helena ist 12 Jahre alt. Frau Nikolaidis ordnet ihre Erzählung über die ersten Schulschwierigkeiten ihres Sohnes und die darauffolgende Diagnose »atypischer Autismus« in einen breiteren Kontext einer Beziehungskrise mit ihrem damaligen Ehemann ein. Seine fehlende Unterstützung ihrer eigenen Bildungsbestrebungen und des Engagements hinsichtlich der Fördermöglichkeiten ihres Sohns kulminierte in einer Negierung der Schwierigkeiten des Sohnes durch den Partner. Dieser machte ihren durch ihre eigenen Bildungsaspirationen verzerrten Blick für die Diagnose des Sohns verantwortlich, was sie in der Nacherzählung des Vorwurfs »du willst ihn halt auf Akademiker trimmen« (Interview Johanna Nikolaidis, Z. 596) durch ihren Partner zusammenfasst.

Johanna Nikolaidis lässt sich nach einer Paartherapie und einem langen Entscheidungsprozess von ihrem Ehemann scheiden und engagiert sich in der Folge zunehmend mehr in der Schule ihrer Kinder – vor allem für ihren Sohn, der nun integrativ beschult werden soll. Ihr Einsatz erscheint ihr unabdingbar, weil die Schule für sie auf die Beschulung ihres Sohnes unvorbereitet wirkt: »[E]s hatte keine Struktur gegeben; niemand hat sich zuständig gefühlt« (Interview Johanna Nikolaidis, Z. 612 f.). Frau Nikolaidis versteht sich mehr und mehr als eine Person mit Expertise in der Begleitung ihres Sohnes, springt immer wieder für die Heilpädagogin ein und empfindet es als »wirklich so ein fünfzig Prozent Job« (Interview Johanna Nikolaidis, Z. 619). Die Zusammenarbeit spielt sich dennoch ein und Frau Nikolaidis scheint sich mit ihrer »Drehscheiben-Funktion« (Interview Johanna Nikolaidis, Z. 620) zwischen der Heilpädagogin und Schule berufen, qualifiziert und unentbehrlich zu fühlen, bis die eingespielten Routinen durch den anstehenden Schulwechsel – zwar nur ins Schulhaus gegenüber, aber in eine andere Struktur – ins Wanken geraten:

---

7 Eine detailliertere Fallanalyse zu Johanna Nikolaidis und ihrer Biografie findet sich in Chamakalayil, Ivanova-Chessex, Leutwyler & Scharathow (2021b).

»[D]ann haben wir einen Schulwechsel gehabt, das hat man alles das musste man super gut vorbereiten; weil die sind ja dann so schnell überfordert, wie sie von Neuem, ((holt tief Luft)) [...] ähm und einfach, weil (es) halt mit Ortswechsel- alles was neu ist, ist extrem schwierig. Oder, und das muss- genau und dort haben wir dann eine Heilpädagogin gehabt, die gesagt hat, hey komm ich mache, warum machen wir es nicht so das Jahr (früher) dann hat er mehr Zeit bevor es dann richtig in eine Klasse geht, ich würde mitgehen, und dann haben sich dort ganz viele Leute total auf den Schlips getreten gefühlt und haben gefunden ja aber das kann doch nicht einfach eine Heilpädagogin bestimmen, ((atmet tief ein)) und dann haben ein Riesendilemma gehabt und am Schluss ist es dann so gewesen, dass er gleich hatte müssen wechseln, aber ohne sie, weil sie haben sie nach außen gestellt und haben entschieden sie wollen nichts mehr mit ihr zu tun haben @am Schluss irgendwie; also es ist völlig eskaliert@ ((atmet tief ein)) und das habe ich alles alleine gemacht; das hat ihn [ihren Ex-Partner] völlig nicht interessiert.« (Interview Johanna Nikolaidis, Z. 622–639).

Den Wechsel von der Primar- in die Sekundarschule, der auch mit einem räumlichen Wechsel in ein anderes Schulgebäude verbunden ist, versucht Johanna Nikolaidis mit ihrem Sohn und der Heilpädagogin in ihrem Sinne zu bewerkstelligen. Das so konstituierte ›Übergangs-Wir‹ hat eine Idee von einem optimalen Wechsel: Es soll eine Kontinuität durch die bereits vertraute Heilpädagogin hergestellt werden. Nun wird diese Idee in der neuen Schule nicht unterstützt, es zeichnet sich eine Aushandlung schulischer Hierarchien und damit verbundener Deutungshoheit ab (»das kann doch nicht einfach eine Heilpädagogin bestimmen« (Interview Johanna Nikolaidis, Z. 634)). Es kommt zu einer Eskalation, die sich zu Ungunsten der Alliance entscheidet. Familial bekommt Frau Nikolaidis in dieser Phase keine Unterstützung, sie muss sich alleine für den gelungenen Übergang und das Wohlbefinden ihres Sohnes im Schulkontext einsetzen. Sie kämpft – aus ihrer Perspektive versteht sie das System und setzt ihre Expertise ein – und bedient so das normative Bild einer sehr engagierten, kompetenten und sich für ihre Kinder unermüdlich einsetzenden Mutter. Insbesondere in den Situationen, in denen der Schulerfolg ihres Sohnes nicht selbstverständlich wird und die normativen Bilder eines ›Normalschülers‹ und einer Normalfamilie (Fitz-Klausner et al. 2021) bedeutsam werden, könnte nämlich auch ihre Erziehungskompetenz potenziell in Verdacht geraten und die Trennungsprozesse in der Familie oder auch eine mögliche – potenziell als ungünstig markierbare – Lebensweise der Mutter während der Schwangerschaft als eine Erklärungsfolie für die schulische Markierung des Kindes als ›auffällig‹ herangezogen werden. Diese Risiken antizipierend reagiert sie präventiv mit einem besonderen Engagement – einer Strategie des *displaying good motherhood* –, ein Aufzeigen, wie kompetent sie in ihrer Mutterschaft ist, wie sehr sie sich fast schon als »Profi« versteht. Dies erweist sich für sie im Schulkontext, insbesondere mit der Begründung, das Beste für das Kind zu wollen, als sinnvoll. Dies gelingt aber nur dank der eher privilegierteren Positionierung der Mutter: Sie ist keine junge, unsichere Mutter (Künzle, 2021), keine als ›migrantisch‹ oder ›bildungsfern‹ markierbare Mutter (Chamakalayil, Ivanova-Chessex, Riegel & Scharathow 2021), und bewegt sich damit im Rahmen des gesellschaftlich Normalisierten und Selbstverständlichen.

Der Schuleinsatz von Johanna Nikolaidis intensiviert sich nach einem »Anwerben« (Interview Johanna Nikolaidis, Z. 1545) und »Bequatschen« (Interview Johanna Nikolaidis, Z. 1547) aktiver Eltern durch die Schulleitung: Sie »ruscht« (Interview Johanna Nikolaidis, Z. 1543) nun in das Elterngremium der Schule hinein – für sie eine logische Weiterentwicklung ihres Engagements im Schulkontext:

> »[I]ch bin mal zwei Jahre im Elternforum also da- nicht Eltern- warte wie hat das geheißen; Elternrat in der Primar dabei gewesen, auch aus dem Grund, um ein bisschen zu wissen was; einfach um ein bisschen dabei zu sein oder? Wenn einem die Leute besser kennen äh:::: es baut die Vorurteile ab oder? Das ist einfach auch so und je transparenter man ist und desto mehr man umeinander ist, desto ansprechbarer, desto einfacher macht man es den Leuten, und ich habe es vor allem ihm wollen einfach machen; [...] und dann ist es so gewesen, dass ich ihn auch immer noch musste abholen, weil er den Weg noch nicht alleine hat gehen können, und dann ist man dort am Warten und dann ist man ansprechbar, und solche Sachen und ich habe einfach gemerkt je mehr man mit den Leuten redet desto einfacher macht man es dann dem Kind oder? Also sie getrauen sich dann auch mal zum etwas zu fragen; und so. ja wie ist denn das beim Philipp? Ist das denn so und so? ah::: okay oder, und das ist dann so- ah die Mutter ist ja gar nicht so schräg- die erzie- das ist nicht als ob sie das Kind schräg erziehen würdet; ah die hat ja noch dieses Mädchen, die ist ganz normal @(.)@ //weißt so wirklich so albernes Zeug oder?« (Interview Johanna Nikolaidis, Z. 1506–1537).

Die deklarierte Begründung des Engagements in der Elternvertretung von Frau Nikolaidis lautet: Ihre Präsenz vor Ort, Transparenz und Ansprechbarkeit sollen einerseits die Distanz zu Professionellen verringern und andererseits ihren Sohn vor Vorurteilen, Skepsis und potenzieller Inkompetenz schützen. Zugleich scheinen auch die Möglichkeit der Einflussnahme im Schulkontext und die Arbeit am eigenen Image als eine engagierte Mutter und zuverlässige Partnerin der Schule ihr Engagement in den Schulgremien zu befeuern. Sie engagiert sich für eine größere Akzeptanz ihres Sohnes, aber auch für eine Anerkennung ihrer Selbst als ›gute‹ Mutter. Obwohl ihre Rolle einer engagierten Mutter nun institutionalisiert ist, bleiben ihre Engagementmotive nach wie vor viel mehr auf sie und ihre Familie und nicht auf strukturelle Veränderungen im Kontext der Schule oder Schulentwicklungsprozesse bezogen. Ihre Tochter wird zu einem rechtfertigenden Beweis von Normalität und ihrer Kompetenz als Mutter und Familienoberhaupt, als Teil eines *impression managements* (Goffman 1959), welches durch die Diagnose ihres Sohnes notwendig wird.

Ableistische Ordnungen, die im Schulkontext wirksam sind, strukturieren das Verhältnis zwischen den Kindern, ihren Eltern und der Schule und konfrontieren sowohl Kinder als auch Eltern mit einer potenziellen Veranderbarkeit. Sowohl die schulbezogenen Fähigkeiten der Kinder als auch die Erziehungsfähigkeit der Eltern geraten unter Defizitverdacht. Sich unter diesen Bedingungen zu behaupten, ist keine einfache Aufgabe, die Johanna Nikolaidis nicht zuletzt aufgrund ihres hart erkämpften Bildungsstatus gut zu gelingen scheint. Sie bringt sich ein, wird gehört, bildet Bündnisse mit Professionellen, durchschaut die Möglichkeiten des Systems und schafft es – mit viel Aufwand –, ihr Bestmögliches für die Bildung ihres Sohnes und ihrer Tochter zu tun.

6.3.3 Elterliches Handeln im Kontext von Ableismus – eine Zusammenführung

Während Monika Kowaletzki dezidiert schulische Inklusionsprozesse nicht selbst anstoßen, sondern von bereits gemachten Erfahrungen der Institution Schule mit Inklusion profitieren möchte, ist Johanna Nikolaidis bereit, solche Prozesse sowohl in der Grundschule als auch später auf der weiterführenden Schule ihres Sohnes eigenständig zu initiieren und zu gestalten. In beiden Fällen ist jedoch der Einsatz der Eltern und hier insbesondere der Mütter nötig: Zum einen besteht bereits bei der Wahl der Schule die Frage, ob diese die individuell bestmögliche Förderung des Kindes mit Integrationsstatus umsetzen kann, und zum anderen wird der Schule auch nach der Entscheidung für diese spezielle Institution weiterhin eine unzureichende Kompetenz attestiert. Somit kommen Eltern unter Zugzwang, sich als schulisch sinnvoll handelnde Eltern und Bildungsakteur*innen zu behaupten, da der Schulerfolg der Kinder mit ihrer Anerkennung als ›gute Eltern‹ zusammenwirkt.

Die Positionierung zu den responsibilisierenden Anrufungen im Kontext von Ableismus und Machtverhältnissen wird hierbei als ein *displaying good motherhood* wirksam. Die Expertiseentwicklung und Professionalisierung der Mütter im Sinne einer *kompetenten* Mutterschaft (z. B. bezogen auf die schulische Bildung der Kinder im Kontext von Ableismus) erscheint dabei als ein gangbarer Weg, um die Verantwortung für die Bildung der Kinder zu übernehmen. Beide werden zu Expert*-innenmüttern, die eigenständig, kompetent und planvoll die Bildungsbiografie des Kindes mitgestalten. Im Fall von Frau Kowaletzki zeigt sich eine bewusste Auseinandersetzung mit der Schullandschaft und ein dezidiertes Abwägen, welche Schule und auch welche Schulform die beste für den Sohn darstellt. Im Fall von Frau Nikolaidis wird der Vorwurf des Partners an sie deutlich, sie habe einen Röntgenblick als Akademikerin, der den Autismus des Sohnes erst relevant mache. Er bezeichnet dies als den Sohn »trimmen« und stellt dies seinem eigenen Ideal gegenüber, die Entwicklung des Sohns ›laufen zu lassen‹. Bei Frau Kowaletzki wiederum tritt der Partner nicht als relevanter Akteur in Erscheinung, wenn es um die Wahl der am besten passenden Schule geht, er scheint der diesbezüglichen Entscheidung aber auch nicht entgegen zu stehen.

Zunehmend relevant wird das *impression management* in Form des *displaying good motherhood* als eine Handlungsmöglichkeit, um mit potenzieller schulisch wirksamer Benachteiligung – hier Ableismus – umzugehen. Diese Handlungsmöglichkeit bezieht sich auf unterschiedliche Aspekte wie die Wahl der Schule, die Umsetzung einer sonderpädagogischen Förderung, die Schaffung inklusiver Schulstrukturen und insgesamt die Interaktion mit der Schule. Dem gesellschaftlichen Druck, sich als gute, kompetente, sich für ihr (besonderes) Kind einstehende Mutter zu inszenieren, erscheint für beide Mütter absolut selbstverständlich. Hierbei dienen normative Bilder der Normalfamilie als eine Folie für ihre Positionierungsprozesse; aus der Sicht beider Mütter ist es unmöglich, sich nicht dazu zu verhalten, wenn sie die bestmögliche Bildung für ihr Kind anstreben. Als bürgerlich, *weiß* und akademisch positionierte Personen mit Blick auf gesellschaftliche Ordnungen bzw. Macht- und Ungleichheitsverhältnisse wie Rassismus, Klassismus oder auch Ableismus können beide Mütter ihre Privilegien so einsetzen, dass die Räume ihres Handelns, aber auch der Bildung ihrer Kinder ausgeweitet werden.

6.4 Fazit – Ableistisches Othering und *displaying good motherhood*

Im Kontext der durch ableistische Strukturen geprägten Schule verschränken sich responsibilisierende Anrufungen mit Otheringprozessen. Hierüber entsteht eine Notwendigkeit für Eltern, sich zu diesen Anrufungen zu verhalten. In Bezug auf die hier angesprochenen, als privilegiert positioniert handelnden Eltern lässt sich feststellen, dass sich ein in der Tendenz gutes Passungsverhältnis zur Schule (Busse & Helsper 2008) ändert, wenn das eigene Kind Erfahrungen mit schulischem Ableismus macht: Durch das intersektionale Zusammenwirken verschiedener Differenzdimensionen, die Eltern zugleich privilegieren und benachteiligen, entsteht ein Handlungsdruck, durch den Eltern damit konfrontiert sind, den geforderten Norm(alitäts)erwartungen (wieder) in besonderer Weise zu entsprechen. Beide Familien fallen aus einer Normalität, in der sie sich befanden, heraus – und müssen der Verringerung ihres Handlungsmöglichkeitsraums entgegenwirken. Dieser Raum ist auf komplexe Art und Weise von Ungleichheiten durchzogen, die den Umgang der Mütter und Familien mit den Otheringprozessen beeinflussen. Denn aufgrund ihrer vorhandenen Privilegien gelingt es ihnen beiden besser, das Passungsverhältnis mit der Institution Schule wieder herzustellen. Das *impression management*, das sich über eine Selbstprofessionalisierung und ein sorgfältig balanciertes *displaying good motherhood* realisiert, kann dabei als ein möglicher Schritt zur Selbstnormalisierung gelesen werden. Es stellt insofern eine Positionierungsbewegung und einen spezifisch erschlossenen und erzeugten Möglichkeitsraum dar, sich zum ableistischen Othering zu verhalten.

Das *displaying good motherhood* verstehen wir als einen Versuch der Steigerung der Anerkennbarkeit als kompetente Bildungsverantwortliche im Hinblick auf schulisch wirksames Othering. Das ableistische Othering dieser Familien im Kontext von Schule soll somit (zum Teil) durch die elterliche bzw. mütterliche (Selbst-)Professionalisierung ausgeglichen werden. Es zeigt sich, dass das Handeln von Familien durch relational gefasste und hervorgebrachte Räume strukturiert, aber nicht determiniert ist. Denn die Steigerung der eigenen Handlungsfähigkeit durch (Selbst-)Professionalisierung ist zugleich ambivalent und fragil. An der Veranderung der

Mütter und ihrer Kinder ändert sich trotz des ausgeprägten *impression managements* nur eingeschränkt etwas. Zudem werden auf diese Weise Eltern in besonderem Maße responsibilisiert, was nicht von allen Eltern gleichermaßen und selbstverständlich erfüllt werden kann. Denn bei einer solchen Professionalisierung von Elternschaften, vermittelt über die verpflichtende Einbindung der Kinder in das Bildungswesen, wird elterliches Handeln »unter Professionalisierungsgesichtspunkten« (Jergus 2018, S. 126; vgl. auch Bauer et al. 2015, S. 28) reguliert und »an den Massgaben des *pädagogisch Angemessenen* wahrgenommen und beurteilt« (Jergus 2018, S. 133, Herv. i.O.). Solche regulierenden Eingriffe werden vor allem im Namen einer gelungenen Bildungskindheit legitimiert (Jergus 2018, S. 132; Knoll 2018, S. 198), genauso wie die Forderung eines Erlernens der Elternschaft bzw. ›elterlicher Kompetenz‹ im Sinne einer letztlich unthematisiert bleibenden Norm von *good parenting* (Daly 2017, S. 47).

Die Möglichkeitsräume der hier vorgestellten beiden Mütter weisen eine strukturelle Ähnlichkeit auf. Dass ihre Handlungsoptionen so gut funktionieren, sagt etwas darüber aus, welches elterliche Handeln schulischerseits als ›normal‹ und ›angemessen‹ empfunden wird. Als besonders förderlich erweist es sich dabei, wenn die Schule durch Akademiker*innen-Eltern angesprochen wird, die ihr (*weißes*, bürgerliches) Privileg zu nutzen wissen. Diese Eltern können – auch unter Bedingungen des Ableismus – Möglichkeitsräume erschließen und hervorbringen, die eine Einflussnahme auf schulische Bildungsräume über die erfolgreiche Performanz der auf die Begleitung schulischer Bildungsprozesse bezogenen *good motherhood* ermöglichen. Damit werden auch die Grenzen deutlich, die im Kontext von schulischer Inklusion zu verzeichnen sind. Insofern nicht alle Eltern gleichermaßen mit ihren Themen, Anliegen und ihren Ressourcen in den Mainstream der Schule passen, ist hier nurmehr eine Form der elterlichen Handlungsfähigkeit angesprochen, die durch spezifische Positioniertheiten als *weiß* und bürgerlich unterstützt wird.

Literatur

Bauer, P., Neumann, S., Sting, S., Ummel, H. & Wiezorek, C. (2015): Familienbilder und Bilder ›guter‹ Elternschaft. Zur Bedeutung eines konstitutiven, aber vernachlässigten Moments pädagogischer Professionalität. Neue Praxis: Zeitschrift für Sozialarbeit, Sozialpädagogik und Sozialpolitik, Sonderheft 12, 16–28.

Breidenstein, G., Krüger, J. O. & Roch, A. (2014): »Aber Elite würde ich's vielleicht nicht nennen.« Zur Thematisierung von sozialer Segregation im elterlichen Diskurs zur Grundschulwahl. In: H.-H. Krüger & W. Helsper (Hrsg.): Elite und Exzellenz im Bildungssystem. Nationale und internationale Perspektiven, Zeitschrift für Erziehungswissenschaft, Sonderheft 19 (S. 165–180). Wiesbaden: VS.

Butler, J. (2009): Die Macht der Geschlechternormen und die Grenzen des Menschlichen. Frankfurt/Main: Suhrkamp.

Chamakalayil, L., Ivanova-Chessex, O., Riegel, C. & Scharathow, W. (2021): Hegemoniale Vorstellungen von Familie – Ambivalente Aushandlungsprozesse und Positionierungen in pädagogischen Institutionen. In: Sektion Sozialpädagogik und Pädagogik der frühen Kindheit (Hrsg.): Familie im Kontext kindheits- und sozialpädagogischer Institutionen (S. 184–198). Weinheim, Basel: Beltz Juventa.

Chamakalayil, L., Ivanova-Chessex, O., Leutwyler, B. & Scharathow, W. (2021a): »... wieder das Klassen-Ding« – Bildung als biographischer Positionierungsprozess in familialen Verwobenheiten. In: A. Schondelmayer, Ch. Riegel & S. Fitz-Klausner (Hrsg.): Familie und Normalität: Diskurse, Praxen und Aushandlungsprozesse (S. 61–77). Opladen: Barbara Budrich.

Chamakalayil, L., Ivanova-Chessex, O., Leutwyler, B. & Scharathow, W. (2021b): Auf unwegsamen Pfaden: Elterliche Handlungsfähigkeit, Othering und Schule. In: L. Chamakalayil, O. Ivanova-Chessex, B. Leutwyler & W. Scharathow (Hrsg.): Eltern und pädagogische Institutionen: Macht- und ungleichheitskritische Perspektiven (S. 163–180). Weinheim, Basel: Beltz Juventa.

Dean, I. (2020): Bildung – Heterogenität – Sprache: Rassistische Differenz- und Diskriminierungsverhältnisse in Kita und Grundschule. Wiesbaden: Springer VS.

Dean, I. (2021): Rassismusverhältnisse und die Suche nach einer ›guten‹ Grundschule. In: G. Koch, J. Moser, L. Hansen & S. Mallon (Hrsg.): Welt. Wissen. Gestalten. 42. Kongress der Deutschen Gesellschaft für Volkskunde in Hamburg 2019 (S. 673–683), Hamburger Journal für Kulturanthropologie 13.

Finch, J. (2007): Displaying Families. Sociology, 41 (1), 65–81.

Fitz-Klausner, S., Schondelmayer, A.-C. & Riegel, C. (2021): Familie und Normalität. Einführende Überlegungen. In: A.-C. Schondelmayer, C. Riegel & S. Fitz-Klausner (Hrsg.): Familie und Normalität: Diskurse, Praxen und Aushandlungsprozesse (S. 7–23). Opladen: Budrich.

Gillieron, G., Can Güneş, S. & Riegel, C. (2018): Biographie und Positionierung – Zur Rekonstruktion subjektiver Möglichkeitsräume in der Migrationsgesellschaft. In: C. Riegel, B. Stauber & E. Yıldız (Hrsg.): LebensWegeStrategien. Familiale Aushandlungsprozesse in der Migrationsgesellschaft (S. 26–36). Opladen: Barbara Budrich.

Goffman, E. (1959): The presentation of self in everyday life. New York: Doubleday Anchor.

Holzkamp, K. (1983): Grundlegung der Psychologie. Frankfurt/Main: Campus.

Hummrich, M., Hebenstreit, A. & Hinrichsen, M. (2017): Möglichkeitsräume und Teilhabechancen in Bildungsprozessen. In: I. Miethe, A. Tervooren & N. Ricken (Hrsg.): Bildung und Teilhabe: Zwischen Inklusionsforderung und Exklusionsdrohung (S. 279–303). Wiesbaden: Springer VS.

Jergus, K. (2018): Bildungskindheit und generationale Verhältnisse. In: K. Jergus, J. O. Krüger & A. Roch (Hrsg.): Elternschaft zwischen Projekt und Projektion: Aktuelle Perspektiven der Elternforschung (S. 121–140). Wiesbaden: Springer VS.

Jergus, K. (2019): Eltern als Bildungsakteure und die Familie als Bildungsort. Kontinuität und Wandel des Verhältnisses von Familie und Bildung. In: M. Schweder (Hrsg.): Bildung und Erziehung im Abseits: Erste Annäherungen (S. 31–47). Basel, Weinheim: Beltz Juventa.

Kessl, F. & Reutlinger, C. (Hrsg.) (2010): Sozialraum. Eine Einführung, 2. durchges. Auflage, Wiesbaden: VS.

Knoll, A. (2018): Eltern und Schule. Zur diskursiven Produktion des Verhältnisses zweier erziehender und bildender Institutionen. In: A. Brosziewski, A. Knoll & C. Maeder (Hrsg.): Kinder – Schule – Staat: Der Schweizer Schuldiskurs 2006 bis 2010 (S. 169–202). Wiesbaden: Springer VS.

Köbsell, S. (2015): Ableism. Neue Qualität oder ›alter Wein‹ in neuen Schläuchen? In: I. Attia, S. Köbsell & N. Prasad (Hrsg.): Dominanzkultur reloaded. Neue Texte zu gesellschaftlichen Machtverhältnissen und ihren Wechselwirkungen (S. 21–34). Bielefeld: transcript.

Kollender, E. (2020): Eltern – Schule – Migrationsgesellschaft: Neuformation von rassistischen Ein- und Ausschlüssen in Zeiten neoliberaler Staatlichkeit. Bielefeld: transcript.

Krüger, J. O., Roch, A. & Dean, I. (2016): Mehrsprachigkeit als Argument? Die Verhandlung von Sprachbezügen im elterlichen Diskurs zur Grundschulwahl in Berlin. Zeitschrift für Erziehungswissenschaft, 19 (4), 689–704.

Kruse, J. (2015): Qualitative Interviewforschung: Ein integrativer Ansatz. Weinheim, Basel: Beltz.

Künzle, S. (2021): »Demonstrative Verweigerung« – die Rekonstruktion der Elternsicht auf konfliktreiche Interaktionsgeschichten in der Schule. In: L. Chamakalayil, O. Ivanova-Chessex, B. Leutwyler & W. Scharathow (Hrsg.): Eltern und pädagogische Institutionen: Macht- und ungleichheitskritische Perspektiven (S. 129–146). Weinheim, Basel: Beltz.

Löw, M., Steets, S. & Stoetzer, S. (2007): Einführung in die Stadt- und Raumsoziologie. Opladen: Barbara Budrich.

Maskos, R. (2015): Ableism und das Ideal des autonomen Fähig-Seins in der kapitalistischen Gesellschaft. Zeitschrift für Inklusion. https://www.inklusion-online.net/index.php/inklusion-online/article/view/277, Zugriff am 22.12.2021.

Morgan, D. H. J. (1996): Family Connections. Cambridge: Polity Press.

Oelkers, N. (2015): Aktivierung von Elternverantwortung: Zur Aufgabenwahrnehmung in Jugendämtern nach dem neuen Kindschaftsrecht. Bielefeld: transcript.

Pieper, M. (2016): Assemblagen von Rassismus und Ableism. Selektive Inklusion und die Fluchtlinien affektiver Politiken in emergenten Assoziationen. Movements. Journal für kritische Migrations- und Grenzregimeforschung, 2 (1), 91–116, https://movements-journal.org/issues/03.rassismus/05.pieper--assemblagen.von.rassismus.und.ableism.html, Zugriff am 22.12.2021.

Pott, A. (2015): Die Veränderung des räumlichen Blicks der Migrationsforschung. In: S. Hess & T. Näser (Hrsg.): Movements of Migration. Neue Positionen im Feld von Stadt, Migration und Repräsentation (S. 188–203). Berlin: Panama Verlag.

Riegel, C. (2016): Bildung – Intersektionalität – Othering: Pädagogisches Handeln in widersprüchlichen Verhältnissen. Bielefeld: transcript.

Rose, N. (2019): Erziehungswissenschaftliche Subjektivierungsforschung als Adressierungsanalyse. In: A. Geimer, S. Amling & S. Bosančić (Hrsg.): Subjekt und Subjektivierung: Empirische und theoretische Perspektiven auf Subjektivierungsprozesse (S. 65–85). Wiesbaden: Springer VS.

Rosenthal, G. (1995): Erlebte und erzählte Lebensgeschichte: Gestalt und Struktur biographischer Selbstbeschreibungen. Frankfurt/Main: Campus.

Said, E. W. (1978): Orientalism. London: Penguin Classics.

Schütze, F. (1983): Biographieforschung und narratives Interview. Neue Praxis, 13 (3), 283–293.

Spivak, G. C. (1985): The Rani of Sirmur. An Essay in Reading the Archives. History and Theory, 24 (3), 247–272.

Stošić, P. (2012): Lokale Bildungsräume zwischen Struktur und Handlung. Tertium Comparationis, 18 (1), 12–24.

Trumpa, S. (2010): Elternperspektiven – Rekonstruktionen an einer Freien Schule. Opladen: Barbara Budrich.

7 Der abweichende Sozialraum als Kategorie der Schulforschung

Thorsten Merl & Kathrin Racherbäumer

Abstract

Der Beitrag beleuchtet die Forschung zu sozialräumlich benachteiligten Schulen in Deutschland. Dafür werden zunächst die Genese dieser Forschung zum negativ abweichenden Sozialraum als relevante Kategorie, die zentralen Forschungsperspektiven und Forschungsergebnisse zusammenfassend dargestellt. Auf dieser Basis folgt eine systematische Reflexion der Forschungsperspektiven auf Schulen in sozialräumlich benachteiligten Lagen, die sich den implizit bleibenden Annahmen, Fokussierungen und Wertungen widmet.

7.1 Einleitung

Studien zum Zusammenhang von Sozialraum und Bildung(serfolg) haben international betrachtet eine lange Tradition, deren Ausgangspunkte in den Arbeiten der Chicagoer School in den 1920er Jahren zu suchen sind. Bereits zu dieser Zeit gingen Forscher*innen, der Grundannahme folgend, dass soziale Probleme durch die Bedingungen des Aufwachsens in urbanen Kontexten erklärt werden können, entsprechenden Forschungsprojekten nach (vgl. z.B. Nonnenmacher 2015). Frühe Studien zum Sozialraum in Deutschland kontrastierten eher ländliche Räume mit weniger Bildungsangeboten zu städtischen Räumen und markierten die daraus resultierende Chancenungleichheit. Die empirische Bildungsforschung der letzten zwei Dekaden zeigte im Kontext internationaler Schulleistungsstudien einen Zusammenhang zwischen Schulerfolg und sozialer Herkunft auf. Dieser wurde zunächst weniger durch die Komplexität des Sozialraums und der dort verorteten Schule, sondern durch die familiären Hintergründe der Schüler*innen (Bildungshintergründe, Migrationserfahrung, Berufe der Eltern etc.) erklärt, die den Bildungserfolg in Deutschland wesentlich zu präfigurieren scheinen. Darüber hinaus kommt der Mehrgliedrigkeit des Schulsystems in der Sekundarstufe in Deutschland und der damit einhergehenden unterschiedlichen sozialräumlichen Verfügbarkeit der Schulformen eine besondere Bedeutung zur Erklärung von Bildungsungleichheit zu. Vertiefende Analysen verweisen darüber hinaus auf den sogenannten Kompositionseffekt. Dieser zeigt, dass eine homogen zusammengesetzte, bildungsbenachteiligte Schüler*innenschaft sich nachteilig auf den Bildungserfolg auswirkt.

Dies verweist auf die Bedeutung des Sozialraums, in dem eine Schule liegt, die häufig die Zusammensetzung der Schüler*innen mitbestimmt. So haben Menschen mit hohem ökonomischem und kulturellem Kapital die Möglichkeit, ihren Wohnraum frei zu wählen, jene mit niedrigem Kapital kaum, was in vielen Ländern – so auch in Deutschland – dazu führt, dass sich insbesondere in Großstädten sogenannte »segregierte Quartiere« bilden, in denen der Wohnwert (gemessen an den Mieten) niedrig oder hoch ist (▶ Kap. 5).

Unser Beitrag fokussiert zunächst (1) die Genese der Kategorie des Sozialraums als Kategorie der Bildungsforschung in Deutschland. Es folgen (2) zusammenfassende Betrachtungen von Forschungsperspektiven und -ergebnissen zu sozialräumlich benachteiligten Schulen in Deutschland. Auf dieser Basis werden wir (3) eine reflexiv-kritische Perspektivierung auf die bis dahin zusammengefasste Forschung im deutschsprachigen Raum einnehmen. Dafür beleuchten wir die implizit bleibenden Annahmen und Voraussetzungen der bestehenden kategorialen Einsätze: Wie wird die Kategorie der sozial deprivierten Lage als Kategorie der Schulforschung genau konzeptualisiert? Was wird wie in den Blick genommen, was ausgeblendet? Welche Implikationen folgen aus der Forschung zum *abweichenden* Sozialraum? Der Beitrag schließt mit einer Reflexion der hier nachgezeichneten schulpädagogischen Forschungsperspektiven auf Schulen in sozialräumlich benachteiligten Lagen.

7.2 Genese: Sozialraum als Kategorie der Bildungsforschung

Dass der Sozialraum als eine relevante Kategorie für die Bildungsforschung in Deutschland verstanden und erforscht wird, resultiert sowohl aus früheren Studien zur räumlichen Verteilung von Bildungsinstitutionen als auch aus der Feststellung, dass die Zusammensetzung der Schüler*innenschaft einer Schule sogenannte Kompositionseffekte hat, die wiederum eine Spezifik sozial segregierter Schulen begründet.

7.2.1 Die räumliche Verteilung von Bildungsinstitutionen

Bereits seit mehr als 60 Jahren untersucht die Bildungsforschung in Deutschland den Zusammenhang zwischen Bildung und Region, wenngleich es erst durch die internationalen Schulleistungsstudien und Lernstandserhebungen möglich wurde, sozialräumliche Einflüsse auf die Leistungen der Schüler*innen in Deutschland systematischer zu erfassen (Weishaupt, 2018). Anfang der 1960er Jahre bildeten Unterschiede im Bildungsangebot zwischen Stadt und Land den Ausgangspunkt regionaler Analysen. Diskutiert wurde, »wie sich die regionale Verteilung der Sozialstruktur zur regionalen Verteilung des Bildungsangebotes verhält« (Kemper & Weishaupt, 2011). Der Disparitätenthese folgend wurde der Frage nachgegangen, inwiefern Personengruppen mit niedrigem Einkommen mehrfach benachteiligt werden, wenn die Verteilung von Bildungsangeboten abhängig von der regionalen Sozialstruktur erfolgt (Bergmann et al., 1969). Deutlich wurde ein Zusammenhang zwischen dem Schul(form)angebot und dem Schulbesuch, der sich insbesondere im ländlichen Raum nachteilig auswirkte (Fickermann, 1997; Sixt, 2013). Obgleich das Schulangebot im ländlichen Raum deutlich erweitert wurde, bestehen weiterhin große regionale Unterschiede mit Auswirkungen auf die Bildungsbeteiligung, denen seit geraumer Zeit wieder mehr Aufmerksamkeit geschenkt wird (Weishaupt, 2018). Das Angebot von räumlich nahen Bildungseinrichtungen wirkt sich für sozial benachteiligte Familien positiver auf die Bildungsbeteiligung aus als für sozial privilegierte, die auch längere Fahrtwege auf sich nehmen (können), um etwa prestigeträchtige Gymnasien zu erreichen (vgl. Clausen, 2006).

Mit Beginn der 1970er Jahre wurde der beschriebene Zusammenhang von »regionaler Sozialstruktur und Bildungsbeteiligung« verstärkt mit Blick auf seine »sozialökologische Einbettung« untersucht, wodurch etwa familiale Umgebungsbedingungen der sozialen Milieus mehr Beachtung erfuhren (vgl. Weishaupt, 2018). Typische sozialräumliche Bedingungen und damit zusammenhängende spezifische kollektive Lebenslagen wurden anknüpfend an das Konzept der Sozialraumanalyse als »Soziotope« identifiziert und analysiert (Bargel et al., 1977). Die Unterschiede in den Dimensionen »Lebenslage« und »Lebensstil« werden auf einem Stadt-Land-Kontinuum angesiedelt. Entsprechend wurden zu diesem Zeitpunkt städtische und ländliche Räume als Möglichkeitsräume für Bildung kontrastiert. Der beschriebene Ansatz der Soziotope wird heute jedoch kaum noch verfolgt. Derzeit werden Sozialindizes mit möglichst wenig Variablen konstruiert, die über die sozialen Umgebungsbedingungen der jeweiligen Bildungseinrichtungen informieren bzw. Hinweise auf die Zusammensetzung der Bildungsinstitution selbst geben sollen.

Die bisherigen Betrachtungen bis in die 1980er Jahre verweisen darauf, dass der soziale Raum mit Blick auf die formale Distribution von Bildungsangeboten empirisch betrachtet wurde, um auf dieser Datenbasis etwa Empfehlungen gezielterer Ressourcenallokation begründen zu können. Eine Fokussierung auf Fragen der Schulpädagogik erfolgte kaum, wenngleich empirische Arbeiten zu regional unterschiedlichen Praxen der Aufnahme-, Versetzungs- und Empfehlungspraxis von Grundschullehrpersonen anzuführen sind (Schulz, 2000; Radtke, 2004; Ditton, 2007).

7.3 Der Kompositions- und Kontexteffekt als empirische Kategorie der Schulforschung

Um den aufgezeigten Zusammenhang zwischen Bildungsverhalten und sozialräumlichen Umgebungsbedingungen zu interpretieren, wurden, (sozial-)psychologisch geprägten Hypothesen folgend, differenzierte Analysen der Bildungsforschung

7.3 Der Kompositions- und Kontexteffekt als empirische Kategorie der Schulforschung

durchgeführt. Den Ausgangspunkt der letzten 20 Jahre hierfür bildeten Schulleistungsstudien, die zunächst auf individueller Ebene einen Zusammenhang zwischen der sozialen Herkunft der Schüler*innen und deren Schulleistung attestierten, gemessen in formalisierten Testformaten. So zeigten Baumert et al. (2005, 360), dass etwa 3 % der Leistungsvariation in Mathematik zwischen Schulen auf spezifische Kontextbedingungen zurückgeführt werden können. Bei diesen leistungsrelevanten Kontextfaktoren handelt es sich um die regionale Arbeitslosenquote, die Quote der Sozialhilfeempfänger*innen sowie den Anteil an Schulabsolvent*innen mit Hochschulreife (vgl. Weishaupt, 2018, 281).

Als Erklärung des Bildungs(miss)erfolges auf der Individualebene führten Analysen zum Zusammenspiel jener Kategorien auf Klassen- und Schulebene zu der Erkenntnis, dass Kompositionseffekte der Zusammensetzung von Schüler*innen festgestellt werden können, die sich jeweils positiv oder negativ auf die fachlichen Leistungen auswirken (vgl. etwa Köller 2013): Wenn sich also Schüler*innen ähnlicher sozialer Herkunft in einer Klasse befinden, verstärkt dies den Effekt guter bzw. schlechter schulischer Leistungen. Baumert et al. (2006) unterscheiden bei Haupt- und Realschulen drei Standorttypen, für die jeweils unterschiedliche Zusammensetzungen der Schüler*innenschaft charakteristisch sind. Sie bezeichnen jene Standorte als »Modalform«, »günstiges Milieu« und »schwieriges Milieu«. Letzteres zeichnet sich durch eine Schüler*innenkomposition aus, »die außerordentlich schädliche Auswirkungen auf die Leistungsentwicklung von Jugendlichen« (ebd., 171) hat. Unterschieden werden kann zwischen Kompositionseffekten (vgl. Esser, 1998) und zusätzlichen Kontexteffekten:

> »Unter Kompositionseffekt wird verstanden, dass sich eine regional unterschiedliche Bildungsbeteiligung (allein) durch die selektive Zusammensetzung der Personen, etwa im Hinblick auf den sozioökonomischen Status der SchülerInnen, die eine Bildungseinrichtung besuchen, erklären lässt. Kontexteffekte bezeichnen hingegen (zusätzliche) Einflussfaktoren, die aus den räumlichen Strukturen resultieren« (Jeworutzki & Kemper 2022, 1131).

Daran knüpfte nun die systematische Berücksichtigung des Wohngebietes bzw. von Stadtbezirken, in denen die Schulen verortet sind, in der Schulqualitätsforschung an:

> »Je nach (sozialer) Zusammensetzung einer Schule oder Schulklasse entstehen somit unterschiedliche Interaktionsmuster und Wahrscheinlichkeiten für Interaktionen. Schließlich dürften aber vor allem Überlegungen zur Wirkung von Kompositionsmerkmalen bedeutsam sein, die auf die Organisation von Schule und auf die konkreten *Merkmale der Lehr- und Lernprozesse* abzielen. So ist davon auszugehen, dass Schulen versuchen werden, die schulischen Abläufe und den Unterricht an den Möglichkeiten der Schüler auszurichten. Daher können z. B. das Anspruchsniveau, die Leistungserwartungen und Zielsetzungen je nach Zusammensetzung der Schulklasse voneinander abweichen und zu Unterschieden in den erreichten Lernergebnissen führen« (Ditton & Krüsken 2007, 25).

Wenn der »Unterricht an den Möglichkeiten der Schüler[*innen]« (ebd.) ausgerichtet wird, impliziert dies die Zuschreibung von unterschiedlichen Möglichkeiten, die Schüler*innen zur Verfügung stehen und für deren Plausibilisierung Lehrkräfte auch auf semantisch etablierte Kategorisierungen (Begabung, Leistung etc.) zurückgreifen (können). Entsprechend verweisen auch Analysen zu Schullaufbahnempfehlungen von Grundschullehrkräften auf das Gymnasium darauf, dass jene ebenfalls von der Sozialstruktur des Einzugsgebietes der Grundschule beeinflusst sind (Ditton, 2007). Mit anderen Worten: Die zugeschriebenen Möglichkeiten der Schüler*innen einer Klasse werden auch aus der Sozialstruktur des Einzugsgebietes abgeleitet und präfigurieren damit die Leistungserwartungen des Unterrichts.

Ditton und Krüsken (2007) verorten ihre Forschung innerhalb des sozialökologischen Ansatzes von Urie Bronfenbrenner (2022), der von einem Zusammenspiel unterschiedlicher Ebenen ausgeht, in die Institutionen bis hin zum einzelnen Individuum eingebettet sind. Sie konstatieren, dass das »Exosystem« des Sozialraumes (etwa dem Stadtbezirk in Großstädten, aber auch dem Unterschied Stadt versus Land) als Bedingungsrahmen im deutschsprachigen bildungswissenschaftlichen Diskurs zu wenig Beachtung geschenkt wurde (vgl. auch Bertram, Nauck & Klein, 2000), und resümieren: »Indizes zur sozialen Struktur der Verkehrszellen und Bezirke erlauben oft eine erstaunlich (erschreckend) gute Prognose des zu erwartenden Lernerfolgs und der Bildungsteilhabe« (ebd., 36). Daran anknüpfend wurden Ansätze entwickelt, die absolut erreichten Bildungsergebnisse so zu adjustieren, dass die ungleichen Kontext- und Eingangsbedingungen statistisch kontrolliert werden können und systematisch in Beziehung zu »erwartbaren« Schüler*innenleistungen gesetzt werden konnten (Bonsen, 2010; Fiege et al. 2011; Goldstein & Spiegelhalter, 1996).

Um die sozialräumliche Situation zu erfassen, wurden in verschiedenen Bundesländern sogenannte ›Sozialindizes‹ für Schulen konstruiert, um standortspezifisch unterschiedliche Ressourcen zuweisen zu können. Durch diese Sozialindizes sollen also »die unterschiedlichen Arbeits- und Rahmenbedingungen der Schulen abgebildet werden, die sich durch eine ungleiche soziale Zusammensetzung der jeweiligen Schülerschaft ergeben« (Schräpler & Jeworutzki, 2021, 2). Welche Indikatoren allerdings zur Bildung der Sozialindizes herangezogen werden, hängt wesentlich von der Verfügbarkeit der Daten ab, die von Bundesland zu Bundesland bzw. auch von Stadt zu Stadt divergieren kann (vgl. Schräpler & Jeworutzki, 2021).[1]

Insbesondere in Grund- und Hauptschulen soll(t)en durch »die soziale und ethnische Zusammensetzung der Schüler bedingte Standortnachteile von Schulen« (Makles & Weishaupt, 2010) durch eine erhöhte Verteilung an Personal- und/oder Sachkosten entgegengewirkt werden, wobei die Höhe dieser personellen oder sächlichen Fördermaßnahmen anhand der Sozialindizes bestimmt wird.

Darüber hinaus entstand im Kontext der in verschiedenen Bundesländern durchgeführten Lernstandserhebungen ein Interesse daran, über den Sozialindex Standortunterschiede zu erfassen und so gerechte Vergleiche zu realisieren. Kuhl et al. (2011) betrachten verschiedene Formen der Adjustierung und vergleichen diese in Bezug auf Kosten (Erhebungsaufwand) und Nutzen (Varianzaufklärung in Bezug

---

1 Mit Blick auf Nordrhein-Westfalen ist festzuhalten, dass der jüngst entwickelte Sozialindex – anders als etwa jener in Hamburg – auch Inklusionsaufgaben berücksichtigt (ebd., 5). Damit wird statistischen Befunden Rechnung getragen, dass Schüler*innen mit Förderbedarfen für die Förderschwerpunkte Lernen, Sprache und emotional-soziale Entwicklung »häufig aus ökonomisch prekären und sozial sowie auch gesundheitlich belasteten Familien stammen« (vgl. ebd; Klemm & Preuss-Lausitz, 2017).

auf das Leistungskriterium). Dabei zeigen sie exemplarisch, dass sich eine Schule, die nach nichtadjustierter Leistung den Rangplatz 40 mit Blick auf die Schüler*innenleistung innehat, nach der entsprechenden Adjustierung auf Rang 16 verbessert (eine vom Erwartungswert positiv abweichende Schule), während eine andere Schule sich durch eine Berücksichtigung der Modellvariablen von Rang 15 auf Rang 38 verschlechtert. Dieses Verfahren der systematischen Berücksichtigung von Kontext- bzw. Kompositionseffekten verschleiert nun jedoch die Tatsache, dass die Schüler*innenleistung einer Schule mit vermeintlich »schlechten« Kontextbedingungen dann im Verhältnis zu anderen Schulen in ähnlicher sozialräumlicher Lage gut, aber absolut immer noch schlecht sind. Damit einher wird unterschwellig suggeriert, dass bestimmte Schulen respektive ihre Schüler*innen auch keine besseren Leistungen erbringen könnten und entsprechend ein gerechter Vergleich ›unter Gleichen‹ nötig sei. Inwiefern dies dem Anspruch von Bildungsgerechtigkeit entspricht, kann durchaus kritisch hinterfragt werden (vgl. hierzu Racherbäumer et al., 2013).

7.4 Schulen in benachteiligter Lage

Im Folgenden legen wir dar, wie die beschriebenen negativ abweichenden sozialräumlichen Lagen einer Schule in der deutschsprachigen Bildungsforschung empirisch operationalisiert werden, und fassen zudem diesbezügliche zentrale Forschungsergebnisse zusammen.

Für die empirische Bildungsforschung gelten als Schulen in »benachteiligter Lage« im deutschsprachigen Raum insbesondere solche Schulen, die sich in urbanen Gebieten befinden, »in denen sich das Phänomen der wohnräumlichen Segregation besonders deutlich zeigt und für deren Bewohnerinnen und Bewohner Prozesse der Exklusion und der verringerten Teilhabe« (Fölker, Hertel & Pfaff 2015, 9) besonders offensichtlich sind. Diese Studien sprechen auch von der sogenannten »Verräumlichung sozialer Ungleichheit« (ebd.), bedingt durch sozioökonomische Polarisierungs- bzw. Entmischungsprozesse, von denen insbesondere Menschen mit Migrationshintergrund, Menschen mit niedrigem Bildungsabschluss sowie Kinder und Jugendliche überproportional häufig betroffen sind. Statistisch feststellbar sind solche Stadtteile etwa durch einen überdurchschnittlich hohen Anteil von Sozialhilfeempfänger*innen, eine überdurchschnittliche Arbeitslosenquote, eine niedrige Bildungsqualifikation, ein hohes Armutsrisiko und eine geringe soziale Mobilität der Einwohner*innen im Vergleich mit anderen Stadtteilen (vgl. Friedrichs & Triemer, 2008, 8 ff.; Bremm, Klein & Racherbäumer, 2016). Weishaupt (2016) klassifiziert »Belastungen« (sic!) von Landkreisen anhand statistisch verfügbarer Angaben der SGB-II-Quote und des Migrant*innenanteils auf Kreisebene. Der »Hamburger Sozialindex« unterscheidet Schulen aufgrund der sozio-ökonomischen Zusammensetzung ihrer Schüler*innen auf einer Skala von »1 für Schulen, die eher Kinder aus schwierigen sozio-ökonomischen Verhältnissen beschulen« bis »6 für

Schulen, die Schülerinnen und Schüler aus eher privilegierten sozio-ökonomischen Verhältnissen beschulen« (https://www.hamburg.de/bsb/hamburger-sozialindex; vgl. hierzu auch Beierle, Hoch & Reißig, 2019). Als Grundlage hierfür dienen statistische Daten zum Anteil der Schüler*innen 1. Mit nicht-deutscher Familiensprache, 2. Mit sonderpädagogischem Förderbedarf in den Förderschwerpunkten Lernen, Sprache oder emotionale und soziale Entwicklung, 3. Die Leistungen nach dem Bildungs- und Teilhabepaket empfangen, sowie daneben auch 4. Zum Anteil der Schulentlassenen mit allgemeiner Hochschulreife, 5. Zum Anteil nicht erwerbsfähiger Hilfebedürftiger (SGB II) an der Bevölkerung unter 15 Jahren, 6. Zum Anteil der Personenberechtigten, die Hilfen zur Erziehung empfangen, 7. Zum Anteil der Arbeitslosen (SGB II) und 8. Zum Anteil der Wahlbeteiligung in den statistischen Gebieten. Damit kombiniert der Hamburger Sozialindex Daten über Schüler*innen einer Schule mit Daten über den sozialräumlichen Kontext, um eine gezielte Ressourcenallokation zu ermöglichen. Ansätze gezielter Unterstützung finden sich grundsätzlich auch in anderen Bundesländern, wenngleich sie hier weniger ausdifferenziert sind.

Darüber hinaus stößt man in der Forschung auf die Klassifikation von »Schulen in herausfordernder Lage«, die als besonders gefordert gelten, »fehlende familiäre Ressourcen durch besonderes Engagement auszugleichen« (vgl. z. B. Kamm, 2021, 77) und für die pädagogische Implikationen markiert werden.

Im Zuge der Analyse zu Bildungsbenachteiligung bzw. Bildungschancen geraten also systematisch Regionen oder Stadtteile in den Blick, in denen a) das ökonomische und kulturelle Kapital der dort Lebenden deutlich niedriger ist als in anderen Regionen oder Stadtteilen und b) die statistisch erfasste migrationsbedingte Heterogenität größer ist als durchschnittlich.

Über diese Dimensionen hinaus werden im gesamtgesellschaftlichen, aber auch im wissenschaftlichen Diskurs mit sozialen Benachteiligungen negative Etikettierungen in Bezug auf eine als defizitär markierte Lebensführung verknüpft, sodass das Zusammenspiel von Segregation und Stigmatisierung oftmals zu einer Marginalisierung und Abwertung der Quartiere und der dort ansässigen Bewohner*innen führt (▶ Kap. 3). Diese Marginalisierung verläuft entlang von sozioökonomischem Status, natio-ethno-kultureller Nicht-Zugehörigkeit und von antizipierten Praktiken der dort lebenden Menschen wie etwa Vermüllung, Devianz (vgl. Chamakalayil, Gillieron, Günes, Hill & Imsivorvic, 2017). Dabei sind diese Marginalisierungen auch insofern wirkmächtig, als sie auf die Selbstwahrnehmung der dort wohnenden Menschen zurückwirken, wie etwa Chamakalayil et al. (2017) für die Bewohner*innen benachteiligter Stadtteile in Deutschland, Österreich und der Schweiz nachzeichnen konnten. Analog zur sozialräumlichen Verortung und den hegemonialen Diskursen um diese Stadtteile werden mit den dort lokalisierten Schulen besondere Herausforderungen auf der Mikroebene der Einzelschule assoziiert; was nicht zuletzt auch der Logik der Sozialindizes entspricht.

Diskursive Konstruktionen der Schüler*innenschaft in benachteiligten Stadtteilen stigmatisieren diese unter anderem durch die Zuschreibung einer grundsätzlich geringeren Leistungsfähigkeit sowie pauschalisierende Zuschreibungen devianten Verhaltens. Ebenso diskursiv etabliert ist es, Eltern eine defizitäre Unterstützung bzw. Unterstützungsbereitschaft für die schulischen Anforderungen zu attestieren (vgl. Bremm & Racherbäumer, 2020). Vor dem Hintergrund dieser Konstruktionen liegt die in benachteiligten Räumen häufig zu beobachtende schulische Praxis nahe, einen Schwerpunkt der pädagogischen Arbeit auf die Aufrechterhaltung schulischer Ordnung (vgl. hierzu Hertel, 2021) sowie der Förderung des Sozialverhaltens zu legen und darüber eine konsequente fachliche Förderung zu vernachlässigen (vgl. Bremm & Racherbäumer, 2020).

Eine zentrale Forschungsperspektive im Feld jener sozialräumlich problematisierten Schulen ist auf die Optimierung des Unterrichts ausgerichtet. Wenngleich diese Forschungsperspektive und damit einhergehende Wirkhoffnungen kritisch betrachtet werden und wurden (Dütten & Krüsken, 2007; Böttcher 2022), wurde und wird sie sowohl von der Bildungsforschung als auch von Seiten der Bildungspolitik weiter forciert.

Dabei bildete die Analyse sogenannter ›erfolgreicher Schulen in sozial benachteiligter Lage‹ oder ›resilienter Schulen‹, die international schon seit geraumer Zeit beforscht wurden (vgl. zur Übersicht etwa Bremm et al., 2016; van Ackeren et al., 2021; Klein, 2022), einen zentralen Bezugspunkt. Jenen Schulen gelingt es den empirischen Daten zufolge offenbar, den grundsätzlich bestehenden Kompositionseffekten zu trotzen, insofern hier Schüler*innen für diese Lagen überdurchschnittlich gute Leistungen erbringen. Da ihnen dies scheinbar[2] auch ohne besondere Ressourcenallokation möglich ist, sind sie nicht nur aus wissenschaftlicher Perspektive, sondern auch aus bildungspolitischer Perspektive interessant.

In der einschlägigen Forschung zu Schulen im Kontext sozialräumlicher Marginalisierung werden auch spezifische Professionalisierungsanforderungen für Lehrkräfte diskutiert. Dies fußt nicht zuletzt auf Studien, die Bildungsungleichheit verstärkende Orientierungen und Praktiken an Schulen in sozial segregierten Schulen rekonstruieren: So finden sich etwa abwertende Deutungsmuster mit Blick auf die Schüler*innenschaft und ihren Familien, die zudem mit reduzierten Leistungserwartungen an die Schüler*innen einhergehen (z. B. Hertel & Fölker, 2015; Racherbäumer, 2017; Bremm, 2021). In der Wahrnehmung der Lehrkräfte ist der Unterricht durch störendes Verhalten der Schüler*innen besonders herausfordernd und macht aus ihrer Sicht mehr Disziplinierungsmaßnahmen notwendig als an Schulen in privilegierteren Lagen. Durch die Fokussierung auf Störungen bzw. Praktiken zur Herstellung schulischer Ordnung reduziert sich die Lernzeit der Schüler*innen (Baur, 2013), was vermutlich auch zu geringeren Lernerfolgen der Schüler*innen beiträgt. Die Disziplinierungspraktiken selbst zeichnen sich durch beschämende Praktiken des Strafens aus (vgl. Hertel, 2021), was negative Wirkungen auf das Selbstkonzept der Schüler*innen entfalten kann. Zusammenfassend werden hinsichtlich des Professionsverständnisses von Lehrkräften an ebensolchen Schulen also spezifische Klientelkonstruktionen aufgezeigt, die sehr wahrscheinlich zur Reproduktion von Bildungsungleichheit beitragen (vgl. hierzu auch Pfaff & Rotter, 2022).

---

2 Wir sprechen hier bewusst von »scheinbar«, um zu verdeutlichen, dass bislang nicht systematisch untersucht ist, inwiefern etwa die Personalausstattung, der Unterrichtsausfall oder spezifische örtliche Begebenheiten über das pädagogische Handeln hinaus eine Rolle spielen.

Markiert man auf dieser Basis professionstheoretische Ziele pädagogischen Handelns in Schule, geht es letztlich darum, kategorisierende Schüler*innenzuschreibungen kritisch zu hinterfragen und zu bearbeiten. Dies ist nun jedoch kein alleiniges Professionsentwicklungsziel für Lehrpersonen an Schulen in sozial benachteiligten Lagen (vgl. Pfaff & Rotter 2022). Denn anknüpfend an Helsper (2021) besteht für professionelles Lehrer*innenhandeln grundsätzlich auch die Anforderung des rekonstruktiven Fallverstehens der Spezifika des Einzelfalls, das »einen reflexiven Vorbehalt gegenüber allzu schnellen kategorisierenden und subsumtiven Klassifikationen« (Helsper, 2021, 148) sichert. Aus fachdidaktischer Perspektive sollte es Lehrpersonen darum gehen, aus den »distalen Lernendenmerkmalen« wie etwa der sozialen Herkunft von Lernenden und damit assoziierten »unterrichtsnahen Lernvoraussetzungen« jene Bereiche zu fokussieren, die durch sie beeinflussbar sind. So ist der familiäre soziale Hintergrund von Schüler*innen durch die Lehrpersonen nicht beeinflussbar, wohl aber die Förderung von bildungssprachlichen Kompetenzen oder von Lernstrategien (vgl. Prediger, 2022; Bremm et al., 2017). Dabei betont die Forschung letztlich, dass es an Schulen in benachteiligten Lagen eines besonders guten Unterrichts bedarf, der grundsätzlich den Kriterien guten Unterrichts wie etwa kognitiver Aktivierung, gute Lernatmosphäre etc. entspricht und eine hohe fachliche und fachdidaktische Expertise erfordert, um an die Schüler*innenvoraussetzungen anknüpfen zu können.

Auf der Ebene der Schulentwicklung werden für Schulen in benachteiligter Lage auf Grundlage internationaler Forschung Strategien beschrieben, die sich förderlich auf die Lernendenentwicklung auswirken. Dabei geht es im Kern um die Entwicklung einer Schulkultur, die die vorab beschriebenen Aspekte der professionellen Haltung und der Unterrichtsqualität unterstützt und fördert (vgl. Holtappels et al., 2017; Racherbäumer et al., 2013). Hierzu geraten zu etablierende Strukturen wie Steuergruppen, professionelle Lerngemeinschaften etc. ebenso in den Blick wie das Schulleitungshandeln. Aktuelle Studien verweisen etwa auf die Bedeutung transformationaler Führung und Caring Leadership (Klein & Bremm, 2019; Klein et al., 2021). Die Forschung zu Schulentwicklung an Schulen in benachteiligter Lage kommt also, wie auch jene zu Unterrichtsentwicklung, zu Folgerungen, die in weiten Teilen für alle Schulen – also unabhängig ihrer sozialräumlichen Lage – Geltung beanspruchen (können).[3]

Unsere Ausführungen haben zusammenfassend gezeigt, dass und wie die Kategorie Sozialraum (mit Fokus auf einen als negativ abweichend geltenden Sozialraum) sich als schulisch relevanter Kontext zunehmend in der Schulforschung etablierte. Darüber hinaus haben auch öffentliche Diskussionen um sogenannte soziale Brennpunkte und eben ›Brennpunkt‹-Schulen die erziehungswissenschaftliche Bearbeitung der Thematik befördert. Der wissenschaftliche und umso mehr noch der öffentliche Diskurs zu jenen Schulen legen dabei grundsätzlich nahe, dass es besonderer professioneller Kompetenzen bedarf, um jener ›besonderen‹ Schüler*-

---

3 Wir finden dieses Phänomen im Übrigen ebenso bei Studien zu schulischer Inklusion. Auch hier gilt, dass sich in weiten Teilen die konzeptionellen Forderungen zu inklusiven Schulen und inklusivem Unterricht mit den konzeptionellen Forderungen zu gutem Unterricht überschneiden.

innenschaft zu begegnen, die kumuliert an bestimmten Schulstandorten anzutreffen sind.

7.5 Reflexion der Schulforschung zu abweichenden Sozialräumen

Die bisherigen Zusammenfassungen der Genese und Perspektiven jener Studien zum negativ abweichenden Sozialraum von Schulen dienen uns als Basis einer nun folgenden Reflexion der Forschungsperspektiven und ihrer Implikationen. Als grundsätzlicher Ausgangspunkt zur Reflexion kann zunächst das Problem der Reifizierung (lateinisch *res*, Sache und *facere*, machen) genannt werden, also der Vergegenständlichung sozialer Differenzen, die als solche nicht direkt beobachtbar wären (beispielsweise soziale Differenzkategorien). Obwohl die Konstruktion eines Forschungsgegenstandes unumgänglich für die empirische Analyse ist, trägt sie dazu bei, etwas als etwas bestimmtes zu konstruieren. Dies impliziert zugleich auch forschungsethische Fragen (vgl. Diehm et al. 2010, 79) hinsichtlich der Wirkmächtigkeit der hierbei durch die Forschung (mit) hervorgebrachten Unterscheidung; beispielsweise eben von Schulen als solche *in* schwieriger Lage. Ihre Benennung als solche rückt sie eben auch ins Licht einer schwierigen Lage *für* Schulen und damit einer Lage, die potenziell *von* Schulen zu bewältigen ist.

Es wäre – wie Weisser (2005, 35 f.) dies für Kategorisierungen von Behinderung argumentiert – »diskursiv naiv« anzunehmen, dass hier lediglich eine Typisierung für die empirische Forschung hergestellt würde. Vielmehr übernehmen Kategorisierungen eines negativ abweichenden schulischen Sozialraums »eine diskursive Funktion«: Sie »etablieren Wahrnehmungspraxen, die nur lose an empirische Daten gebunden sind« (ebd.). Da die Konstitution wissenschaftlicher Kategorien aber sowohl in rekonstruktiven als auch in quantifizierenden Forschungsparadigmen weitestgehend unumgänglich ist, besteht Diehm et al. zufolge ein »Dilemma der Reifizierung« (2010, 79), das eines reflexiven Umgangs bedürfe. Als eine solche Reflexion dessen, was die Forschung ›tut‹, wenn sie in der oben dargelegten Perspektive forscht, sind die folgenden Überlegungen zur Verwendung von Kategorien der abweichenden sozialen Lage für die Schulforschung zu verstehen.

7.5.1 Implikationen der Bezeichnungen

Im wissenschaftlichen Diskurs finden sich zur Bezeichnung jener aufgrund ihrer Lage besonderen Schulen unterschiedliche Termini: Es kursieren im deutschsprachigen Raum Begriffe wie ›Brennpunktschule‹, ›Schulen im Brennpunkt‹, Schulen in ›kritischer‹ oder ›schwieriger‹ Lage sowie Schulen in ›sozialräumlich deprivierter‹ Lage. Der Begriff ›Brennpunkt‹ stammt ursprünglich aus dem Kontext der Stadtbauplanung und diente dazu, auf spezifische Defizite in der Angebotsstruktur von

Stadtvierteln zu verweisen (van Santen, 2015). Ein Brennpunkt ist insofern metaphorisch negativ aufgeladen, als von Brennpunkten analog zu Brandherden grundsätzlich Gefahr ausgeht und es zum Brennen örtlicher ›Brennstoffe‹ bedarf. Durch die Verwendung des Begriffs werden Marginalisierungsprozesse und gruppenbezogene Stigmatisierungen ausgelöst bzw. zumindest befördert, indem unterschwellig normativ festgelegt wird, was als gefährlich gilt (vgl. ebd.). Jene Brennpunkte gilt es entsprechend der Metaphorik zu meiden und zu löschen. Analog sind auch Brennpunktschulen derart semantisch aufgeladen, dass hier Assoziationen einer fehlenden schulischen Ordnung[4] zum Tragen kommen, die ihren Ausdruck in Unterrichtsstörungen und Schulabstinenz finden können (vgl. Hertel, 2021).

Beschreibungen wie ›Schulen in kritischer Lage‹ oder ›Schulen in schwieriger Lage‹ folgen dieser wertenden Semantik, wenngleich »Lage« sowohl eine Orts- wie auch eine Situationsdiagnostik in Bezug auf schulische Merkmale nahelegt, die zwar bedrohlich, aber unspezifisch bleibt. Solche Begriffe beschreiben dementsprechend keinen isolierten Sachverhalt: Sie transportieren eine negative Wertung gegenüber dieser Lage. Als schulisch relevante Forschungskategorien folgt aus der Wertung der Lage auch eine Wertung der dort verorteten Schule als ›schwierig‹ oder ›kritisch‹. Das wiederum evoziert Erwartungen und Zuschreibungen bis hin zu Handlungspraxen, die schulische Benachteiligungen potenziell noch verstärken können (vgl. Sundsbo, 2015).

Anders gelagert scheint dies für den Begriff der ›deprivierten Lage‹. Die Bezeichnung einer sozialräumlichen Lage (zunächst noch unabhängig von deren schulischer Relevanz) als depriviert verweist auf einen unrechtmäßigen Mangel (mittellateinisch deprivatio, Beraubung). Als schulisch relevante Kategorie rückt damit eine Perspektive in den Vordergrund, die das Berauben bzw. den Mangel an Ressourcen der dort lebenden Schüler*innen bezeichnet. Damit wird also stärker die *Ursache* einer Lage beschrieben und weniger stark das vordergründige Erscheinen einer Lage als schwierig oder kritisch bewertet. Ähnlich gilt diese Perspektivverschiebung hin zu den Ursachen, wenn von einer ›Marginalisierung‹ im Sinne einer mehrfachen Benachteiligung gesprochen wird (▶ Kap. 3).

7.5.2 Anschlüsse und Abbrüche an bestehende Studien zu struktureller Benachteiligung

Nimmt man Operationalisierungen der verwendeten Kategorien einer deprivierten, kritischen, schwierigen, marginalisierten Lage einer Schule in den Blick, zeigt sich, dass hier Unterscheidungen relevant werden, die sich letztlich auf gesellschaftliche Differenzierungen entlang von *race* bzw. der natio-ethno-kulturellen (Nicht-)Zugehörigkeit (Mecheril, 2003) und entlang von Klasse bzw. dem sozioökonomischen Status (insbesondere ökonomische Ressourcen und familiäres Bildungsniveau) beziehen. In diesem Sinne ließen sich jene Kategorien der schwierigen etc. Lagen von Schulen als intersektionale Forschungskategorien bezeichnen. Eine hierauf bezogene ›schwierige‹ Positionierung führt – so zeigen es die obigen Studien nicht zuletzt

---

4 Hier verstanden im Sinne eines normativen Ordnungsbegriffs einer ordentlichen Ordnung.

aufgrund des sogenannten Kompositionseffektes – zu einer systematischen Benachteiligung im Schulsystem. Man hat es also mit einer strukturellen Diskriminierung zu tun, die hier auf der Intersektion der beiden Merkmale *race* und Klasse basiert. Deshalb ließe sich von der Intersektion rassistischer und klassistischer Diskriminierung sprechen, wenn von Schulen in benachteiligten Lagen etc. die Rede ist.

Es ist insofern verwunderlich, dass im Kontext der hier thematisierten Forschung die Begriffe Rassismus und Klassismus kaum zu finden sind. Das lässt die Vermutung zu, dass hier naheliegende Anschlüsse an bestehende Erkenntnisse über strukturell etablierte Formen der Diskriminierung (vgl. exemplarisch Gogolin, 2008; Gomolla & Radtke, 2009), über Hegemonien und die systematische Privilegierung der Einen auf Kosten der Anderen (vgl. exemplarisch Bonilla-Silva, 2022 für systemic racism sowie Weiß, 2013 für Rassismus und soziale Ungleichheit; Willis, 1981 sowie Wellgraf, 2012 für Klassismus und Schule) kaum herangezogen werden. Aus dem Blick gerät so etwa, dass es durchaus auch manifeste Interessen gibt, die benachteiligten Lagen und damit die Privilegierung aller anderen aufrechtzuerhalten (vgl. exemplarisch Kemper & Weinbach 2016).

Um dieses Nicht-Anknüpfen an einer einschlägigen Perspektive zu verdeutlichen: Empirisch wird für Lehrkräfte an Schulen in sozial benachteiligten Lagen eine systematische *Defizitorientierung* rekonstruiert. Diese Orientierung bezieht sich implizit auf stereotype Differenzkonstruktionen entlang von *race* und Klasse. Hier wäre es also möglich, von rassistischen und klassistischen Orientierungen zu sprechen und damit diese Orientierungen als gesamtgesellschaftlich etabliert zu verorten und als gesellschaftliches Problem zu problematisieren.

7.5.3 Fokus auf Abweichung anstelle einer relationalen Perspektive auf sozialräumliche Lagen

Aus einer (insb. poststrukturalistisch informierten) differenztheoretischen Perspektive entsteht die Bedeutung sozialer Kategorien in Relation insbesondere zu ihren meist implizit bleibenden Gegenbegriffen. So konstituiert sich beispielsweise die Kategorie Behinderung in Differenz zu (erwarteten) Fähigkeiten. Eine solche differenztheoretische Perspektive hat einen heuristischen Wert, weil sie Aufschluss über ein Verhältnis von einer (meist implizit bleibenden) Norm zu einer (explizit in den Blick genommenen) Abweichung gibt. Diese Perspektive erlaubt zu fragen, was denn die implizit bleibenden Gegenbegriffe zu den Abweichungskonstruktionen einer ›schwierigen‹ Lage einer Schule sind und was dies über die impliziten Normerwartungen sagt, die durch die Studien der Schulforschung zu Schulen in abweichender Lage gemacht werden: Welche Kategorien und darin enthaltenen normativen Erwartungen sind es, die in Differenz zu Konstruktionen einer ›schwierigen‹ Lage, einer ›kritischen‹, einer segregierten, einer benachteiligten Lage oder gar einer ›schlechten Gesellschaft‹ stehen? Welche bedeutet in der Schulforschung die implizit bleibende Differenz; also eine leichte, eine unkritische, eine integrierte, eine bevorzugte Lage oder gar eine gute Gesellschaft?

Es mag nicht verwunderlich sein, dass sich in der Schulforschung (fast) keine Studien finden (vgl. Horvath, 2022), die mit diesen Begriffen zur Beschreibung schulischer Lage hantieren. Doch gerade das ist Ausdruck davon, dass hier die abweichende Seite einer impliziten Norm fokussiert und damit zugleich (re-)produziert wird. Die Reflexion dieser zugrundeliegenden Normerwartung bleibt dabei weitestgehend aus. Sie lässt sich aber aus den Bestimmungen der Forschungsgegenstände ableiten: So wird eine ›schwierige Lage‹ ja beispielsweise über einen hohen Grad der ethnischen Heterogenität, Arbeitslosigkeit oder geringes Einkommen, hohe Fluktuation der Einwohner*innen und eine höhere Kriminalitätsrate operationalisiert (vgl. exemplarisch Völker et al. 2013, 91). Dadurch, dass derlei soziale Lagen als schulisch relevant in den Blick genommen werden, lässt sich auch bestimmen, welche Normerwartungen – zumindest implizit aus dieser Forschungsperspektive heraus – für die soziale Lage einer Schule bestehen: Schulen erwarten demnach also (erneut: aus der Perspektive der einschlägigen Studien), dass die soziale Lage, in der sie sich befinden, ethnische Homogenität (genauer: wahrscheinlich eine weiß-deutsche Homogenität) aufweist, dass Familien keine Einkommensersatzleistungen beziehen, möglichst sesshaft sind und mit den Gesetzen nur in einem durchschnittlichen Ausmaß in Konflikt geraten (was nicht bedeutet, dass sie weniger Straftaten begehen). In dieser Hinsicht wird nun die Normerwartung der Schule als relationale Ursache (und nicht die Abweichungskonstruktion der Schüler*innen und ihrer Familien) zum Problem. Denn wie ließe sich eine solche Normalerwartung legitimieren?

Dass eine solche implizite Normerwartung im deutschen Schulsystem besteht, ist zahlreich belegt (exemplarisch: Gomolla & Radtke, 2009, 20, 27). Es bedarf unseres Erachtens aber stärker der Betrachtung, dass Studien, die jene Lagen als schwierig oder kritisch beforschen, diese implizite Norm und ihre Abweichungserwartung reproduzieren. Dass dies auch *durch die Studien* geschieht, zeigt sich etwa in der Begriffsverwendung der »erwartungswidrig guten Schulen« und »erwartungskonform schwachen Schulen« in schwieriger Lage (Racherbäumer et al. 2013, 248). Hier wird also aus der durch die quantifizierende Forschung hergestellten Normalverteilung eine Erwartung gegenüber der je konkreten Schule. Daran zeigt sich exemplarisch, wie auf Basis statistischer Daten die Kategorie der sozialen Lage einer Schule, korreliert mit standardisierten Kompetenzmessungen der Schüler*innen, konzipiert wird und hieraus eine Normalverteilung hervorgeht, die im weiteren Verlauf nicht mehr nur dazu dient, vergangene Verteilungen zu beschreiben, sondern auch derart fungiert, dass hierdurch bereits die Erwartung der Abweichung von konkreten Einzelschulen besteht. So entsteht aus der Normalverteilung nicht nur die Norm- bzw. Abweichungserwartung gegenüber Schulen, sondern potenziell auch ein Legitimationsdruck auf Einzelschulen, wenn diese schlechter als erwartet abschneiden. Die Forschungsperspektive auf ›erwartungswidrig gute Schulen‹ befördert die Logik, dass es die Einzelschulen sind, die einen Unterschied machen können und damit auch verantwortlich für die Unterschiede gemacht werden können. Ein Scheitern der Optimierungsversuche gilt eben nun als ein Scheitern der Einzelschule (vgl. Böttcher et al., 2022).

7.5.4 Zum Zusammenspiel von Bildungsforschung und Bildungspolitik

Für die Forschung zu ›guten Schulen in schwierigen Lagen‹ ist also ein zentrales Erkenntnisinteresse, wie Schulen trotz der unbestritten schwierigen Bedingungen gute oder zumindest bessere Lernergebnisse ihrer Schüler*innen ermöglichen können. Dieses Paradigma erinnert an die Perspektiven der Resilienzforschung, die sich u. a. dafür interessieren, wie es manchen Menschen gelingt, Krisen zu bewältigen, während andere hieran scheitern. Beide Perspektiven wollen jene Faktoren identifizieren, die dazu führen, dass widrige Umstände weniger negative Auswirkungen haben.

Das scheint auf den ersten Blick positiv – erscheint es doch als Hilfe für diejenigen, die unter schlechten Lebensbedingungen leiden. Allerdings muss sich jede Forschung auch fragen, welche Folgen ihre selbst gewählte Perspektivierung impliziert. Dies umso mehr, wenn wir es – wie im Fall der Forschung zu Schulen in sozial deprivierten Lagen häufig – mit Studien zu tun haben, die mehr oder weniger direkt mit bildungspolitischen Akteur*innen (Schulministerium NRW; Land Berlin, BMBF etc.) kooperieren und so letztlich auch politische Programme mit beeinflussen (wollen).

So liegt es beispielsweise nahe, dass mögliche identifizierte Faktoren, die dazu führen, dass bestimmte Schulen in schwierigen Lagen ›erwartungswidrig gut‹ abschneiden, also ›resilient‹ sind, nun auch durch bildungspolitische Programme in anderen Schulen jener Lagen implementiert werden sollen. Die Perspektive auf Resilienz bzw. die erwartungswidrig guten Schulen lenkt also den Blick auf das, was trotz der deprivierten Bedingungen noch möglich ist (vgl. auch Bellmann 2019, 13). Sie wendet damit zwangsläufig den Blick ab von jenen strukturellen Bedingungen, die Ursache der deprivierten Lage selbst sind, und delegiert die Verantwortung entsprechend. Dass diese Blickrichtung auf das, was trotz einer deprivierten Lage noch möglich ist, keine Ausnahme ist, bestätigt eine aktuelle Analyse von Böttcher et al. (2022), die »544 Abstracts, die konkret Maßnahmen zur Reduktion sozial bedingter Ungleichheit in Schule thematisieren« (mehrheitlich durch Sprachförderung) recherchieren konnten (Böttcher et al., 2022, 12). All diese Abstracts thematisieren den Analyse zufolge mehr oder weniger konkrete (pädagogische) Maßnahmen und *de*thematisieren damit zugleich die Normerwartungen sowie die Ursachen der Deprivation selbst.[5]

Kurz: Die Forschung zu Schulen in schwieriger Lage (u. ä.) macht zumindest in weiten Teilen aus strukturellen Phänomenen vermeintlich pädagogisch bearbeitbare Phänomene. Sie entpolitisiert damit ein unseres Erachtens auch politisch zu lösendes (und nicht zu geringen Anteilen auch politisch hergestelltes und gesellschaftlich

---

5 Bemerkenswert ist dabei umso mehr: »Insgesamt wird keine systematische, über eine allgemeine Problembetrachtung hinausgehende erziehungswissenschaftliche Forschung sichtbar, die fokussiert die Frage klärt, welche spezifischen Maßnahmen oder Projekte Schüler_innen aus benachteiligten Familien auf der Ebene der Einzelschule helfen« (Böttcher et al., 2022, 13).

geduldetes) Problem.⁶ Indem dabei schulpädagogische Lösungen für die politische Steuerung angeboten werden, offeriert Forschung zugleich alternative Handlungsmöglichkeiten jenseits der sozialpolitischen Bearbeitung der Ursachen sozialer Segregation und Deprivation. Wissenschaft fungiert damit also auch als Produzentin von Legitimität für eine Politik, die sich gerade nicht um die *Ursachen* systematischer Benachteiligung kümmert.⁷ Legitimität, die sich vor allem daraus generiert, sagen zu können, man kümmere sich um das Problem mittels Projekten.

Radtke (2004) argumentiert beispielsweise bezüglich des Zusammenspiels von Bildungsangebot und Nutzung, dass gerade jenseits pädagogischen Handelns auf der Ebene der Einzelschule bildungspolitische Steuerungsmöglichkeiten bestehen, um sozialer Ungleichheit zu begegnen (vgl. Radtke, 2004):

> »Die Beförderung der politisch erwünschten sozialen Integration im Sinne einer Normalisierung und Angleichung des Bildungsverhaltens der verschiedenen Bevölkerungsgruppen wäre Angelegenheit der Schulaufsichtsbehörde, die aber in ihrer Darstellung des Problems auf eine Semantik der sozialen und kulturellen Defizite zurückgreifen kann« (ebd., 172)

und auch legitimatorisch zurückgreift. Mit diesem Rückgriff wird ein strukturelles Problem der Schule zu einem Problem der Schüler*innen (und ihrer Familien) gemacht.⁸ Die Erforschung solcher Mechanismen hätte gänzlich andere bildungspolitische Implikationen, als sie aus der Betrachtung einzelner ›erwartungswidrig guter Schulen‹ ableitbar sind.

Letztlich ist Forschung eben keine unschuldige Instanz der Wissensgenerierung, weil die Wahl ihrer Forschungsperspektiven auch in diesem Feld der sozialräumlichen Lagen unweigerlich politische Implikationen hat. Dies zu betonen, erscheint uns auch deshalb relevant, weil die »Segregation der Reichen in den Städten […] in der Regel größer als die der Armen, der Familien und der ›Einwanderer‹« ist (El-Mafaalani & Strohmeier, 2015, 21) und letztere Gruppen gerade aufgrund geringerer Auswahlmöglichkeiten bei den individuellen Wohnstandortentscheidungen auch nur bedingt zum kollektiven Ergebnis der Segregation beitragen (ebd.). Kurz: »Die Reichen wohnen, wo sie wollen, die Armen dort, wo sie müssen« (Häußermann, 2007, 237).

---

6 Um Missverständnissen zu entgegnen: Wir argumentieren nicht, dass Wissenschaft sich politisch engagieren muss (wiewohl das durchaus eine vertretbare Position sein mag), wir argumentieren lediglich, dass die Wahl einer bestimmten Forschungsperspektive politische Implikationen hat und insofern auch daraufhin zu reflektieren wäre.

7 Dabei ist bekannt, »dass durch Bildungsinvestitionen allein keine Segregationstendenzen abgebaut werden können, sondern eher verfestigt oder sogar verschärft werden« (El-Mafaalani & Kurtenbach, 2015: 261), weil Bildungsaufsteiger*innen jene segregierten Quartiere verlassen: »Die ›Aufsteiger‹ werden zu ›Wegziehern‹« (Böttcher et al. 2022: 8). Bildungspolitik kann also gerade nicht als Problemlösung fungieren.

8 Das Ergebnis ist hinlänglich bekannt: Am Ende der Grundschule werden »die Kinder so wieder entlassen, wie sie eingeschult wurden: die ›sozial gut gestellten Schüler‹ verlassen die ›problemfreien Grundschulen‹ als ›gute Schüler‹, die ›sozial schlecht gestellten‹ verlassen die ›Problemschulen‹ als ›schwache Problemschüler‹.« (Radtke, 2004, 173).

7.5.5 Binäre Differenzierung statt Kontinuum sozialräumlicher Lagen

Es wurde bereits deutlich, dass Studien im hier zu reflektierenden Paradigma der sozialräumlich Lagen diese schulischen Lagen letztlich in einer (implizit) binären Differenz von Norm und Abweichung kategorisieren und sich dabei auf die Seite der Abweichung fokussieren. Es ergibt sich allerdings keinesfalls von selbst, dass der Sozialraum einer Schule binär (also beispielsweise entweder schwierig oder günstig) zu verstehen ist. Denn Indikatoren, die zur Bestimmung dieser sozialräumlichen Lagen herangezogen werden, also beispielsweise die Fluktuation der Einwohner*innen, das Einkommen je Haushalt oder der Grad der ethnischen Heterogenität, lassen sich grundsätzlich auf einem Kontinuum abbilden. Um diese Merkmale in einer kategorialen Unterscheidung als schwierige/günstige Lage zu bündeln, bedarf es also einer Grenzziehung an einer Stelle dieser Kontinuen, die letztlich kontingent ist und der man entsprechend eine gewisse Beliebigkeit vorhalten können wird (auch dann, wenn dies forschungspragmatisch notwendig sein mag).[9] Für die Schulforschung werden die einmal so gezogenen kontingenten Grenzen bzw. kontingent konstruierten Kategorien aber gerade durch ihre fortwährende Verwendung zu einer bestehenden Entität. Sie bringen in einem performativitätstheoretischen Sinn hervor, was sie thematisieren. Dies lässt sich exemplarisch an Studien zeigen, die für diese (schwierigen etc.) Lagen eine spezifische Ordnung zu analysieren versuchen. Ein Beispiel bietet die Publikation von Fölker, Hertel, Pfaff und Wieneke (2013). Dort heißt es in der dem Artikel voranstehenden Zusammenfassung:

> »Vor dem Hintergrund der Analyse von bildungsbezogenen Ungleichheiten sind im vergangenen Jahrzehnt international zunehmend Schulen ins Blickfeld gerückt, die es aufgrund ihrer Lage in benachteiligten Quartieren mit segregierten bzw. heterogenen Schülerschaften zu tun haben. Schulen in ›schwieriger Lage‹ bilden in diesem Zusammenhang einen wichtigen Gegenstandsbereich der Schuleffektivitäts- und Schulentwicklungsforschung. Der vorliegende Beitrag stellt in Anknüpfung an diese Forschungstradition die Herstellung schulischer Ordnung als Strukturproblem von Schulen in segregierten Lagen empirisch sichtbar dar.« (S. 87)

Hier wird auf Basis der kontingenten Grenzziehung, die eben jener Konstruktion der schwierigen Lage zugrunde liegt, ein für diese kategorisierte Lage spezifisches Strukturproblem (die Herstellung schulischer Ordnung) identifiziert. Damit wird die kontingente Grenzziehung eines Kontinuums zu einem strukturellen Unterschied gemacht. Wenn man aber bedenkt, dass die Herstellung schulischer Ordnung bzw. die »Problematik der Abwesenheit schulischer Ordnung« (ebd., 107) ein

---

9 Dieser Vorwurf der Beliebigkeit würde nicht gelten, wenn sozialräumlich kategoriale Unterscheidungen nicht lediglich auf Basis sozialstatistischer Grenzziehungen gezogen würden, sondern ihre Unterschiede (mindestens auch) auf gänzlich anderen Lebensformen und Werten beruhen würden und insofern eine inhaltlich logische Grenzziehung fundieren könnte. Vergleiche analog hierzu die Kritik von Reckwitz (2019) an soziologischen Schichtmodellen, die auf sozialstatistischer Basis verschiedene Schichten festlegt, und seine Verwendung des Klassenbegriffs, die neben Ressourcenausstattung auch Lebensformen sowie Fragen von Macht, Herrschaft und Hegemonie einbezieht.

Strukturproblem jeglicher Schulen ist (das würden zumindest Studien zu Klassenführung argumentieren), das sich zwar durchaus mehr oder weniger stark zeigt, dann liegt es nahe zu vermuten, dass hier die eingangs eingeführte kategorial binäre Unterscheidung die Analyse vorstrukturiert. Damit hinterfragen wir nicht die intersubjektive Anerkennungsfähigkeit der in dem Beitrag vorfindbaren Rekonstruktionen, sondern reflektieren die Folgen der Verwendung der Kategorie der ›schwierigen Lage‹ in einer solchen Studie und äußern Skepsis gegenüber dieser Kategorie als Forschungsgegenstand.

7.6 Fazit: Studien zum abweichenden Sozialraum als Forschung zur strukturellen Exklusion

Der Beitrag hat zunächst die Genese und zentrale Perspektiven der deutschsprachigen Schulforschung zum abweichenden schulischen Sozialraum zusammenfassend betrachtet. Auf dieser Basis haben wir reflektiert, was in dieser Forschungsperspektive in den und was aus dem Blick gerät, welche Implikationen die Wahl der Bezeichnung des Sozialraums hat, inwiefern es an Anschlüssen an bestehende Forschung zu struktureller Diskriminierung (insb. Klassismus und Rassismus) mangelt, wie durch jene Studien Abweichungserwartungen zuallererst konstruiert werden, wie durch die Forschungsperspektiven die bildungspolitische Aufmerksamkeit auf das vermeintlich pädagogisch Machbare in deprivierten Lagen, weniger aber auf die Ursachen der deprivierten Lagen selbst gelegt wird, wie durch die Forschung politische Legitimität produziert wird und wie Kontinuen von Unterscheidungsdimensionen (forschungspragmatisch) zu kategorialen Differenzen gerinnen, derer sich dann bedient werden kann (und wird).

In seinen Überlegungen zur Einleitung in den Band »Bildungsgerechtigkeit als Versprechen« zeichnet Bellmann als historischen Ausgangspunkt die Bildungsreformen der 1960er/1970er Jahre nach. Zu diesem Zeitpunkt wurde der Zusammenhang »sozialer Ungleichheit und Bildungsungleichheit« noch besonders betont und war »mit der Überzeugung verbunden, dass Bildungsreformen nur im Zusammenhang mit Gesellschaftsreformen erfolgreich sein können« (Bellmann 2019, 11). Allerdings hat sich dieser Zusammenhang nunmehr aufgelöst, was sich daran zeigt, dass

> »eigentümlicherweise Bildungsgerechtigkeit (wie Bildungsqualität) als eine Frage der ›Steuerung im Bildungssystem‹ behandelt [wird]. Diese Neubeschreibung von Bildungsgerechtigkeit als *pädagogisches* Problem steht im Kontext einer tendenziell entpolitisierenden Pädagogisierung anderer gesellschaftlicher Problemlagen (vgl. Bellmann 2015) wie z. B. der Herausforderung von Inklusion.« (ebd., 12).

Für eine derlei veränderte »diskursive und epistemologische Rahmung« (ebd., 13) bestünde allerdings nur wenig Aufmerksamkeit. Vielmehr scheint es, »als arbeiten große Teile von Bildungsforschung und Erziehungswissenschaft innerhalb der Prämissen, die mit diesem neuen Framing gesetzt sind« (ebd.).

Für die hier thematisierte Forschung zur Konstruktion eines abweichenden Sozialraums als relevante Kategorie von Schulen – und gerade nicht vorrangig als relevante Kategorie sozialer Ungleichheit – treffen diese Reflexionen wohl ebenso zu. Verhandelt wird zuvorderst die Möglichkeit der Optimierung von Einzelschulen in einem sozialräumlichen Umfeld, das seinen Bewohner*innen systematisch Ressourcen verwehrt. Damit wird Bildungsgerechtigkeit als pädagogisches Problem verhandelt und verkürzt.

In den vielen Forschungs-/Praxisprojekten (vgl. zur Übersicht auch Tulowitzki, Grigoleit, Haiges & Hinzen, 2020) wird letztlich immer wieder von Seiten der Forschung die Optimierung bzw. zumindest die grundsätzliche Optimierbarkeit der Einzelschulen auf Basis empirischer Forschung versprochen. Dass diesem Versprechen auch im Kontext der Schulforschung zu sozial deprivierten Lagen Glauben geschenkt wird, zeigen nicht zuletzt die vielen Forschungsgelder, die Bildungspolitik und Stiftungen in diesen Bereich investieren.

Allerdings konstatieren Böttcher et al. (2022) auf Basis der bereits oben zitierten systematischen Literaturrecherche (Durchsicht von 3.396 Titeln und Abstracts) entgegen diesem Versprechen:

> »Insgesamt wird keine systematische, über eine allgemeine Problembetrachtung hinausgehende erziehungswissenschaftliche Forschung sichtbar, die fokussiert die Frage klärt, welche spezifischen Maßnahmen oder Projekte Schüler_innen aus benachteiligten Familien auf der Ebene der Einzelschule helfen.« (Böttcher et al. 2022, 13).

Folgt man den o. g. Überlegungen der 1960er/70er Jahre, wird man wohl davon ausgehen können, dass allein die Forschung zur Optimierung der Einzelschule in sozial deprivierter Lage ohne systematische Berücksichtigung gesamtgesellschaftlicher Diskurse und Entwicklungen auch zukünftig Bildungsungleichheit nicht auflösen kann. Man hat es bei diesem Versprechen der Optimierung mit einem »cruel optimism« (Macgilchrist 2019) zu tun, der letztlich politische Legitimität und potenziell auch Stigmatisierungen (re-)produziert.

Literatur

Bargel, T., Kuthe, M. & Mundt, J. W. (1977): Zur Bestimmung sozialisationsrelevanter Areale (Soziotope) – Modelle, Verfahren und Probleme. In: H. J. Hoffmann-Nowotny (Hrsg.): Politisches Klima und Planung. Soziale Indikatoren (Bd. 5, S. 119–154). Frankfurt/Main: Campus.

Baumert, J., Stanat, P. & Watermann, R. (2006): Schulstruktur und die Entstehung differenzieller Lern- und Entwicklungsmilieus. In: J. Baumert, P. Stanat & R. Watermann (Hrsg.): Herkunftsbedingte Disparitäten im Bildungswesen: Differenzielle Bildungsprozesse und Probleme der Verteilungsgerechtigkeit. Vertiefende Analysen im Rahmen von PISA 2000 (S. 95–188). Wiesbaden: Springer VS.

Beierle, S., Hoch, C. & Reißig, B. (2019): Schulen in benachteiligten sozialen Lagen. Untersuchung zum aktuellen Forschungsstand mit Praxisbeispielen. Halle: DJI.
Bellmann, J. (2019): Bildungsgerechtigkeit als Versprechen. Zur Einleitung in den Band. In: J. Bellmann & H. Merkens (Hrsg.): Bildungsgerechtigkeit als Versprechen. Zur Rechtfertigung und Infragestellung eines mehrdeutigen Konzepts (S. 9–22). Münster, New York: Waxmann.
Bergmann, J., Brandt, G., Körber, K., Mohl, E. T. & Offe, C. (1969): Herrschaft, Klassenverhältnis und Schichtung. In: T. W. Adorno (Hrsg.): Spätkapitalismus oder Industriegesellschaft? Verhandlungen des 16. Deutschen Soziologentages (S. 67–87). Stuttgart: Enke.
Bertram, H., Nauck, B. & Klein, T. (Hrsg.) (2000): Solidarität, Lebensformen und regionale Entwicklung. Opladen: Leske + Budrich.
Bonilla-Silva, E. (2022): Racism without racists: Color-blind racism and the persistence of racial inequality in America (Sixth edition). Lanham, Boulder, New York, London: Rowman & Littlefield.
Bremm, N. (2021): Bildungsbenachteiligung in der Corona-Pandemie: Erste Ergebnisse einer multiperspektivischen Fragebogenstudie. PraxisForschungLehrer*innenBildung. Zeitschrift für Schul- und Professionsentwicklung, 3(1), 54–70.
Bremm, N., Klein, E. D. & Racherbäumer, K. (2016): Schulen in »schwieriger« Lage?! Begriffe, Perspektiven und Forschungsbefunde. Die Deutsche Schule, 108 (4), 323–340.
Bremm, N. & Racherbäumer, K. (2020): Dimensionen der (Re-)Produktion von Bildungsbenachteiligung an sozial deprivierten Schulen. Die Deutsche Schule, Beiheft, Band 16, 202–216.
Bronfenbrenner, U. (2022): Ökologische Sozialisationsforschung. Ein Bezugsrahmen. In: U. Bauer, U. H. Bittlingmayer & A. Scherr (Hrsg.): Handbuch Bildungs- und Erziehungssoziologie. Bildung und Gesellschaft (S. 167–176). Wiesbaden: Springer VS.
Chamakalayil, L., Gillieron, G., Günes, S. C., Hill, M. & Imsirovic, E. (2017): Marginalisierte Quartiere? Positionierungen und Deutungen von Bewohner_innen. In: T. Geisen (Hrsg.): Migration. Stadt. Urbanität (S. 175–198). Wiesbaden: Springer VS.
Clausen, M. (2006): Warum wählen Sie genau diese Schule? Eine inhaltsanalytische Untersuchung der Begründung der Wahl der Einzelschule innerhalb eines Bildungsgangs. Zeitschrift für Pädagogik, 52(1), 69–90.
Diehm, I., Kuhn, M. & Machold, C. (2010): Die Schwierigkeit ethnische Differenz durch Forschung nicht zu reifizieren – Ethnographie im Kindergarten. In: F. Heinzel & A. Panagiotopoulou (Hrsg.): Qualitative Bildungsforschung im Elementar- und Primarbereich: Bedingungen und Kontexte kindlicher Lern- und Entwicklungsprozesse (S. 78–92). Baltmannsweiler: Schneider Verlag Hohengehren.
Ditton, H. (2007): Schulwahlentscheidungen unter sozial-regionalen Bedingungen. In: O. Böhm-Kasper, C. Schuchart & U. Schulzeck (Hrsg.): Kontexte von Bildung. Erweiterte Perspektiven in der Bildungsforschung (S. 21–38). Münster: Waxmann.
Ditton, H. & Krüsken, J. (2007): Sozialräumliche Segregation und schulische Entwicklung. Diskurs Kindheits- und Jugendforschung, 2(1), 23–38.
Dumont, H., Neumann, M., Maaz, K. & Trautwein, U. (2013): Die Zusammensetzung der Schülerschaft als Einflussfaktor für Schulleistungen: Internationale und nationale Befunde. Psychologie in Erziehung und Unterricht, 60, 163–183.
El-Mafaalani, A. & Strohmeier, K. P. (2015): Segregation und Lebenswelt. Die räumliche Dimension sozialer Ungleichheit. In: A. El-Mafaalani, S. Kurtenbach & K. P. Strohmeier (Hrsg.): Auf die Adresse kommt es an: segregierte Stadtteile als Problem- und Möglichkeitsräume begreifen (S. 18–42). Weinheim: Beltz Juventa.
Fickermann, D. (1997): Soziale Aspekte der Bildungsbeteiligung. In: P. Zedler & H. Weishaupt (Hrsg.): Kontinuität und Wandel. Thüringer Schulen im Urteil von Schülern, Lehrern und Eltern (S. 147–168). Weinheim: Deutscher Studienverlag.
Frankenberg, E. (2013): The role of residential segregation in contemporary school segregation. Education and Urban society, 45, 548–570.
Friedrichs, J. & Triemer, S. (2009): Gespaltene Städte? Soziale und ethnische Segregation in deutschen Großstädten. Wiesbaden: Springer VS.

Funke, C. & Clausen, M. (2015): Unterrichtliche Praxis mit segregierten Schülerschaften. In: L. Fölker, T. Hertel & N. Pfaff (Hrsg.): Brennpunkt(-)Schule – Analysen, Probleme und Perspektiven zur schulischen Arbeit in segregierten Quartieren (S. 123–152). Opladen, Berlin, Toronto: Verlag Barbara Budrich.
Gogolin, I. (2008): Der monolinguale Habitus der multilingualen Schule. Münster: Waxmann.
Gomolla, M. & Radtke, F.-O. (2009): Institutionelle Diskriminierung: Die Herstellung ethnischer Differenz in der Schule (3. Auflage). Wiesbaden: Springer VS.
hamburg.de: BQ 12 Systemanalysen und Bildungsberichterstattung. Hamburger Sozialindex https://www.hamburg.de/bsb/hamburger-sozialindex
Häußermann, H. (2007): Effekte der Segregation. Vhw FW, 5, 234–240. https://www.vhw.de/fileadmin/user_upload/08_publikationen/verbandszeitschrift/2000_2014/PDF_Dokumente/2007/FW_5_2007_Effekte_Segregation__Hartmut_Haeussermann.pdf
Hertel, T. (2021): Entziffern und Strafen: Schulische Disziplin zwischen Macht und Marginalisierung. Bielefeld: transkript.
Helsper, W. (2021): Professionalität und Professionalisierung pädagogischen Handelns. Eine Einführung. Opladen, Toronto: utb.
Jeworutzki, S. & Kemper, T. (2022): Region und soziale Ungleichheit. In: H. Reinders, D. Bergs-Winkels, A. Prochnow & I. Post (Hrsg.): Empirische Bildungsforschung (S. 1127–1147). Wiesbaden: Springer VS. https://doi.org/10.1007/978-3-658-27277-7_59
Kamm, C. (2021): Schulentwicklung ermöglichen in herausfordernden Lagen. journal für lehrerInnenbildung jlb no.4 2021 Segregierte Schulen – Schulen mit besonderen Herausforderungen? https://doi.org/10.35468/jlb-04-2021-06
Kemper, A. & Weinbach, H. (2016): Klassismus. Eine Einführung (2. Auflage). Münster: Unrast.
Kemper, T. & Weishaupt, H. (2011): Region und soziale Ungleichheit. In: H. Reinders, H. Ditton, C. Gräsel & B. Gniewosz (Hrsg.): Empirische Bildungsforschung. Gegenstandsbereiche (S. 209–219). Wiesbaden: VS Verlag für Sozialwissenschaften.
Köller, O. (2013): Kompositionseffekte auf den schulischen Wissenserwerb. Psychologie in Erziehung und Unterricht, (3), 161–162.
Macgilchrist, F. (2019): Cruel optimism in edtech: when the digital data practices of educational technology providers inadvertently hinder educational equity. Learning, Media and Technology, 44(1), 77–86. doi:10.1080/17439884.2018.1556217
Makles, A. & Schneider, K. (2012): Freie Wahl der Grundschule: Wie entscheiden sich Eltern und welche Konsequenzen hat die Schulwahl für die Segregation? Die Deutsche Schule, 104, S. 332–346
Makles, A. & Weishaupt, H. (2010): Sozialindex für Schulen. Möglichkeiten und Probleme der Konstruktion am Beispiel einer Untersuchung in Nordrhein-Westfalen. RdJB Recht der Jugend und des Bildungswesens, 58(2), 196–211.
Mecheril, P. (2003): Prekäre Verhältnisse: Über natio-ethno-kulturelle (Mehrfach-)Zugehörigkeit. Münster, München: Waxmann.
Nonnenmacher A. (2015) Städtische Armutsquartiere und Bildung. In: T. Coelen, A. Heinrich & A. Million (Hrsg.): Stadtbaustein Bildung. Wiesbaden: Springer VS.
Ottersbach, M. (2012): Soziale Ungleichheit und kulturelle Diversität als Herausforderung für die Soziale Arbeit in der Migrationsgesellschaft. In: H. Effinger, S. Borrmann, S. B. Gahleitner, M. Köttig, B. Kraus & S. Stövesand (Hrsg.): Diversität und Soziale Ungleichheit. Analytische Zugänge und professionelles Handeln in der Sozialen Arbeit. Theorie, Forschung und Praxis der Sozialen Arbeit, Bd. 6 (S. 68–81). Opladen: Verlag Barbara Budrich.
Pfaff, N. & Rotter, C. (2022): Pädagogisches Handeln an segregierten Schulen. Besondere Anforderungen an Lehrkräfte?. journal für lehrerInnenbildung jlb, 21(4), 14–25.
Racherbäumer, K. & Bremm, N. (2021): Schule in sozial benachteiligten Quartieren?! Begriffliche Perspektiven. Journal für LehrerInnenbildung, 4/2021, 88–97.
Racherbäumer, K., Funke, C., van Ackeren, I. & Clausen, M. (2013): Schuleffektivitätsforschung und die Frage nach guten Schulen in schwierigen Kontexten. In: R. Becker & A. Schulze (Hrsg.): Bildungskontexte (S. 239–267). Wiesbaden: Springer Fachmedien.
Radtke, F.-O. (2004): Die Illusion der meritokratischen Schule. Lokale Konstellationen der Produktion von Ungleichheit im Erziehungssystem. In: K. J. Bade & M. Bommes (Hrsg.):

Migration – Integration – Bildung. Grundfragen und Problembereiche (S. 143–178). Osnabrück: IMIS.

van Santen, E. (2010): Brennpunkt. In: C. Reutlinger, C. Fritsche & E. Lingg (Hrsg.): Raumwissenschaftliche Basics. Eine Einführung für die Soziale Arbeit (S. 11–24). Wiesbaden: VS Verlag

Schräpler, J. & Jeworutzki, S. (2021): Konstruktion des Sozialindex für Schulen in Nordrhein-Westfalen. Zentrum für interdisziplinäre Regionalforschung (ZEFIR), Fakultät für Sozialwissenschaft, Ruhr-Universität Bochum, LOTA, 38, 44780.

Schulz, A. (2000): Grundschule und soziale Ungleichheiten. Bildungsperspektiven in großstädtischen Regionen. Die Deutsche Schule, 92, 464–479.

Stošić, P. (2015): Horizontale Segregation im deutschen Schulsystem. In: L. Fölker, T. Hertel & N. Pfaff (Hrsg.): Brennpunkt(-)Schule. Analysen, Probleme und Perspektiven zur schulischen Arbeit in segregierten Quartieren (S. 29–48). Opladen [u. a.]: Verlag Barbara Budrich.

Sundsboe, A. (2015): Warum benachteiligt schulische Segregation die »Bildungsfernen«? In: L. Fölker, T. Hertel & N. Pfaff (Hrsg.): Brennpunkt(-)Schule. Analysen, Probleme und Perspektiven zur schulischen Arbeit in segregierten Quartieren (S. 49–66). Opladen [u. a.]: Verlag Barbara Budrich.

Tulowitzki, P., Grigoleit, E., Haiges, J. & Hinzen, I. (2020): Unterstützung von Schulen in herausfordernder Lage. Ein bundesweiter Überblick. Expertise im Auftrag der Wübben Stiftung.

Weiß, A. (2013): Rassismus wider Willen: Ein anderer Blick auf eine Struktur sozialer Ungleichheit (2. Auflage). Wiesbaden: Springer VS.

Weishaupt, H. (2018): Bildung und Region. In: R. Tippelt & B. Schmidt-Hertha (Hrsg.): Handbuch Bildungsforschung (S. 271–286). Springer VS, Wiesbaden.

Wellgraf, S. (2012): Hauptschüler: Zur gesellschaftlichen Produktion von Verachtung. Bielefeld: transcript.

Willis, P. E. (1981): Learning to labor: How working class kids get working class jobs (Morningside ed). Columbia University Press.

Autor*innen

Prof. Dr. Nils Berkemeyer ist Inhaber des Lehrstuhls für Schulsystementwicklung an der Friedrich-Schiller-Universität Jena, an der er seit 2012 lehrt und forscht. Seit 2020 ist er Sonderbeauftragter des Präsidenten der FSU für die Reform der Lehrer*innenbildung. Seit seiner Promotion beschäftigt er sich theoretisch wie empirisch mit der Steuerung des Schulsystems. Seine Forschungsschwerpunkte liegen in der Schulsystementwicklung, Professionalisierung von Lehrkräften und sozialer Gerechtigkeit.
Kontakt: nils.berkemeyer@uni-jena.de

Lalitha Chamakalayil, Dipl.-Psych., wissenschaftliche Mitarbeiterin, Hochschule für Soziale Arbeit, Fachhochschule Nordwestschweiz. Schwerpunkte: Aushandlungen und Positionierungen in Verhältnissen sozialer Ungleichheit; familiale Aushandlungsprozesse in der Migrationsgesellschaft; Eltern und Schule im Kontext gesellschaftlicher Ungleichheiten; Jugend und Übergänge; Rassismuskritik, Diversität, Genderfragen; Mütter/Eltern unter 20; qualitative Forschungsmethoden, Psychoanalyse und Migrationsgesellschaft.
Kontakt: lalitha.chamakalayil@fhnw.ch

Dr. Isabel Dean vertritt derzeit an der PH Freiburg die Professur für Sozialpädagogik. Ihre Forschungsschwerpunkte liegen im Bereich der diskriminierungskritischen und differenzsensiblen pädagogischen Professionalisierung und Schul- und Organisationsentwicklung, des Umgangs mit Mehrsprachigkeit im Kontext von Schule, der Rassismus- und Linguizismuskritik sowie der rekonstruktiven Sozialforschung und ethnografischen Forschungszugängen.
Kontakt: isabel.dean@ph-freiburg.de

Prof. Dr. Hubert Ertl ist Forschungsdirektor im Bundesinstitut für Berufsbildung und Professor für Berufsbildungsforschung an der Universität in Paderborn. Seine Forschungsschwerpunkte sind international-vergleichende Erziehungswissenschaft und Übergängen zwischen beruflicher und hochschulischer Bildung. Aktuelle Publikation: Offene Zusammenhänge. Open Access in der Berufsbildungsforschung (hrsg. mit B. Rödel, Bonn: BIBB).
Kontakt: ertl@bibb.de

Dr. Daniel Ganzert arbeitet als Streetworker für das Jugendamt Dortmund in der Dortmunder Nordstadt und als Lehrbeauftragter an der Universität Duisburg-Essen. Seine akademischen Schwerpunkte liegen in der Ethnografie, Soziologie und in den

Bildungswissenschaften. Aktuell forscht Daniel Ganzert einerseits zu Bewältigungspraktiken junger Frauen in marginalisierten Stadtteilen in den USA, Italien und Deutschland und andererseits zu den verschiedenen Facetten der internationalen Graffitiszene.
Kontakt: daniel.ganzert@rub.de

Dr. Björn Hermstein ist Leiter des Fachbereichs Bildungssystementwicklung für den Bereich Schule bei der Stadt Oberhausen. In den Jahren von 2012 bis 2018 war er wissenschaftlicher Mitarbeiter an der Friedrich-Schiller-Universität Jena sowie an der TU Dortmund. Er promovierte zur Rolle kommunaler Schulträger im Kontext des Wandels regionaler Schulangebote. Seine Arbeits- und Forschungsschwerpunkte sind das Zusammenwirken von Bildung und Familie, Schulentwicklung und soziale Ungleichheiten. Mit Beginn des Jahres 2024 folgt er dem Ruf der Ostfalia-Hochschule für angewandte Wissenschaften Braunschweig/Wolfenbüttel auf die Professur für Bildungssoziologie in der Sozialen Arbeit.
Kontakt: bjoern.hermstein@gmx.de

Dr. Thorsten Hertel ist wissenschaftlicher Mitarbeiter am Institut für Erziehungswissenschaft der Fakultät für Bildungswissenschaften an der Universität Duisburg-Essen. Seine Arbeits- und Forschungsschwerpunkte, denen er insbesondere qualitativ-rekonstruktiv nachgeht, liegen in der machtanalytisch orientierten Schulforschung, in der Forschung zu Schule im urbanen Raum sowie in Bildungs- und Subjektivierungsprozessen in der Spätmoderne.
Kontakt: thorsten.hertel@uni-due.de

Dr. Oxana Ivanova-Chessex, wissenschaftliche Mitarbeiterin am Forschungszentrum »Kindheiten in Schule und Gesellschaft« der Pädagogischen Hochschule Zürich. Arbeitsschwerpunkte: Bildung und (migrations-)gesellschaftliche Differenz- und Ungleichheitsverhältnisse, Eltern und Schule im Kontext gesellschaftlicher Ungleichheiten, Lehrer*innenbildung in der Migrationsgesellschaft; Subjektivierungstheorie, postkoloniale Theorie, Intersektionalität; rekonstruktive qualitative Sozialforschung.
Kontakt: oxana.ivanova@phzh.ch

Dr. Thorsten Merl vertritt derzeit an der RWTH Aachen University die Professur für Erziehungswissenschaft mit dem Schwerpunkt Heterogenität. Seine Forschungsschwerpunkte sind Inklusion, Differenz und Ungleichheit im Kontext von Schule und zivilgesellschaftlichem Engagement, eine praxistheoretisch-poststrukturalistische Unterrichtsforschung sowie die Autorität und Autorisierung des Unterrichts.
Kontakt: thorsten.merl@rwth-aachen.de

Prof. Dr. habil. Markus Ottersbach, Professor für Soziologie an der Fakultät für Angewandte Sozialwissenschaften der Technischen Hochschule Köln. Er ist Direktor des Instituts für Migration und Diversität und Leiter des Forschungsschwerpunkts »Migration und interkulturelle Kompetenz«. Seine aktuellen Schwerpunkte in Lehre und Forschung sind: Migration und Soziale Arbeit, Jugend- und Stadtsozio-

logie, Soziale Ungleichheit und Politische Partizipation.
Kontakt: markus.ottersbach@th-koeln.de

Prof. Dr. Nicolle Pfaff arbeitet als Hochschullehrerin an der Fakultät für Bildungswissenschaften der Universität Duisburg-Essen und leitet dort die Arbeitsgruppe Migrations- und Ungleichheitsforschung. Nicolle Pfaff forscht und lehrt u. a. zu den Themen bildungsbezogene Ungleichheit, Schule in der Migrationsgesellschaft, Jugend und Jugendkultur. Bildungsbezogene Segregation, die Überlagerung von sozialen Ordnungen und diskriminierungskritische Bildung sind aktuelle Schwerpunkte in ihrer Arbeit.
Kontakt: nicolle.pfaff@uni-due.de

Prof. Dr. Kathrin Racherbäumer ist Professorin für Erziehungswissenschaft an der Universität Siegen. Ihre Forschungsschwerpunkte richten sich auf Fragen der Schul- und Unterrichtsentwicklung im Kontext aktueller gesellschaftlicher Entwicklungen, die sie im Rahmen längsschnittlich angelegter Projekte mit rekonstruktiven Verfahren verfolgt.
Kontakt: kathrin.racherbaeumer@uni-siegen.de

Dr. Katarina Weßling ist Senior Researcher an der Universität Maastricht und Nachwuchsgruppenleiterin am Bundesinstitut für Berufsbildung. Ihre Forschungsschwerpunkte sind Bildungs- und Berufsverläufe und regionale und institutionelle Kontexte. Aktuelle Publikation mit P. Sauer, U. Schwabe und G. Passaretta: The Role of Overeducation and Horizontal Mismatch for Gender Inequalities in Labor Income of Higher Education Graduates in Europe (Research in Comparative and International Education, 2023).
Kontakt: k.wessling@maastrichtuniversity.nl

Prof. Dr. Alexandra Wicht ist Juniorprofessorin an der Universität Siegen und Nachwuchsgruppenleiterin am Bundesinstitut für Berufsbildung. Ihre Forschungsschwerpunkte sind Übergänge von der Schule in den Beruf, Kompetenzentwicklung und soziale Ungleichheit mit Fokus auf soziale Kontexte. Aktuelle Publikation mit L. Hoffmann: »Should I Stay or Should I Go?« Prevalence and Predictors of Spatial Mobility among Youth in the Transition to Vocational Education and Training in Germany (Social Sciences, 2023).
Kontakt: alexandra.wicht@uni-siegen.de

Stefanie Wittich arbeitet als Referentin der Frauen- und Gleichstellungsbeauftragten an der Philipps-Universität Marburg. Ihre Arbeitsschwerpunkte sind Bildungsübergänge, diversitätsorientiertes Mentoring in der Wissenschaft, fachspezifische Gleichstellungsprojekte, Arbeitsbedingungen in frauendominierten Bereichen, statusgruppenübergreifende Implementierung geschlechtergerechter Sprache, Schaffung arbeits- und lernfreundlicher Räume, und sie kann Menschen für Geschlechtergerechtigkeit begeistern!
Kontakt: stefanie.wittich@verwaltung.uni-marburg.de